珍藏本·增订本
纪念版

汉译世界学术名著丛书

阿拉伯伊斯兰文化史

第七册

正午时期（三）

〔埃及〕艾哈迈德·爱敏　著

史希同　张洪仪　译

纳忠　审校

SINCE 1897 商务印书馆 The Commercial Press

كتاب فى أربعة أجزاء يبحث فى الحياة الاجتماعية والحركات العلمية والأدبية والفرق الدينيــة فى العصر العباسى الثانى ؛

تأليف

أحمد أمين

الجزء الثالث

يبحث فى الحياة العقلية فى **الأندلس** ، من فتح العرب لها إلى خروجهم منها ، ويتكلم فى الحركات الدينية واللغوية والنحوية والأدبيــة والفلسفية والتاريخية والفنية .

الطبعة الخامسة

本书根据黎巴嫩贝鲁特阿拉伯图书出版社第五版译出

目　录

著者序言

奉至仁至慈的真主之名。

早在“近午时期”第一册问世时，笔者就曾向读者承诺将为安德鲁斯撰写一专辑。“近午时期”的三册写完之后，仍不见安德鲁斯卷的踪影，这是因为安德鲁斯在伊斯兰“近午时期”尚未进入繁荣时代。当写至伊斯兰“正午时期”——伊历四世纪历史时，原本可以撰写安德鲁斯的学术发展，但笔者认为，安德鲁斯的文明和学术生活绝不仅仅限于伊历第四世纪一个世纪，而几乎是贯穿了一个完整的历史时期。因此，在撰写安德鲁斯专辑时，笔者特制订了一个新的写作提纲：将安德鲁斯的学术生活从穆斯林征服之日起一直写到阿拉伯人被赶出安德鲁斯，前后长达八个世纪。现呈献给读者的是安德鲁斯文明及其学术生活的一个完整的篇章。

撰写安德鲁斯的学术生活有两种写法：一种是按照时间顺序，一个时代一个时代地写；另一种写法是按照学科逐一写出在安德鲁斯出现的每门学问的产生、发展及衰落的历程。笔者选择了后者，因为这样写更恰当些。

笔者无意详述政治生活，因为笔者的任务是撰写学术生活史。对政治和社会生活的阐述仅局限于与学术和思想生活有关的层面，这一写作原则贯穿于本书各册。笔者见到的有关安德鲁斯的阿拉伯文的或欧洲各国文字的著作，大部分都是关于政治方面的，即使有其他方面的内容，也只是用一两个章节来概述。因此，我们就更有必要对安德鲁斯的学术思想生活给予更多的关注和阐释。

笔者将本书呈献给读者，是希望你们能指出书中内容的不足之处，以使笔者能有弥补更正的机会。对于写作的人来说，错误是难以避免的，而不是像有些人说的那样，希望读者对其中的缺陷、瑕疵视而不见，充耳不闻。任何学问的生命都存在于批评之中，任何学问的发展，靠的都是真知灼见，是对缺点不足的揭示，是中肯的批评和建议。

这就是笔者对本书的希望，也是笔者对他写过的每一本书的希望。除了真理、真知之外，笔者一无所求。

对于这部《阿拉伯伊斯兰文化史》，只剩下“正午时期”的第四册，也是全书的最后一册——宗教派别及其发展，尚有待完成。

愿真主能一如既往襄助笔者完成余下的工作。

艾哈迈德·爱敏

伊历 1373 年 4 月 14 日

公元 1953 年 12 月 21 日于开罗

第四篇

安德鲁斯专集

第一章　安德鲁斯的社会生活

自穆萨·本·努赛尔于伊斯兰历91年/公元709年被任命为易弗里基叶(北非)总督之后,便决心要征服安德鲁斯。穆萨首先派柏柏尔人塔里格·本·齐亚德组织进攻。塔里格率军渡过今直布罗陀海峡进入安德鲁斯。阿拉伯人骁勇善战,以其在征服过程中获得的良好声誉,以及他们为传播伊斯兰教而表现出的献身精神,再加之西哥特人统治的腐败及各地官员之间的仇恨与矛盾,使阿拉伯人所向披靡,长驱直入,节节胜利。后穆萨·本·努赛尔亲自率军增援,一举消灭了统治安德鲁斯的西哥特王国。

安德鲁斯的征服者来自不同的阿拉伯部落,其中有属于北方阿德南人的哈希姆家族和倭马亚家族;也有南方的也门人,如凯赫拉尼部落和艾兹德部落。除此之外,埃及人、叙利亚人、伊拉克人和大批的柏柏尔人也都参加了征服安德鲁斯的战斗。这些征服者通过友好交往、联姻等方式与当地的西哥特人和西班牙人融为一体。

但是,令人遗憾的是,在阿拉伯东方普遍存在的古老的部落主义,很快就蔓延到了阿拉伯西方。例如:若是盖斯人掌权,那么也门人就要倒霉,就要遭到迫害,而北方的穆达尔人就会得势,受到重用;如果是也门人大权在握,那么盖斯人就要遭殃,也门人就要扬眉吐气,不可一世。为了争权夺利,各地的流血冲突不断,以致形成这样的规律：今年是盖斯人掌权，明年则是也门人执政。每天人们都可以听到某某总督失败下台，而某某总督获胜上台的消息，在一段不长的时间里，总督就更换了近四十位。

当时在安德鲁斯有四种主要势力：

1. 阿拉伯人。作为胜利者，他们先后打败了柏柏尔人和西班牙人，并使他们皈依了伊斯兰教。阿拉伯人以其占统治地位的阿拉伯语和他们的贵族身份，占据着强有力的地位。

2. 柏柏尔人。他们与阿拉伯人一样，也是游牧民族，也信奉伊斯兰教，也有部落宗派主义，也骁勇善战。对此，阿拉伯人在征服马格里布时早已领教过了。

3. 西班牙人。他们是天主教徒，他们认为柏柏尔人和阿拉伯人是外来的入侵者，只有他们才是安德鲁斯的主人。

4. 在安德鲁斯出生的穆斯林。他们是阿拉伯人与柏柏尔、西班牙和斯拉夫诸族妇女所生的混血儿。

阿拉伯远征军来自东方，他们长途跋涉来到安德鲁斯，自然不可能有大批妇女随行，这就迫使这些阿拉伯人要与西班牙人或柏柏尔人通婚，由此产生出新的混血的一代人。这与阿拉伯东方的情况很相似。阿拉伯人与波斯妇女所生的混血儿，以及他们与西班牙妇女所生的混血儿，不仅聪颖、勇敢，而且十分英俊，他们在安德鲁斯的历史上发挥了重要作用。

阿拉伯人喜欢娶西班牙和柏柏尔女人，自然是因为这些女人有着如花的容貌，她们有着白皙的皮肤，金黄色的头发和碧蓝色的眼睛。这艳丽、这俊俏让阿拉伯人眼前一亮，为之倾心。

许多安德鲁斯人放弃了他们原有的宗教信仰，皈依了伊斯兰教，他们讲阿拉伯语，不再使用本民族的语言，并以此为荣。阿拉伯人和柏柏尔人一踏上安德鲁斯的土地，便爱上了她，并为她的美丽所倾倒。有诗为证：

天堂当属安德鲁斯，悦目好景赏心乐事。
曙光照亮万里山河，暮云宛若黑红相织。
微风拂过平生思绪，极目远望感叹良时。

又有诗曰：

味美赛醇酒，他处不堪留。
满眼收不尽，遍地是绿洲。
流水银灿灿，沃土黑黝黝。
卵石似珍珠，花园如锦绣。
春风轻轻吹，扑面似酥手。
绿野人无忌，酒过梦中游。

利萨丁·本·海忒布[①]曾对格拉纳达的阿拉伯人和柏柏尔人做过生动真实的描述，刻画出了在安德鲁斯的阿拉伯人和柏柏尔人的形象，他们自征服安德鲁斯之后，在该地生活了一段时间。利萨丁·本·海忒布写道："格拉纳达的宗教信仰和教义属逊尼派……那里的阿拉伯人和柏柏尔人都很英俊：端正而不尖的鼻子，披散的黑发，中等偏矮的身材，白里透红的肤色，人人能讲一口地道纯正的阿拉伯语……他们大都着流行服装，冬天穿染色大

① 利萨丁·本·海忒布（公元 1313—1374）：安德鲁斯著名的文学家、历史学家、政治活动家。曾任奈斯尔王朝的宫廷大臣，享有"文武大臣"的称号。后被指控信仰异端，死于狱中。著有历史、诗歌、文学、哲学等多种著作，其代表作为《格拉纳达志》。——译者

袍……星期五聚礼日时，可以在清真寺见到他们，他们那五颜六色的服饰犹如田野里盛开的鲜花。”阿拉伯人和柏柏尔人分有众多的宗族部落，有古莱氏人、法赫里人、倭马亚人、安萨里人、奥斯人、盖哈坦人、希木叶里人、麦赫祖米人、泰努里人、汉萨尼人、艾兹德人、盖斯人，等等。军队由两部分人组成：安德鲁斯人和柏柏尔人。由安德鲁斯人组成的军队的长官由一名有阿拉伯血统的人和一位部落智者担任，其军服与敌对的毗邻法兰克人的服饰相似：身披铠甲，手持长矛，腰悬盾牌……柏柏尔人的军队则按其所属部落编队，如麦里尼部落、宰那泰部落，等等。当时，除了长老、法官、学者戴缠头之外，其他柏柏尔人均不戴缠头……柏柏尔人的集市规模不大，节假日略显俭朴。城里人都很富有，平日以小麦为主食，穷人、游牧人和农民在冬季则只吃阿拉伯玉米。柏柏尔人的干果品种繁多。他们将葡萄、无花果、苹果、石榴、栗子、核桃、巴旦杏等储存完好或制成干果，以满足全年的需要。柏柏尔人使用的货币分纯银和纯金两种：银币的一面铸有“万物非主，唯有真主，穆罕默德是真主的使者”的字样，另一面铸有：“唯有真主是胜利者。……”金币的一面则铸有：“你说：‘真主啊！国权的主啊！……福利只由你掌握。’”[①]币的四周铸着：“你们所当崇拜的，只是独一的主宰。”[②]真主是至仁至慈的。金币的另一面铸有埃米尔的名号，名号四周铸着“唯真主是胜利者”的字样。……城里人有携子女家人到城外郊游的习惯，以显示他们的豪爽和勇敢……柏柏尔女人个个漂亮、

① 马坚译：《古兰经》，3：26。——译者

② 同上书，21：108。——译者

靓丽；婀娜多姿，亭亭玉立；明眸皓齿，头发飘逸；言谈得体，擅长交际；穿着打扮，绫罗绸缎；佩金戴银，好施粉黛。

安德鲁斯的居民与阿拉伯东方的居民有很大不同，因为安德鲁斯的自然环境和社会环境与阿拉伯东方的环境大相径庭，故形成了安德鲁斯与阿拉伯东方的差异……

在行政归属上，安德鲁斯一直归大马士革倭马亚王朝的哈里发管辖。倭马亚王朝的哈里发向安德鲁斯派遣总督，或者由派往北非的总督兼管安德鲁斯事务。这种情况一直持续到倭马亚王朝灭亡。

阿拔斯王朝哈里发赛法哈[①]对倭马亚人实行穷追猛打、斩尽杀绝的政策，大肆迫害倭马亚人。希沙姆·本·阿卜杜勒·麦立克[②]的孙子阿卜杜·拉赫曼幸免于难，逃到安德鲁斯。阿卜杜·拉赫曼利用盖斯人和也门人之间的矛盾冲突，击败各省省长，被拥立为埃米尔，将科尔多瓦定为首府。阿卜杜·拉赫曼有两个称号：一为达希勒（意为进入者），二为古莱氏部落之鹰。阿卜杜·拉赫曼控制安德鲁斯之后，阿拉伯人和柏柏尔人接连发动暴乱反对他的统治。法兰克王国的缔造者查理曼，为向哈伦·拉希德[③]表示友好，也派兵进攻安德鲁斯。但是，查理曼的军队受到阿卜杜·拉赫曼的阻击，连遭重创，大败而归。幸运的是，阿卜杜·拉赫曼在

---

①　赛法哈：阿拔斯王朝的创建者、首任哈里发艾布·阿拔斯（公元750—754年）的称号，意为“屠夫”。“赛法哈”一词也有“慷慨、大方”之意。艾布·阿拔斯为先知穆罕默德的叔叔阿拔斯的玄孙。——译者

②　希沙姆·本·阿卜杜勒·麦立克：倭马亚王朝第十任哈里发，公元724—743年在位。——译者

③　哈伦·拉希德：阿拔斯王朝第五任哈里发，公元786—809年在位。——译者

位的时间较长[①]，使他能像阿拔斯王朝的艾布·加法尔·曼苏尔[②]一样，为后倭马亚王朝打下稳固的基础。

阿卜杜·拉赫曼死后，给他的儿子希沙姆留下了一个有一支强大军队支持的强大国家。但是，阿卜杜·拉赫曼及其子孙没能最终消灭安德鲁斯北部的西班牙人，这些西班牙人一直对穆斯林构成威胁，他们一有机会就主动出击，时有胜负，但最终取得了胜利。

阿卜杜·拉赫曼·纳绥尔[③]执政后，使用“信士们的长官”的尊号，并将阿拔斯王朝的奢华之风引入安德鲁斯，其子孙后代，经齐尔雅布[④]调教之后，奢靡之风愈演愈烈。阿卜杜·拉赫曼·纳绥尔成为倭马亚人在安德鲁斯的最伟大的埃米尔，执政长达50年之久。其间，他将伊斯兰教传播到整个西班牙，让贵族和平民都能安居乐业。他在位期间，法蒂玛人想向安德鲁斯宣传他们的什叶派教义，受到阿卜杜·拉赫曼·纳绥尔的抵制和反对，法蒂玛人的阴谋没能得逞。

阿卜杜·拉赫曼·纳绥尔效仿阿拔斯王朝哈里发穆阿台绥姆[⑤]，因对阿拉伯人不满而建立突厥禁卫军的做法，也建立了一支

---

① 阿卜杜·拉赫曼于公元756—788年在位，长达三十二年。——译者

② 艾布·加法尔·曼苏尔：阿拔斯王朝第二任哈里发，阿拔斯王朝真正的奠基者，公元754—775年在位。——译者

③ 阿卜杜·拉赫曼·纳绥尔：即阿卜杜·拉赫曼三世（公元891—961年），安德鲁斯倭马亚王朝第一任哈里发。公元912年，继其祖父阿卜杜拉为埃米尔，公元929年，自立为哈里发，后被人们誉为后倭马亚王朝的“伟大中兴者”。——译者

④ 齐尔雅布：安德鲁斯最伟大的音乐家。约卒于公元845年。——译者

⑤ 穆阿台绥姆：阿拔斯王朝第八任哈里发，公元833—842年在位。——译者

由奴隶组成的军队，用以巩固其政权。这些奴隶被称为斯拉夫人，斯拉夫人是当时阿拉伯人对其与欧洲各国进行战争时所俘获的俘虏，以及所有落在穆斯林手中的奴隶的总称。当时的奴隶买卖十分盛行，有些拜占庭人向安德鲁斯的穆斯林提供来自各国的奴隶，这些奴隶是从对黑海沿岸各国发动的侵略中掠获的。此外，西班牙海盗经常出没于四周海域，袭击抢掠沿海居民，然后将他们在安德鲁斯的奴隶市场上出售。犹太人是从事这类奴隶贸易的中坚。

正如突厥人在穆阿台绥姆时代及其以后日益强大一样，斯拉夫人的势力也逐渐坐大，其中很多人成为既有金钱又有势力的贵族。阿卜杜·拉赫曼·纳绥尔对斯拉夫人的信任，远远超过了对阿拉伯人和柏柏尔人的信任，他甚至让一个斯拉夫人去统率一支庞大的军队。

由于国家安定，局势平稳，阿卜杜·拉赫曼·纳绥尔在位时长等原因，安德鲁斯的文明得到长足的发展和进步，科尔多瓦的繁荣、发达超过了众多的欧洲城市。贸易和农业也出现了一派繁荣景象。阿卜杜·拉赫曼·纳绥尔时代的国家年税收达两千万第纳尔。布鲁芬萨勒教授说：后来的年收入增加到四千万第纳尔。第纳尔无法与今天的埃镑作比较，因为每种货币的价值取决于其购买力的大小。第纳尔的购买力远远大于埃镑。

阿卜杜·拉赫曼·纳绥尔时代的建筑也许最能代表当时文明的特色，如由阿卜杜·拉赫曼·纳绥尔修建的极其壮丽的宰海拉宫殿城，是以他的一个宠妾的名字命名的。这座宫殿城动用工匠一万名，耗时达二十五年。该城除了哈里发的王宫及其官员的住宅外，还有用黄金和五颜六色的大理石修建的花园和大厅。除了这些物质文明之外，当时的精神文明，如诗歌、哲学、宗教及科学也达到了很高的水平，详见下述。

安德鲁斯的倭马亚王朝衰落以后，阿米尔家族掌握了大权，倭马亚家族的地位摇摇欲坠。如果没有伊本·艾比·阿米尔[①]这样一个强有力的人物，如果不是由于哈里发哈克木的继任者的年纪幼小及其母亲玩弄权术，倭马亚家族还是会支撑一段时间的。

安德鲁斯的倭马亚王朝瓦解了，代之而起的是众多的王国，各王国独霸一方，各自控制着一部分土地和人民。每个王国都有自己的埃米尔和讲坛，甚至同一个家庭的成员也要分成好几个派别。各地的统治者都无法长期存在，有人把埃米尔赶下台，自己登上国王的宝座；有的与西班牙诸王国结成联盟，反对本家族的埃米尔。最后，所有的阿拉伯人都被赶出了安德鲁斯，在经过近八个世纪的异族统治之后，安德鲁斯又回到了西班牙人的手里。

马格里布的穆拉比特人和穆瓦希德人的埃米尔们曾想恢复安德鲁斯的统一并保持与伊斯兰教的联系。[②] 但是，遗憾的是他们很快就衰败了。就其视野与开化程度而言，他们确实无法长期统治安德鲁斯。大地在他们的脚下震颤，他们的统治随之崩溃。穆

① 伊本·艾比·阿米尔：安德鲁斯的埃米尔，效力于哈里发哈克木二世，深得太后苏卜哈的宠信，成为后倭马亚王朝实际上的统治者，在位长达二十六年之久，卒于公元1002年。——译者

② 公元1086年，穆拉比特王朝（公元1061—1147年）的埃米尔伊本·塔什芬应安德鲁斯阿巴德王朝埃米尔的要求，进入安德鲁斯，击败卡斯提尔国王阿尔索六世的军队，占领了格拉纳达、塞维利亚等重要城市，结束了天主教诸国的统治。公元1145年，由另一支柏柏尔人建立的穆瓦希德王朝（公元1130—1269年）出兵进入安德鲁斯，占领了原由穆斯林控制的全部地区。公元1212年，穆瓦希德人被天主教军队击败，退出安德鲁斯。——译者

瓦希德人退出安德鲁斯之后，那些弱小的阿拉伯王国根本无法抵御西班牙人的进攻，相继被击败，最终被赶出格拉纳达。阿拉伯人欲哭无泪，只有那些宫殿向以前的主人哀伤地泣诉。

我们还是回到前面的叙述：

阿拉伯人和柏柏尔人对西班牙人的征服，靠的不仅仅是宝剑，而是他们的精神、语言和宗教。很多西班牙人皈依了伊斯兰教，完全接受了阿拉伯人的思想意识，这些西班牙人忘掉了他们的拉丁语，也全然忘掉了他们的天主教教义。神父、牧师对西班牙人丢弃他们原有的宗教和语言，而改奉伊斯兰教、讲阿拉伯语的做法叫苦不迭。出现这种现象的一个重要原因是，阿拉伯语不仅仅是征服者的语言，而且它还带来了西班牙人所没有的丰富的科学知识。

安德鲁斯人具有很多人所共知的特点，如喜好洁净，有的人宁愿吃干净、简单的饭菜，也不肯吃不干净的丰盛宴席。在衣着上，安德鲁斯人讲究整洁，外出时一般不戴帽子或缠头，就连法官或穆夫提[①]也是光着头，鲜有缠头者。安德鲁斯人的另一个习惯是，出席丧礼时要穿白色衣服，有诗为证：

新地新规矩，服丧着白衣。

头上顶鹤发，作为青春祭。

安德鲁斯人有着强烈的地域观念，这从他们的学者传记中可以清楚地看到这一点，即人们往往以学者的出生地的地名来称呼

① 穆夫提：伊斯兰教教职称谓。阿拉伯语“Mufti”的音译，意为“教法说明官”。——译者

这位学者，如：这位学者叫马尔基，那位学者称为科兰西；这位学者叫格拉纳迪，而那位学者又称为沙提比，等等。这与阿拉伯东方的巴格达迪、布哈里、哈姆扎尼、巴士里、瓦绥提等称谓如出一辙。安德鲁斯人在讲话时喜欢把开口长音〔ā〕发成齐齿长音〔ē〕，如将“图书”一字的发音“基塔布”读成“基替布”，这与叙利亚的哈马和阿勒颇地区人们的发音相似。

伊本·赫勒敦[①]和艾布·伯克尔·本·阿拉比[②]都曾指出：安德鲁斯人的教学方法与阿拉伯东方人的教学方法不同。在东方，人们要求儿童从小就先背记《古兰经》经文，尽管儿童年幼不懂经文的含义，然后再教他们学习阿拉伯语。这种做法的缺点是在不懂得意思的情况下背记经文，容易使错误的理解深深地印在脑海里。但是在安德鲁斯，人们先教儿童学习阿拉伯语，然后再让他们在理解的基础上背记《古兰经》。这种做法也有其不足之处，即有些人很晚才开始背记《古兰经》，也有人因中断学业而没学到《古兰经》。因此，有人主张儿童先能背记《古兰经》，虽然尚不能完全理解经文的意思；然后再学习阿拉伯语及其宗教知识；待他们能够理解经文意思的时候，再学习一遍《古兰经》。

安德鲁斯人多有非分之想，如很多人都想当国王，故动乱频生。安德鲁斯人还以热爱学术著称。伊本·哈兹姆[③]曾著文记述

① 伊本·赫勒敦（公元1332—1406年）：阿拉伯著名哲学家，历史学家，“人类历史哲学和社会学的奠基人之一”。其代表作为《历史绪论》、《阿拉伯人、波斯人、柏柏尔人历史殷鉴》。——译者

② 艾布·伯克尔·本·阿拉比（公元1148年卒）：安德鲁斯学者，曾任塞维利亚法官。主要著作有《〈古兰经〉律例》等。——译者

③ 伊本·哈兹姆（公元994—1064年）：阿拉伯安德鲁斯哲学家、文学家、史学家、诗人。他的著述达四百余部，其中最著名的有《斑鸠的项圈》和《关于教派和异端的批判》。——译者

安德鲁斯学者的业绩，他指责安德鲁斯人没能将那么多的安德鲁斯学者和伟大的国王的传记及其贡献记录下来，以示后人。事实上，为了弥补这一缺陷，继伊本·哈兹姆之后，有众多的关于安德鲁斯学者文人的传记问世。

伊本·哈兹姆在其文中列举了有关圣训、马立克派教法等方面的著作。在语言类著作中，提到了艾布·阿里·高利[①]的《词语精华》、《减尾名词和带海姆宰的名词》；伊本·古忒叶[②]的《动词及其变位》。比起穆拜莱德[③]的《辞章集成》，伊本·哈兹姆更推崇艾布·阿里·高利的《口授录》，因为后者有关语言和诗歌的内容更加丰富。与伊本·达乌德的《花苑》相比，伊本·哈兹姆更偏爱艾布·欧麦尔·艾哈迈德·本·法拉吉的《花园》。安德鲁斯与阿拉伯东方一样，有关诗人的著作都只论及本地的诗人。安德鲁斯人也写了不少历史著作。

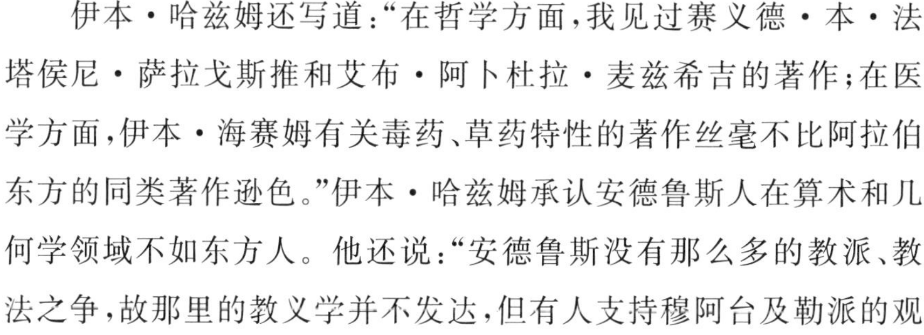

伊本·哈兹姆还写道："在哲学方面，我见过赛义德·本·法塔侯尼·萨拉戈斯推和艾布·阿卜杜拉·麦兹希吉的著作；在医学方面，伊本·海赛姆有关毒药、草药特性的著作丝毫不比阿拉伯东方的同类著作逊色。"伊本·哈兹姆承认安德鲁斯人在算术和几何学领域不如东方人。他还说："安德鲁斯没有那么多的教派、教法之争，故那里的教义学并不发达，但有人支持穆阿台及勒派的观

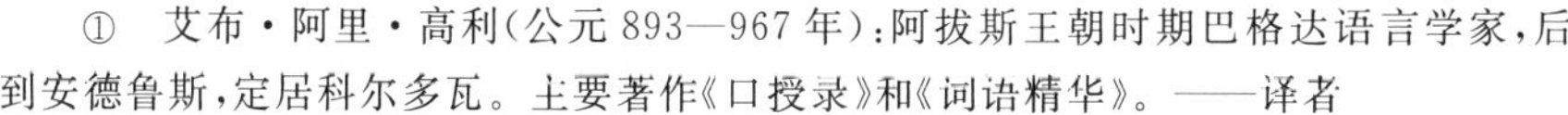

① 艾布·阿里·高利(公元893—967年)：阿拔斯王朝时期巴格达语言学家，后到安德鲁斯，定居科尔多瓦。主要著作《口授录》和《词语精华》。——译者

② 伊本·古忒叶(公元977年卒)：阿拉伯安德鲁斯历史学家和语言学家，主要著作有《安德鲁斯征服史》、《动词及其变位》。——译者

③ 穆拜莱德(公元826—898年)：阿拔斯王朝著名语言学家、文学家，巴士拉语法学派的代表人物，最重要的著作是《辞章集成》。——译者

点,并有著作问世。”

伊本·哈兹姆认为:“安德鲁斯虽距学术发源地和学者云集的中心遥远,但安德鲁斯人仍写了很多著作。如果按照法里斯、艾赫瓦兹和迪亚尔·穆达尔等地的标准来要求安德鲁斯那是有些过分的。尽管我们没有著名的桂冠诗人,但伊本·达拉吉·盖斯台里①绝不比拜沙尔②、哈比布③和穆太奈比④逊色。何况,我们还有其他一些杰出的诗人呢?”不管怎么说,每个家庭的主人最了解自家的情况。伊本·哈兹姆见多识广,所论不差。

伊本·哈兹姆的观点可以概括为:安德鲁斯人在学术上,除教义学、算术和几何学略显不足外,其他领域并不逊于东方阿拉伯人。教义学的不发达,系出于安德鲁斯人不喜辩论的天性;再者,教义学上的弱势,对安德鲁斯人也无大碍,因为东方的教义学多是些无用的东西,教给人们的只是诡辩。教义学能在东方而不是在安德鲁斯得到发展,其原因也许还在于东方人自古就传承了琐罗亚斯德⑤、马兹达克⑥等人的教导,承继了印度、中国、波斯哲学家

① 伊本·达拉吉·盖斯台里(公元958—1030年):安德鲁斯诗人,以写赞美诗见长。——译者

② 拜沙尔·本·布尔德(公元714—784年):阿拔斯王朝著名讽刺诗人。原籍波斯,自幼失明,10岁即能吟诗,为当时新诗歌的先驱之一。——译者

③ 哈比布·本·奥斯·本·哈利斯·塔伊(公元803—845年):阿拔斯朝著名诗人、语言学家,以诗文高深著称。——译者

④ 穆太奈比(公元915—965年):阿拔斯王朝著名诗人,其诗豪放新奇,富于哲理,对后人影响很大。——译者

⑤ 琐罗亚斯德(约公元前7—前6世纪):古代波斯宗教的改革者,琐罗亚斯德教的创始人。“琐罗亚斯德”在古波斯语中意为“像老骆驼那样的男子”或“骆驼的驾驭者”。——译者

⑥ 马兹达克(公元?—528年):琐罗亚斯德教异端派别和改革派马兹达克派的领袖。——译者

的观点；各种宗教和教派之间的辩论，产生了许多新奇的见解。安德鲁斯人则没有这笔沉重的历史遗产。至于安德鲁斯人在算术和几何学上的不足，则主要是因投入不够所致，正如我们在亚里士多德、查希兹、伊本·西那和苏郁退[①]等人身上所看到的那样，他们只是没有从事这方面的研究而已。苏尤忒就曾承认，他不善于解决算术问题，即使是简单的计算。

另一位学者舒古迪在他的论文中，对安德鲁斯人在各门学术和艺术上的贡献都赞叹不已，他说："人们一致承认安德鲁斯人的贡献，他们中涌现出众多闻名遐迩的杰出学者、文学家和诗人，随着他们的离世，他们的名望和学术成就不再被提及。"

慷慨地犒赏学者也不乏其人，而且王公贵族中也有学者：除了曼苏尔·本·艾比·阿米尔[②]外，阿巴德人[③]、苏马迪哈人[④]、艾夫塔斯人[⑤]、祖努人[⑥]和胡德人[⑦]中都涌现出不少学者，最值得敬佩的人当属语言学家艾布·加利卜，他写了一本书，有人酬以一千第纳尔，可是他却说："我写此书旨在让人受益，岂能收取报酬。"

① 哲拉鲁丁·苏郁退（公元1445—1505年）：埃及经注学家、语言学家、历史学家。主要著作有《哲拉莱尼〈古兰经〉注》、《华枝集》、《埃及与开罗史》等。——译者

② 请见第12页，注①。——译者

③ 阿巴德人：公元11世纪安德鲁斯塞维利亚伊斯兰王国（公元1023—1091年）的统治家族。——译者

④ 苏马迪哈人：公元11世纪安德鲁斯阿尔梅里亚王国（公元1041—1091年）的统治者。——译者

⑤ 艾夫塔斯人：柏柏尔人家族，曾在安德鲁斯的巴特里尤斯建立王国（公元1022—1095年）。——译者

⑥ 祖努人：属于哈瓦莱部落的柏柏尔人，曾在安德鲁斯托莱多建立王国（公元1032—1092年）。——译者

⑦ 胡德人：阿拉伯人家族的一支，曾在安德鲁斯的萨拉戈萨建立王国（公元1039—1146年）。——译者

阿巴德人对文学的关爱比阿勒颇的哈姆丹人还有过之而无不及。阿巴德君主及其家人、臣子在学术的各个领域，尤其是在诗歌和散文的创作上都很有造诣。

阿卜杜·麦立克·本·哈比布[①]、艾布·瓦立德·巴基[②]、艾布·伯克尔·本·阿拉比[③]和艾布·瓦立德·本·鲁世德[④]等人在教法上的成就，难有出其右者。在强记博闻、学识渊博方面，东方无人能与伊本·哈兹姆和伊本·阿卜杜·拜尔[⑤]相比。伊本·哈兹姆淡漠仕途，热衷于学术，视学术高于一切，不为高官厚禄所惑。对语言的研究，《精编词典》的作者伊本·西达[⑥]无人能比。对语法的研究，首推艾布·穆罕默德·本·赛义德和艾布·阿里·谢格比尼。伊本·巴哲[⑦]在哲学上的造诣；伊本·图菲勒[⑧]和

① 阿卜杜·麦立克·本·哈比布(公元796—854年)：安德鲁斯马立克派教法学家，著有《伊斯兰战争》等著作。——译者

② 艾布·瓦立德·巴基(公元1081年卒)：安德鲁斯马立克派著名教法学家、圣训学家。主要著作有《〈穆宛脱圣训实录〉精注》、《教律大全注释》、《教法原理指南》等。——译者

③ 艾布·伯克尔·本·阿拉比：请见第14页注②。——译者

④ 艾布·瓦立德·本·鲁世德(公元1126—1198年)：阿拉伯著名哲学家、教法学家、医学家。阿拉伯伊斯兰哲学亚里士多德派的代表人物之一。生于安德鲁斯的科尔多瓦。主要著作有《论哲学与宗教的联系》、《哲学家矛盾的矛盾》等。——译者

⑤ 伊本·阿卜杜·拜尔(公元1071年卒)：安德鲁斯马立克派教法学家，主要著作有《圣门弟子考》。——译者

⑥ 伊本·西达(公元1007—1066年)：安德鲁斯著名盲人语言学家。主要著作有《精编词典》和《专项分类词典》等。——译者

⑦ 伊本·巴哲(约公元1082—1138年)：阿拉伯著名哲学家，精通医学、天文学和音乐。生于安德鲁斯的萨拉戈萨，卒于突尼斯的非斯。主要著作有《索居者指南》、《告别论》等。——译者

⑧ 伊本·图菲勒(公元1100—1185年)：阿拉伯著名哲学家、医师、文学家。有“伟大的思想家”和“理性主义的哲学家”的美誉。写有医学、天文学和哲学方面的大量著作，但大多逸散。哲理性文学著作《哈伊·本·叶格赞》为其代表作。——译者

祖赫尔家族[①]在医学上的成就;《罕世璎珞》的作者伊本·阿卜杜·莱比[②]在文学上的贡献,东方学者难以望其项背。在记述本民族的业绩方面,有谁能胜过《珍藏》一书的作者伊本·拜萨姆[③];在散文修辞上的功夫谁又能与法塔赫·本·欧贝德拉·本·哈高尼(公元1087—1134年)相提并论,他赞美谁,谁就身价陡增,他批评谁,谁便分文不值,他的《纯金项链》一书便是明证。论起诗歌,无人可与穆耳台米德·本·阿巴德[④]比肩。巴特里尤斯(即巴达胡斯)的国君穆扎法尔·本·艾夫塔斯著有一部长达百卷的著作,连年的征战和繁忙的国事并没有影响他对文学的热爱。在历代王朝的大臣中,谁能比得上伊本·宰敦[⑤],在诗人中,谁又能胜过伊本·达拉吉[⑥]?

赛阿里比[⑦]在其《时代的宝石》一书中认为“伊本·达拉吉在

① 祖赫尔家族:安德鲁斯塞维利亚的医学世家,几代人都当过埃米尔的御医兼大臣,在教法及文学上也有很高的造诣。家族中伊本·祖赫尔(公元1162年卒)最为著名,著有《医学便览》等著作。——译者

② 伊本·阿卜杜·莱比(公元860—940年):安德鲁斯后倭马亚王朝著名的文学家、诗人。以《罕世璎珞》一书闻名于世,该书被视为阿拉伯文学的重要遗产。——译者

③ 伊本·拜萨姆(公元1147年卒):安德鲁斯文学史学家。著有《珍藏》一书,记述安德鲁斯的阿拉伯文学史。——译者

④ 穆耳台米德·本·阿巴德(公元1040—1095年):安德鲁斯诗人、文学家。1068年袭父位,为塞维利亚君主。有诗集传世。——译者

⑤ 伊本·宰敦(公元1003—1071年):安德鲁斯著名诗人。生于科尔多瓦,卒于塞维利亚。曾出任大臣,因爱上公主、女诗人婉拉黛而受到情敌的陷害。其诗被历代阿拉伯女人视为典范。——译者

⑥ 伊本·达拉吉(公元958—1030年):安德鲁斯诗人,善写颂诗。曾任后倭马亚王朝实权人物曼苏尔·艾比·阿米尔的书记官。——译者

⑦ 赛阿里比(公元961—1038年):阿拔斯王朝著名的文学家、语言学家、历史学家。主要著作有《时代的宝石》、《知识趣闻》、《语言学》、《谚语集》等。——译者

安德鲁斯的地位与穆太奈比在沙姆地区的地位相同”。赛阿里比在列举了众多诗人优美词句之后写道:“在妇女中,有谁能像伊本·宰敦的女友婉拉黛[①]和齐亚德的女儿宰奈卜那样,在文学上出类拔萃?”

赛阿里比将安德鲁斯各地的人文特色形诸笔墨,如他将塞维利亚的河流与埃及的尼罗河作了比较,写道:“和尼罗河相比,那里是一片没有狮子出没的森林,没有鳄鱼游弋的河流。”他还写道:“塞维利亚有许多在其他地方见不到的乐器。是的,各地都有乐器,但塞维利亚的乐器要略胜一筹。”而科尔多瓦,自古就是帝王之都,学术中心,信仰的指路明灯,令人崇敬的圣地。

捷恩是富饶的农业区;那里英雄辈出,城堡坚固无比。

格拉纳达,她是安德鲁斯的大马士革,是众目所视的舞台,是人人向往的地方。那里拥有显赫的贵族,知名的学者,杰出的诗人,其数量之多无法数计。

马拉加集大陆与海洋的风光于一身,海船泊港,扬帆待航。马拉加盛产上等的葡萄酒,据说,一位哈里发临终前,人们要他乞求真主的宽恕,哈里发抬起双手说:“主啊!求你让我在天国也能享用马拉加的美酒和塞维利亚的葡萄干吧!”

阿尔梅里亚人性情温和,禀性高尚,皮肤细腻,相貌俊美,喜佩戴各色异状的小宝石。

穆尔西亚人勇敢坚韧。那儿的水车潺潺悦耳转不停,树上鸟

① 婉拉黛(公元1091年卒):安德鲁斯著名女诗人,后倭马亚王朝哈里发阿卜杜·拉赫曼的孙女。伊本·宰敦和伊本·阿卜杜斯两位大臣都爱上了她,成为传世的风流韵事。——译者

鸣啁啾唱不休；鲜花四季馥郁芳香，安德鲁斯人纷纷到那里装扮新娘。

巴伦西亚，果园遍地。巴伦西亚人信仰极为虔诚，最能遵守各派的教义……

总而言之，安德鲁斯人在各个领域都注重知识、科学，他们为自己的祖国而骄傲和自豪；他们工作勤奋，努力进取；他们争强好胜，奋斗不息。

显然，伊本·哈兹姆和舒古迪对安德鲁斯的描述与评价并不十分科学和准确，这只是一家之言。我们知道，即使是判断一个人是否比另外一个人更聪颖都是一件极其困难的事情，更何况要做出这个民族比另一个民族聪慧，甚至说，这个民族比其他民族都要聪慧的结论呢？伊本·哈兹姆和舒古迪等人所采用的方法是：先做出整体的判断，然后再用个别的例子进行论证。请看，他们先说安德鲁斯人以勤勉有毅力、讲究卫生、聪敏过人著称，然后，再用某一个人的例子，或者某人的讲述来证明这一结论的正确。用这种方法思考问题怎么行呢？正确的方法应当是：首先确定某一民族中年轻人聪颖的标准，然后用这个标准对另一个民族的年轻人群体进行测试，之后，将二者进行比较，用这种方法得出的结论才能让人心悦诚服。那种张口就说某民族最聪明，而证据只是某人写了一本有价值的著作的做法，显然是缺乏说服力的。对于一个像安德鲁斯这样一个人口众多的地区来说，不出现一些知名学者和大文学家是不可能的。伊本·哈兹姆和舒古迪二人没有拿出令人信服的、有说服力的证据，他们列举的都是些人们熟知的事例。

地理学界的泰斗麦格迪西[①]在其《最佳的地区分类》一书中，对安德鲁斯作了描述，但是他并没去过安德鲁斯，他的记述靠的是安德鲁斯人的述说。麦格迪西写道："安德鲁斯是一个重要的省区，地域辽阔，矿产丰富；植物茂盛，枣椰树、橄榄树成林；气候温和，水质甘甜……有很多犹太人。安德鲁斯人信奉马立克[②]教法学派，依照纳菲尔[③]的读法诵读《古兰经》。安德鲁斯人说：我们只知道《古兰经》，只知道马立克的《穆宛塔圣训集》。如果有哈乃斐派人或沙斐仪派人来到他们中间，他们会将其驱逐出境；如果发现穆阿台及勒派人或什叶派人，他们也许会将其杀害……安德鲁斯人去澡堂洗澡，很少有人携带浴巾……他们的图书、本册用的都是犊皮纸……安德鲁斯人是造纸业、文具业的高手……安德鲁斯人书法高超，可将文字转着圈儿书写……安德鲁斯的商品多来自利比亚的布尔盖，西西里岛和非斯[④]。安德鲁斯出产一种类似鳄鱼皮的坚固皮革，用于制作宝剑柄。安德鲁斯沿海每年可出产大量的龙涎香……"

希加里说："后倭马亚王朝时期，科尔多瓦可称得上是安德鲁斯的巴士拉[⑤]，名人荟萃，人才辈出，那里聚集着阿拉伯半岛南北

---

① 麦格迪西(约公元 945—990 年)：阿拉伯著名地理学家、旅行家。著有《最佳的地区分类》一书。——译者

② 马立克·本·艾奈斯(约公元 715—795 年)：伊斯兰教著名教法学家、圣训学家，逊尼派马立克教法学派创始人。其代表作为《穆宛塔圣训集》。——译者

③ 纳菲尔·本·阿卜杜·拉赫曼(公元 785 年卒)：伊斯兰教十大《古兰经》颂经家之一。——译者

④ 非斯：摩洛哥北部著名古城。始建于公元 859 年的卡拉维因清真寺暨同名大学所在地。——译者

⑤ 巴士拉：伊拉克著名城市。公元 8—9 世纪，该城是阿拔斯王朝重要的贸易、宗教及文化中心，在阿拉伯伊斯兰文化史上占有重要地位：伊斯兰教的穆阿台及勒派、早期的苏菲神秘主义著名的"精诚兄弟会"均产生于该地。——译者

部落的精英，同时又是学术旅行的必到之地，因为那里是慷慨好施者的中心，学者的摇篮。如果把安德鲁斯比作人的身体，科尔多瓦就是她的头脑。

科尔多瓦河美丽如画，河水碧波粼粼，两岸绿草如茵，鲜花似锦；百鸟啼鸣，水车欢唱……尽管无情的岁月已抹去了昔日的光辉，但其风采依存。犹如赫维尔奈格宫[①]、赛迪尔宫[②]和雾木丹宫[③]一般，它们都是历史的见证！”

穆拉比特王朝的埃米尔优素福·本·塔什芬[④]进入安德鲁斯后，对安德鲁斯这片土地进行了细致的观察和认真的思索，他说：“安德鲁斯像一只鹫，托莱多是其爪，莱巴哈（卡拉塔尤[Calatrava]）为其胸，捷恩为其头，格拉纳达是嘴；东、西部分别为左、右两翼。”

谢里夫·伊得里斯[⑤]对安德鲁斯有过详细的描述，现摘其要点如下：“安得鲁斯呈三角形，三面环海……安德鲁斯长一千一百英里，宽六百英里；安德鲁斯半岛被一绵延山脉从中部拦腰隔断……托莱多位于山脉的南侧，是安德鲁斯各地区的中心，罗马人统治时期曾是国王和总督的所在地……山脉的北面是卡斯提尔。”

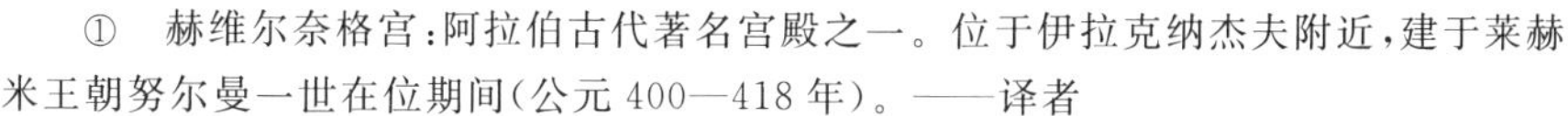

① 赫维尔奈格宫：阿拉伯古代著名宫殿之一。位于伊拉克纳杰夫附近，建于莱赫米王朝努尔曼一世在位期间（公元400—418年）。——译者

② 赛迪尔宫：阿拉伯古代著名宫殿之一。位于伊拉克希拉城，距赫维尔奈格宫不远，建于公元5世纪初。——译者

③ 雾木丹宫：也门萨那著名的城堡式宫殿。约建于公元1世纪。——译者

④ 优素福·本·塔什芬（公元1106年卒）：穆拉比特王朝（公元1061—1147年）第一位埃米尔，同时也是该王朝最著名的埃米尔。公元1086年，应安德鲁斯塞维利亚阿巴德王朝的请求，进军安德鲁斯，击败卡斯提尔国王阿丰索六世的军队。——译者

⑤ 谢里夫·伊得里斯（公元1100—1166年）：阿拉伯著名地理学家，曾为西西里诺曼国王罗杰二世制作银制地球仪和盘形世界地图。他撰写的《云游者的娱乐》是一部重要的地理学著作。——译者

谢里夫·伊得里斯对安德鲁斯各个城市的地理位置、特点、各城之间的距离(以驿站的数量和旅程的天数计算)一一做了介绍，其中以对科尔多瓦清真寺的描绘最为精彩:“科尔多瓦建有一座清真大寺，其结构、装饰和规模都独具特色。该寺长一百庹[①]，宽八十庹。清真寺一半盖有屋顶;而另一半则为露天。寺内有十九个拱弧，立柱多达千根，照明用的枝形灯架一百一十三座，最大的一个灯架可点燃一千支蜡烛，最小的灯架可点燃十二支蜡烛……清真大寺所使用的木料皆是松木……每根柱子之间的距离为十五拃[②]，柱子的顶部和底座都用大理石制成[③]……在寺内人们做礼拜时所朝向的一侧，装饰之精美真是无与伦比，令人叫绝。所有的这些镀金的彩色镶嵌制品都是君士坦丁堡的主人送给阿卜杜·拉赫曼·纳绥尔的礼物。教长讲经时站立用的壁龛饰有各式各样的雕刻和华美的饰物，壁龛的两侧立有四根柱子，两根为绿色，两根为天蓝色，均为无价之宝。壁龛的上部镶嵌了一块五彩斑斓的镂空大理石。壁龛的周围木栏环绕，木栏上的雕刻巧夺天工。壁龛右侧的讲坛之考究为世间罕见，制作这个讲坛，六名工匠(其他辅助人员不包括在内)整整雕制了七年。壁龛的左侧有一库房，库房中堆放着各种金、银器皿，以及用作点燃蜡烛的麝香，麝香在斋月第二十七夜[④]点燃。库房中还存放着一部《古兰经》，该《古兰经》需

---

① 庹(tuǒ):成人两臂左右伸直的长度，约合5尺。——译者

② 拃:长度单位。张开的大拇指和中指(或小指)两端之间的距离，约合22.5厘米。——译者

③ 杜齐说:科尔多瓦清真大寺现在的长度为620英尺，宽为440英尺。阿拉伯人统治时期，清真寺的柱子达1400根，现在仅存850根。

④ 斋月第二十七夜，又称盖德尔之夜，该夜为《古兰经》始降之夜，即真主开始向先知穆罕默德颁降《古兰经》经文之夜。——译者

两个人才能翻动，其中有四页经文为奥斯曼钦定的经文原本，经文上还染有奥斯曼的几滴血迹。这部《古兰经》只是在每周聚礼日的清晨才请出库房……”

“科尔多瓦人的德行比人们知道的还要伟大；科尔多瓦人的业绩比书上所记述的还要显赫；对他们的一切赞美之词都显得苍白无力。科尔多瓦人是安德鲁斯的显贵，是信士们的领袖。一提起科尔多瓦人，就让人想起正统的教派，丰厚的收入，漂亮的服饰，华丽的车马，热情洋溢的聚会，以及品种繁多的珍馐美味和玉液琼浆……科尔多瓦汇集了知名的学者，德高望重的首领，腰缠万贯、富有朝气的富商巨贾。科尔多瓦由五个相互连接的城池组成，城与城之间以城墙相隔。各城均有自己的市场、旅店、澡堂及各种作坊。”

上述文字让人们看到了安德鲁斯所享有的文明、财富，以及它的优越的地理位置。

安德鲁斯的社会环境除了有与阿拉伯东方不同之处外，也有相同的地方，即在安德鲁斯也能见到无处不在的反阿拉伯人的情绪。其缘由是：阿拉伯人染上了贵族习性，他们自以为高人一等，认为自己是伊斯兰教的传播者，是阿拉伯语的主人，声称只有他们才是最优秀的民族。阿拉伯人的所作所为，迫使其他民族不得不奋起保卫自己，这些民族抗争说：每个民族都有各自的长处和短处，并非所有的优点长处都集中在阿拉伯人身上。阿拉伯人有自己的优点，别的民族也有自己的长处。对此，东部的学者进行过激烈的辩论。究竟哪个民族是最优秀的民族？这类问题早就有人向著名学者伊本·穆加法和艾布·苏莱曼·曼蒂吉等人提出过。在安德鲁斯，伊本·加尔西亚是反对大阿拉伯民族主义的最著名人物之一。加尔西亚这个名字就说明他是一个具有非阿拉伯血统的人。

阿拉伯人与西班牙人杂居、通婚，新生的混血的一代出现了。他们因受当地语言环境的限制和影响，对掌握纯正、规范的阿拉伯语语音和语法感到困难，于是带有安德鲁斯地方语言特点的方言土语出现了。据安德鲁斯人讲，艾布·阿里·谢拉维尼是一位名扬四海的大语法学家，但他几乎讲不好阿拉伯语，并且经常犯语法错误。

安德鲁斯有些地区以盛产水果或手工业制品著称，如：马拉加的无花果、曼吉比的葡萄干颇有名气。安德鲁斯有许多采石场，生产白色和赤褐色的大理石，纳西莱采石场专门生产大理石柱。阿尔梅里亚以生产砾石闻名，这种砾石光滑如玉，色彩奇异迷人。

伊本·赛义德[①]写道："阿尔梅里亚、马拉加和穆尔西亚生产的嵌金丝绸织品，令东方人惊叹不已……阿尔梅里亚和马拉加的异型玻璃、描金的玻璃彩陶都美誉远扬。安德鲁斯还生产一种在东方被称为马赛克的涂银制品，它是一种可供铺在厅堂地面上的彩色瓷砖，还可以成为彩色大理石的代用品。塞维利亚的手工业制造工艺十分精细，难以详述。阿尔梅里亚也是一个著名的军港，安德鲁斯的穆斯林舰队就驻扎在那里。阿尔梅里亚还有一座造船厂。据说，阿尔梅里亚仅在税务局登记的旅店就达九百七十家。"伊本·赛义德还提到，安德鲁斯北部地区有七处矿山，大都是金

① 伊本·赛义德（公元1214—1286年）：安德鲁斯历史学家、诗人。主要作品有《马格里布珍闻》、《舞女、歌女名录》。——译者

矿，位于濒临大西洋的圣地亚哥一带。北部科尔多瓦附近盛产白银和铜，黄铜与黄金几乎无法区分。其他地区也有一些金属矿……

安德鲁斯人与东方人一样，不习惯自己管理自己，不能依靠自己选择政权，处理国家事务。他们习惯于依靠一个强有力的人物来统治自己，领导自己。安德鲁斯是这样，阿拉伯东方世界也是这样。因此，我们看到，只要国王是一个强者、一个果敢的人，国家就会太平，就会诸事顺利；一旦这个国王下台或者死去，那就要天下大乱，烽烟四起。这种情况在安德鲁斯尤为严重，因为安德鲁斯的居民成分更为复杂：有来自不同部落的阿拉伯人、柏柏尔人、斯拉夫人、西班牙人，等等。这些人都有各自不同的宗教信仰：北方是信奉天主教的天主教徒，南方则是信奉伊斯兰教的穆斯林。当统治者对这些有不同信仰的、有着明显差异的各个种族的人还没完全控制住的时候，这些人就已经开始进行暴动和骚乱了。安德鲁斯的历史就是政权不断更迭的历史，也是动乱不断发生的历史。稳定始于坚强有力的统治者的出现，而动乱则源于这位统治者的消亡。读者也许会感到惊讶：安德鲁斯如此动荡不定，却竟然会出现如此高度繁荣的文明和学术。这里有两点可以对此作出解释：第一，部分有远见且果断的埃米尔在位时间很长，如有的长达五十年，这时就会政通人和，学术、文明繁荣昌盛。如阿卜杜·拉赫曼·达希勒、阿卜杜·拉赫曼·纳绥尔、曼苏尔·本·艾比·阿米尔等人执政时就出现了这种情况。第二，有些学者能在动荡不安的情况下，尽可能地远离政治，为自己营造一个安谧的学术环境。

安德鲁斯领袖之间的嫉妒与仇恨远远胜于其他地区。安德鲁

斯的柏柏尔人、阿拉伯人、斯拉夫人和西班牙人当中有不少亡命之徒，故在当权的埃米尔当中，很少有人能长期维持王朝的团结和统一。国家刚一安定下来，动乱就要爆发，究其原因，或许是有人想称王夺权，或许是北方的天主教徒想收复其失去的家园，或许是柏柏尔人因阿拉伯人的得势而引起的心中不满……

安德鲁斯人有治理国家事务的办法，即当今我们所说的行政管理办法。司法职务因与宗教密切相关而成为安德鲁斯人的最大、最高尚的职务。法官有很大的权限，他甚至可以传唤哈里发或埃米尔前去听训。法官的首领大法官被称为总法官，总法官有生杀之权，可不必请示执政当局，他可以对通奸、酗酒者直接定罪。仅次于法官职位的是稽查官，担任稽查官的应是有名望的、聪敏的学者绅士。稽查官的职责是带领助手，持度量衡器，骑马在市场巡视，检查物价，视察市场情况：称面包的重量，看是否缺斤少两；查看商品标签，看货、价是否一致。当时面包和肉都是明码标价出售。稽查官也可派稽查员私下暗访，如发现有不法商贩，先鞭打示警，如不思悔改，继续违法经商，则要被驱逐出境。每个地方夜间都有人守夜巡逻，这些巡逻者被称为街役。安德鲁斯的街道夜间要关闭；大街小巷有警卫把守，巷口有路灯高悬，警卫配有警犬和武器，以备不时之需……安德鲁斯人最遵守宗教礼仪，违反者即会遭到谴责。安德鲁斯人最讨厌有人乞讨，如看到身体健康的人在乞讨，便会责骂他，劝他去劳动，凭手艺吃饭……

此外，还有以书写为生的职业——书记官。书记官分为两种：写信函的书记官和管赋税的书记官，前者当属文学家之列，承担官方函件和私人家书的书写；后者则只管有关税务、统计、核算一类的行文。安德鲁斯统治者不让犹太人和天主教徒担任管税务的书记官，但是那些达官显贵却更需要这些聪明能干的犹太人和天主教徒为他们个人效劳。

诗歌深受安德鲁斯人的喜爱。诗人在王公贵族面前享有显赫的地位，他们在王宫的聚会上为国王大唱赞歌，而国王也认为他们可能会决定自己未来的命运。在安德鲁斯，如果一个人是一位语法学家或一位诗人，往往会傲视他人，摆出一副不可一世的架势。[①]

安德鲁斯人非常注重警察的工作，警察总监被称为城市的主人或夜晚的主人。人们说，一个受到国王宠信的警察总监可像法官一样，握有生杀大权，而无须得到国王的批准，但是这样的事情并不多见。

*　　　　*　　　　*

要想确定安德鲁斯在各个时代的人口数目是一件困难的事。据有些历史学家推算，在罗马人统治时代，人口总数在三千万至四千万之间，但是没有历史文献可以佐证。我们不知道阿拉伯人统治期间的具体人口，只知道当时"货币铸造厂铸造的货币量为金币四十万，银币三百万"。公元 1768 年，安德鲁斯的人口为九百一十六万人，而在公元十八世纪初叶，人口近一千万。在穆斯林被西班牙人打败后，纷纷离开安德鲁斯，撤到马格里布和阿拉伯东方，导致人口的大量下降；另外西班牙人和葡萄牙人在发现美洲新大陆后大批移民迁往美洲，这也是人口下降的另一个原因。现在的西班牙人口为两千二百三十三万，人口密度为每平方公里四十人。

① 《芳香集》，第 1 卷，第 105 页，援引伊本·赛义德的话。

总而言之，以上这些数字给了我们有关阿拉伯人在西班牙的人口数字一个粗浅的概念。

安德鲁斯有一个特点，即随着阿拉伯人和马格里布人的进入，该地形成了一个很大的欧洲人和亚洲人的聚居地：有阿拉伯人和柏柏尔人的聚居地，也有西班牙人和法国人的聚居地，还有犹太人等其他民族的聚居地。换句话说，闪族人与雅利安人分别相对集中居住在一起。虽然阿拉伯人和柏柏尔人早已离开了安德鲁斯，但是直到今天，西班牙人仍是一个既有东方人血统，又有西方人血统的民族，这在他们的语言、音乐、习俗等方面都有明显的表现。到过西班牙的旅游者也许会认为，西班牙人是一个不同于世界其他民族的民族。其实，正确的说法应当是，在西班牙人的血管中流淌着阿拉伯人和柏柏尔人的血液。一些偏远省份，如卡斯提尔的居民，无论是从血统上，还是从风俗习惯上都有着阿拉伯人的痕迹。

很多民族都曾在安德鲁斯定居过：欧洲血统的有伊比利亚人、凯尔特人、拉丁人和希腊人；亚洲血统的有迦太基人、腓尼基人和犹太人；日耳曼民族的一些分支，如汪达尔人和西哥特人也来到西班牙；阿拉伯人征服安德鲁斯时西班牙人正遭受着西哥特人的统治。

随着阿拉伯人的征服，数以万计的阿拉伯人和柏柏尔人进入安德鲁斯，从此，开始了欧洲、亚洲和非洲人种上的杂居与融合。直至今日我们仍可看到这种民族融合的印记：欧洲血统的人，或者说是雅利安人，是安德鲁斯西北部占绝对优势的种族，他们身强力壮，肌肉发达。在阿拉伯人统治安德鲁斯时期，这些人构成了对穆斯林的最大威胁，其中的卡斯提尔人认为是他们将安德鲁斯从阿拉伯人的统治之下解放出来的。卡斯提尔人热情豪迈，有着强烈的民族主义情绪，在这一点上，阿拉贡人与他们非常相似。后来，阿拉贡国王费尔迪南德与卡斯提尔女王伊萨贝尔的联姻，使穆斯林遭到了灭顶之灾。[①] 至于安德鲁斯南部的居民，《西班牙与葡萄牙地理》一书的作者乔森评价道："他们聪慧、英俊、乐天、安逸。安德鲁斯与欧洲的比利牛斯山脉相连，史书中经常提到比利牛斯这个名字。"

*　　　*　　　*

各地学术发展的环境大致是相似或相近的：在一片没有任何作物的荒芜的土地上，经过开垦、播下种子、施以合适的肥料与适时的灌溉，作物便会茁壮生长，最后结出果实。阿拉伯东方的学术发展就是经历了这样的一个过程，安德鲁斯的学术发展走的也是同一条发展道路。

伊斯兰教在东方的问世，为学术的发展铺平了道路。最早播种下去的种子是宗教学：经注学、圣训、先知传记和征战史。经过一段漫长时间之后，这些学科得到发展和进步。随着文明程度的提高，各种著述相继推出。非阿拉伯文的各种学术著作先后被翻译成阿拉伯文，于是人们埋首钻研、理解、消化这些译著，继而写出自己的著作，甚至在一些阿拉伯人原本一无所知的领域也有巨著问世。安德鲁斯的情况也大致如此：穆斯林进入安德鲁斯后，与西

① 公元 1137 年，安德鲁斯东北部山区的阿拉贡王国与巴塞罗那工国合并，构成对阿拉伯人统治的巨大威胁。公元 1230 年，安德鲁斯西北部地区的卡斯提尔王国与莱昂王国合并，成为反对阿拉伯人统治的主要力量。公元 1469 年，阿拉贡国王费尔迪南德与卡斯提尔女王伊萨贝拉结婚；公元 1479 年，两国正式合并，形成西班牙统一王国；公元 1492 年攻陷格拉纳达，阿拉伯人从此退出西班牙。——译者

班牙人发生冲突与碰撞，人们无暇顾及学术的研究。穆斯林之间因严重的部族主义产生众多纷争，如南方的也门人与北方的穆达尔人之间，甚至也门人之间，穆达尔人之间都是纷争不断；阿拉伯人与柏柏尔人之间、阿拉伯人与西班牙人之间的民族差异所造成的冲突，使学术根本没有立足之地。当局势稳定下来以后，人们才开始考虑到学术问题，首先想到的是宗教学，其次才是后来传入的哲学和数学。

当时的学术研究主要通过以下几种途径：

一、聘请阿拉伯东部学者到安德鲁斯。

这些学者给安德鲁斯带来了阿拉伯语和阿拉伯文学。例如，艾布·阿里·高利（公元 893—967 年）便是应埃米尔的邀请来到安德鲁斯的东部学者。他在东部饱读诗书，曾师从多名著名学者，特别是深得伊本·杜雷德[①]的真传。关于伊本·杜雷德有许多有趣的传闻，其中有的确有其事，有的则是出自他的手笔。如，有关游牧阿拉伯人对其子女的遗训等逸事，便很可能是他杜撰的。因此，有人说，伊本·杜雷德早在白迪耳·宰曼·哈姆扎尼[②]之前就确立了新文学体裁“玛卡梅”[③]的基本构架。

① 伊本·杜雷德（公元 837—933 年）：巴格达著名语言学家、诗人。主要著作有《辞语总汇》。——译者

② 白迪耳·宰曼·哈姆扎尼（公元 969—1007 年）：著名文学家，新文学体裁“玛卡梅”的奠基者和创始人。——译者

③ 玛卡梅：阿拉伯重要文学体裁之一，也可译为韵文故事。这种艺术形式类似我国的“评书”或“平话”。史料表明，白迪耳·宰曼·哈姆扎尼与哈里里为该文体的创始人和奠基者。该文体对后来的文学发展有一定影响。——译者

阿拉伯东部的学者，如艾斯麦伊[①]和穆方才理·朵比（穆法达勒·达比）[②]等人，在搜集语言和诗歌方面下了很大工夫，做了卓有成效的工作，他们从大量的诗歌中选出精品，编辑成诗集。艾布·阿里·高利将这些成果，连同他的学问都带到了安德鲁斯。他是一个严肃的学者，一个《古兰经》的背诵家。他秉承真主的意旨，在安德鲁斯播撒学术的种子。艾布·阿里·高利每到一地，都要向人们介绍阿拉伯诗歌或散文，做必要的讲解和注释。

据说，艾布·阿里·高利在安德鲁斯首次发表演说时，曾紧张得声音颤抖。是的，这确有其事，可是，要知道每个学者都有自己的专长，不可能是个全才。艾布·阿里·高利的专长就是传述他从东部老师那里学到的知识。萨耳德是另一位来自东部的学者，据说他也曾在一个生僻词的韵脚上出过差错，对西伯威语法书中的一个问题的理解也闹过笑话。这些传说也许是确有其事，但是萨耳德在文学方面和对诗歌的传述所表现出的才智却是无人能比的。

艾布·阿里·高利和萨耳德将他们的学问传授给了他们的弟子，这些弟子再将这些学问和知识传授给他们的弟子，一代传一代，代代相传。艾布·阿里·高利和萨耳德用东部文化为安德鲁斯的阿拉伯语和阿拉伯文学的发展奠定了基础。

继这批东部学者之后，在安德鲁斯本地人当中涌现出一批像

① 艾斯麦伊（约公元740—828年）：巴士拉著名语言学家，辑有阿拉伯古代诗选《艾斯麦伊雅特》。——译者

② 穆方才理·朵比（约公元786年卒）：库法语言学家，辑有阿拉伯古代诗歌选《穆方才理雅特》。——译者

艾布·阿里·高利和萨耳德那样著书立说的学者，例如马拉加的伊本·阿卜杜·莱比（公元860—940年）便写了《罕世瓔珞》一书。该书是一部阿拉伯东部文学的精品集，书中的内容都是作者从东部学者的著作中，尤其是从伊本·古太白[①]的《史事泉源》一书中精选出来的上乘之作。该书的编排体例也与《史事泉源》大致相同，只是作者将每章的题目冠以一种宝石的名称，各章首尾相接，犹如一串由各种宝石串起的瓔珞。伊本·阿卜杜·莱比写作该书的目的是将阿拉伯东部学者的文学介绍给安德鲁斯人。萨希布·本·阿巴德[②]读了此书后说道："我们的作品又回来了。"因为他从中看到了他所熟悉的东部文学。伊本·阿卜杜·莱比的《罕世瓔珞》与伊本·拜萨姆的《文学宝藏》不同，前者是向安德鲁斯人介绍阿拉伯东部学者的学问，后者则是汇集了安德鲁斯文学家的作品。

二、安德鲁斯本地学者到东部求学。

很多学者都曾赴东部深造，学成归来后，向安德鲁斯人传授其所学知识，叶海亚·本·叶海亚·莱伊斯便是这批人中的佼佼者。他曾到麦地那游学，拜马立克教长为师，追随左右，侍奉有加，向其学习《穆宛塔圣训集》。叶海亚后又到埃及求学，受教于莱伊斯·本·赛阿德、阿卜杜拉·本·瓦哈卜和阿卜杜·拉赫曼·本·卡西姆等学者。叶海亚以诚实、虔信著称，因其为官清廉，深受埃米尔的信任，被委以选拔法官的重任，他选的都是马立克教法学派的

① 伊本·古太白（公元828—889年）：阿拔斯王朝著名文学家、语言学家、历史学家。主要著作有《诗歌与诗人》、《史事泉源》、《知识宝库》等。——译者

② 萨希布·本·阿巴德（公元938—995年）：阿拔斯王朝著名文学家、语言学家，曾出任布韦希王朝宰相。主要著作有《辞海》、《大臣书》、《书信集》等。——译者

人。叶海亚还专门成立了一个咨询委员会，其成员由他任命，负责研究法律问题。有关咨询委员会的规章制度我们知之甚少，因为史书上鲜有记述。叶海亚德高望重，有位历史学家写道："叶海亚秉公执法，赏罚分明。伊斯兰教进入安德鲁斯以来，有谁能像他那样，得到安德鲁斯人那么多的信任和颂扬？"

像叶海亚那样赴东部求学的人很多，有人学习教法，有人学习语法、词法，有人学习《古兰经》注释，还有人学习圣训，学习《古兰经》的诵读方法，等等。读者在《芳香集》一书中可以看到一长串的到东部求学的安德鲁斯人的名录。当时赴东部求学是一种时尚，以至不去求学者会受到人们的指责。

在这些赴东部求学的学子当中，涌现出一批精通各种学问的安德鲁斯学者，他们肩负着在安德鲁斯传播知识的重任。伊本·哥特叶是其中的一位代表人物。哥特叶这个名字说明他是哥特人，他的祖母原是一位哥特公主。伊本·哥特叶在语言学上的造诣超过了诸多的东部学者，他撰写的《动词及其变位》等著作代表了他的学识和贡献。每个学科，每种学问都有很多像伊本·哥特叶这样的学者，详见下述。

三、收集图书典籍。

图书典籍是发展学术活动的重要基础，安德鲁斯人深知图书典籍的珍贵。后倭马亚王朝哈里发哈克木二世就十分关心学术的发展，他在位期间（伊历350—366年/公元961—976年）先后派人从巴格达、埃及等阿拉伯世界的东部和西部地区搜集了大批古代与当代的各种学术经典著作的珍本，其数量之多，几乎与阿拔斯王朝诸哈里发长期搜集的著作总和不相上下，仅哈克木二世的私人藏书就多达数千册。哈克木二世本人对学术情有独钟，一心想效仿先辈中的智者贤人，在学术上有所建树。因此，他在位期间出现了前所未有的阅读前人典籍、学习先人各派学说的热潮。

总而言之，安德鲁斯与阿拉伯东部就像是连成一片的土地，学者们如同蚂蚁一般，在其上面穿梭往来，相遇之时，欣喜不已。东部的学者若在东部不得志，便跑到西部去闯荡，而西部的学者为了求学则奔向东部：近者，到马格里布便会驻足不前；再远一点，可到埃及，有勇气有能力者走得更远，他们会周游马格里布、埃及、沙姆、伊拉克诸地。这些长途跋涉者都是学有专长的饱学之士，他们云游四方，有的研究教法、圣训，有的研究经注和诵读。如阿卜杜·麦立克·本·哈比布·苏莱米，原是一位知名的教法学家，他游遍东部各地，收尽一切可能搜集到的圣训。回到安德鲁斯后，他撰写了近千部著述，获得了“安德鲁斯学者”的美誉，其学识之渊博犹如滔滔大海，其地位之高可与前面提到的叶海亚·本·叶海亚·莱伊斯媲美，他的教法专著《明晰》曾轰动一时。

又如艾布·阿卜杜拉·穆罕默德·本·耳撒，从东部游学归来后担任科尔多瓦法官。他十分留恋在伊拉克求学的日子，对伊拉克赞叹不已。另一位游学归来的法官孟迪尔·本·赛义德·布鲁推，他不畏权势，竟敢在哈里发阿卜杜·拉赫曼·纳绥尔面前为一群孤儿说项——哈里发为扩建其宫殿欲购孤儿院的住房，孟迪尔法官谏阻再三，最后哈里发答应拨巨款为孤儿另建新居。此外，法官艾布·伯克尔·本·阿拉比、巴基·本·穆罕莱德、卡西姆·本·艾斯拜厄等人都是从东部学成归来的著名人士。

在东去求学的学者当中，有人专攻教法学和教义学，著名学者伊本·哈兹姆(公元994—1064年)即是其中的佼佼者。有些东方学家认为伊本·哈兹姆的母亲是西班牙人。伊本·哈兹姆学识渊博,信奉、宣传并捍卫扎希里教法学派[①]的主张。伊本·哈兹姆的教义学造诣极深,且极富有辩才。他出身贵族,其父曾出任大臣,本人也担任过大臣职务。他对政治不感兴趣,对别人对他的排挤、迫害,以至放逐亦不介意,一心著书立说,其著作多达四十余部。当阿巴德国王穆耳台迪德·本·阿巴德在塞维利亚焚烧其著作时,伊本·哈兹姆吟诵道:

毁书难灭迹,文章藏心底。

伴我一路行,随我葬坟里。

伊本·哈兹姆不仅是一位教法学家和教义学家,而且也是一位情感丰富的文学家,他的《斑鸠的项圈》一书充分表达了他的内心世界。

有人到东部研究伦理学和政治学,如《帝王灯鉴》一书的作者伊本·艾比·兰达格特·图尔图斯。有人则研究文学,如谢里西和《罕世璎珞》的作者伊本·阿卜杜·莱比。有人研究语法和词法,如《艾勒菲叶》的作者伊本·马立克。有人则是为了进行苏菲修炼,如穆哈义丁·本·阿拉比、艾布·阿拔斯·穆西尔、雅古特·阿尔西。也有人研究哲学和其他外来学问,如伊本·祖赫尔。

有些出外游学的学子爱上了他所求学的地方,定居在那里,没有返回家乡。但是大多数的学子学成之后还是回到安德鲁斯,取

① 扎希里教法学派:“扎希里”为阿拉伯语“表面的”一词的音译,古代伊斯兰教法学派之一,亦称“直解学派”、“字面派”,得名于以经、训的字面意义为立法、释法的依据。该派为达乌德·本·海莱夫(公元816—884年)所创。——译者

得了导师资格，指导那些从东部来到安德鲁斯求学的人。这些学者遍及安德鲁斯全境，他们从事教学研究和翻译著书等工作，构成了安德鲁斯最早的学术核心，为安德鲁斯培养了各个学科的人才。

这种东去西来的学术旅行，可说是利弊参半。其利在于它最大限度地传播了文化知识，培养了杰出的学者，开阔了安德鲁斯人的文化视野；其弊则是将安德鲁斯的学术铸成了与阿拉伯东部类似的模式。倘若安德鲁斯的学术发展没有受到东部的影响，我们看到的将是一种独具特色的、富有创造性的学术。令人遗憾的是我们没能看到这种结果。尽管安德鲁斯和阿拉伯东部的自然环境与社会环境迥异，但东部的学术模式还是占了上风。东部学术发展的历程，就是安德鲁斯学术发展的历程，二者如出一辙，几乎没有什么创新。

东部的学者有效仿先人的传统，安德鲁斯人也亦步亦趋，极力模仿东部学者的做法。因此，当你读安德鲁斯人写的著作时，就好像是在读东部人的作品，无论是语言，还是编排体例，甚至章节都一模一样。

文学虽然也受到东部文学的影响，但与其他学科比较，还是有一些创造的，因为文学具有较强烈的个人情感和地方特色。但是，很遗憾，这种差异也仅仅是形式上的，而非实质性的。比如安德鲁斯所特有的诗体——“穆沃什哈”体诗[①]，也只是形式上的变化，是在玩弄比喻的游戏，其诗歌或散文的主题都是阿拉伯人所熟悉的，

① “穆沃什哈”体诗：亦译作彩锦诗。该诗体是由安德鲁斯人创造的一种新的诗歌艺术形式，它突破了传统阿拉伯诗歌一首诗的诗律和韵脚过于单一的局限，在诗律和韵脚的运用上有了一定的灵活性，是对阿拉伯诗歌发展的一大贡献。用该诗体写的诗因其语言朴实，诗律丰富，韵脚多样，适于歌唱而受到人们的欢迎和喜爱。——译者

毫无新意。埃及、马格里布、沙姆地区的学术和文学的情况与安德鲁斯一样,都是在模仿伊拉克。如果让我们在大学里教授埃及文学,我们就要用很长的时间去了解埃及文学的个性及特点,了解它有别于其他文学的地方。可是即使费了九牛二虎之力,所得也不过是凤毛麟角。

如果说伊斯兰学术发展走的是同一条道路,其地区差异可以忽略不计,这个判断基本上是正确的。其原因也许在于:宗教上的教法、经注、圣训等都要依据《古兰经》,因此,这出于同一来源的学术研究,所得出的结论自然就会是相同或相近的了。如果再看一下哲学、医学、星相学、物理学、化学和神学等外来的学问,我们发现安德鲁斯人依据的也是通过直接翻译希腊文著作,或者阅读东部阿拉伯人的译著而获得的希腊哲学和印度知识。因此,对这些外来学问研究的结果与东部并无二致。如果这些学问的基础不同,来源各异,那研究的结果也就不同了。

此外,伊斯兰世界是一个整体,这也是造成这种学术研究一致性的另一个原因。正如教法学家所说的:"世界分为战争的疆场与穆斯林的家园两个部分。"对于学者来说,阿拉伯的东部和阿拉伯的西部都是穆斯林的家园,都是自己的祖国。不论是安德鲁斯人到阿拉伯的东部去,还是阿拉伯东部人到安德鲁斯来,都如同在自己的家里旅行;不管是波斯的穆斯林,还是印度的穆斯林,或者是西班牙的穆斯林,他们都生活在充满伊斯兰精神的同一片蓝天之下,呼吸着同一种伊斯兰空气,并且都是在同一种语言——阿拉伯语的环境之下成长。

现代学者认为,宗教、语言和社会经济状况是影响民族构成的最重要的几个因素。这几个因素在伊斯兰世界大致是相同的，因而那里的思想、学术和心理活动也是相似的。有一个故事引起了笔者的兴趣，故事讲述安德鲁斯诗人兼安德鲁斯驻外使节盖扎勒[①]在伊拉克时，曾向伊拉克人朗诵他写的诗，尽管伊拉克人知道他是个著名诗人，但他们仍然对他说，他们更喜欢艾布·努瓦斯[②]的诗，还说盖扎勒和其他安德鲁斯诗人都没有达到艾布·努瓦斯的水准，盖扎勒当即予以反驳。过了几天，他又带去一段他写的诗，佯称该诗为艾布·努瓦斯的大作，再次朗读给伊拉克人听，听罢，伊拉克人连声赞叹："好诗！好诗！"这时盖扎勒对他们说："此乃我的习作也！"[③]

这个故事说明无论是东部的，还是西部的阿拉伯人，都特别喜爱艾布·努瓦斯的诗。同时，也说明安德鲁斯人写的诗东部人能读懂，也能欣赏。即使将西部人写的诗说成是东部人的作品，也不会引起人们的怀疑。

各地清真寺的宣礼员只要用同样的招祷词呼唤人们去做礼拜，人们都会去做的，学术和文学的情况也是如此。

安德鲁斯人因受到阿拉伯征服者中的沙姆人的影响，起初信奉奥扎仪教法学派[④]的教义和主张，后来才改奉马立克教法学派，

---

① 盖扎勒(公元774—864年)：安德鲁斯诗人。原名叶海亚·本·哈克木，因其长相英俊而得到"盖扎勒"(意为羚羊)这一绰号。著有《诗集》。——译者

② 艾布·努瓦斯(公元762—813年)：阿拔斯王朝著名"咏酒诗人"。——译者

③ 该诗及故事请见《盖扎勒传》。

④ 奥扎仪教法学派：伊斯兰教早期教法学派之一，为叙利亚教长奥扎仪所创。该学派在创制律例时，注重教法学家的个人意见和当地穆斯林的习俗。

奥扎仪(公元707—773年)：贝鲁特人，叙利亚大教长，著名教法学家。——译者

其原因有如下两点：

1. 马立克教法学派的教义和主张更符合安德鲁斯人的禀性。马立克教法学派在立法和解释教法时，依据的是圣训和麦地那人作出的公议，而不是类比和理性分析，这与安德鲁斯人的思维方式有相似之处。

2. 前面提到过的一些著名学者，如叶海亚・本・叶海亚・莱伊斯等人，都曾赴麦地那拜马立克为师，学习马立克教法。受真主护佑，叶海亚・本・叶海亚・莱伊斯掌握了挑选、任命法官的大权，遂使他能在安德鲁斯传播马立克教法学派，并委任该学派的人出任法官。

安德鲁斯人信奉马立克教法学派，严格遵奉马立克教法学派的教义，对其他教法学派采取拒绝、排斥的态度，这也是安德鲁斯没有出现众多的教派和教法学派的一个重要原因。真主护佑，安德鲁斯人不像伊拉克人那样分成许多教派，如什叶派、哈瓦立及派等，从而也免受了伊拉克等东部各国因教法学派之间严重对立而造成的苦难，如沙斐仪派与哈乃斐派之间、沙斐仪派与罕百里派之间的纷争与冲突从未间断过。

伊拉克早在皈依伊斯兰教之前就存在各种宗教派别，如玛兹达克教派、琐罗亚斯德教，以及印度人的各种轮回学说，等等。伊斯兰教传入伊拉克并在该地站稳脚跟后，原有的宗教派别要么保持原有的教义，要么披上了折中的外衣，于是人们便分成了各种派别。

马立克教法学派是逊尼派中依据圣训进行立法、释法的教法学派。虽然在安德鲁斯也有人信奉穆阿台及勒派，有人信奉什叶派，有人信奉扎希里耶派，但与信奉马立克教派的人相比数量要少得多。

*　　　*　　　*

安德鲁斯妇女与阿拉伯东部的妇女一样，大多是文盲。其中有擅长歌舞、音乐的女奴，经过专门训练后被高价出售。

与阿拉伯妇女一样，大部分享有自由身份的安德鲁斯妇女要戴面纱，其规定之严格，比东部还有过之而无不及，但是女奴和众小妾则可不戴面纱。哈里发穆斯泰克菲的女儿婉拉黛公主就不戴面纱，她出席男人聚会，与男人一起吟诗，一起谈论文学，曾引起不小的轰动，这种事情在阿拉伯东部也是罕见的。

一批受过伊卜拉欣·摩苏里[①]训练过的东部歌女，来到安德鲁斯，又经齐尔雅布[②]的精心调教，很快就成为安德鲁斯歌舞场所的主角。正如艾布·阿里·高利在安德鲁斯教授阿拉伯语和阿拉伯语法一样，这些歌女将歌舞、音乐艺术传授给了安德鲁斯的女子。从此以后，安德鲁斯的各个朝代便有了自己的歌唱家、音乐家和舞蹈家。蓄养能歌善舞的女奴，已成为王公贵族，乃至中等阶层家庭的一个传统。据大量的传闻逸事记载，安德鲁斯人酷爱音乐，如醉如痴，他们宁愿粗茶淡饭，也要与音乐歌舞为伴，绝不过那种有着种种禁忌的奢华生活。

安德鲁斯的每个王公贵族的家中都拥有成群的西班牙及其他

---

① 伊卜拉欣·摩苏里(公元742—804年)：中世纪阿拉伯最著名的音乐家。——译者

② 齐尔雅布(约卒于公元845年)：安德鲁斯最伟大的音乐家，伊卜拉欣·摩苏里的弟子。——译者

民族的自由妇女和女奴。这些女人生下的孩子具有不同的血统，家庭中充满了自由妇女和女奴之间的仇恨与冲突，这种仇恨与冲突自然也传给了他们的子女。

很多信奉天主教的西班牙妇女也参与政治，她们表面上装作热爱伊斯兰教，喜欢阿拉伯人，但实际上，她们没有忘记自己是天主教徒，没有忘记自己是西班牙人。因此，她们当中有些人就成为哈里发身边的奸细，把很多机密透露给西班牙人，并在穆斯林中制造矛盾，使穆斯林陷入异常尴尬的境地。

如同阿拉伯东部的妇女一样，安德鲁斯的妇女中也涌现出几位杰出的文学家，如：与伊本·宰敦有恋情的婉拉黛、穆阿台绥姆的女儿温姆·基拉姆、哈吉的女儿哈夫索、穆耳台米德的女奴伊耳蒂玛德等人。安德鲁斯的每座城市都能找出几位著名的女文学家，但是她们在整个社会生活中仍是屈指可数。

关于安德鲁斯妇女对社会的影响，有些欧洲历史学家提道：继承父位统治安德鲁斯的阿卜杜勒·阿齐兹·本·穆萨·本·努赛尔，曾为了一个西班牙女人而改信天主教。但是，根据阿拉伯历史学家的记载，阿卜杜勒·阿齐兹没有改奉天主教。改奉天主教之说太离谱了，因为，一个著名总督——安德鲁斯伟大征服者的儿子，怎么会为了一个女人而改变其宗教信仰呢？安德鲁斯穆斯林对伊斯兰教的狂热是尽人皆知的，要想让他们改变信仰谈何容易。普通老百姓尚且如此，更何况是上层人物。

阿拉伯人到来之前，统治安德鲁斯的是西哥特王朝，阿拉伯人征服安德鲁斯之后，阿卜杜勒·阿齐兹欲娶西哥特国王罗德里克的妻子为妻，为此，与她达成了允许她保持天主教信仰的默契，这使她在很大程度上控制了阿卜杜勒·阿齐兹。她还给自己取了一个阿拉伯名字——温姆·阿绥姆。据说，阿卜杜勒·阿齐兹与她一起住在塞维利亚的一座修道院里，这种说法不太可信。还有人说，她曾问阿卜杜勒·阿齐兹："你的臣民见你时，为什么不向你下跪？罗德里克的臣民见到他时可是要下跪的。"阿卜杜勒·阿齐兹回答说："我们的宗教不允许下跪。"她对这一回答并不满意。阿卜杜勒·阿齐兹非常爱她，他知道，如果不按照她的想法去做，他在她心中的地位就会下降。于是，阿卜杜勒·阿齐兹命人在他的觐见大厅的入口处修建了一个低矮的小门，当人们进入时，需低头弯腰才行。阿卜杜勒·阿齐兹以此表示，人们这样进门就等于给他下跪了。还有一种说法，这位前西哥特国王的妻子对阿卜杜勒·阿齐兹说："国王如果不戴王冠，就不是国王。要不要用我的金银珠宝给你做一顶王冠？"阿卜杜勒·阿齐兹答道："我的宗教没有这种规矩。"她说："你一个人独处时戴，有谁会知道呢？"经她一再坚持，阿卜杜勒·阿齐兹同意制作了一顶王冠。一次偶然的机会，头戴王冠的阿卜杜勒·阿齐兹被侍卫看到了，便认为他改信天主教了。后来，侍卫哗变，阿卜杜勒·阿齐兹被杀死。

不管怎么说，这件事说明西班牙妇女对她们的担任高官的阿拉伯丈夫确是有影响的。埃米尔们尚且如此，更何况其他人呢！据说，阿卜杜·拉赫曼·纳绥尔建造的宰赫拉宫就是以他的一个爱妾的名字命名的。该宫殿精美绝伦，耗资无以数计。人们还传说，穆耳台米德·本·阿巴德[①]之所以用"穆耳台米德"这个绰号，

① 穆耳台米德·本·阿巴德(公元1040—1095年)：塞维利亚阿巴德王朝的最后一位统治者，著名诗人。"穆耳台米德"与"伊耳提玛德"分别是动词"伊耳台麦德"(意为依靠、依赖)的主动名词和词根。——译者

完全是为了一个名叫伊耳提玛德的西班牙女奴。

阿卜杜勒·瓦希德·马拉喀什[①]在其《马格里布奇闻录》一书中写道：仅科尔多瓦一地就有约一百五十名妇女能用库法体的书法抄写《古兰经》，那其他地方呢？

*　　　*　　　*

安德鲁斯人重视学术，也重视艺术。其艺术风格与意大利、西班牙和法国艺术比较接近，故安德鲁斯的建筑风格独具特色，与阿拉伯东部的风格迥然不同。科尔多瓦、格拉纳达、托莱多等安德鲁斯城市残存的古迹表明安德鲁斯人有着很高的艺术品味。阿卜杜·拉赫曼·纳绥尔为其女奴宰赫拉修建的，以她的名字命名的那座宫殿，既是花园，又是行宫，宫门上还刻有宰赫拉的雕像。安德鲁斯人的画像和雕像来自君士坦丁堡等地，此外，他们还模仿西班牙和西西里岛教堂中的部分雕刻造型。有的历史学家讲，科尔多瓦清真寺的三根柱子上分别绘着三幅画：一是穆萨的手杖，二是山洞人，三是努哈的乌鸦。

安德鲁斯人喜欢制作器皿和家具，多在大门和屋顶上绘制奇特的几何图案。

安德鲁斯人精通各种音乐，有很高的歌唱天赋，这首先要归功于大音乐家齐尔雅布。齐尔雅布于伊历206年/公元822年来到安德鲁斯，受到埃米尔阿卜杜·拉赫曼·本·哈克木的盛情款待，不仅提供住所，还给他丰厚的赏赐，让他享有每月一百枚金币，随

① 阿卜杜勒·瓦希德·马拉喀什(公元1185—1250年)：摩洛哥历史学家。著有《马格里布奇闻录》一书。——译者

从每人每月二十枚金币的俸禄。齐尔雅布对乐器琵琶作了改进，将原来的四根弦增至五根弦；他收集整理的前人的曲调、旋律多达万条。齐尔雅布有一名女奴，名叫穆特阿，经他悉心调教，成为一名优秀的歌手，能演唱他谱写的各种歌曲。齐尔雅布对唱歌、音律痴心入迷，甚至夜梦中想的都是音律，经常梦中惊醒，遂起身将在梦中所得灵感，唱给女奴听，直到女奴把曲调背记下来，他才再次入睡。齐尔雅布不仅擅长教唱歌曲，而且对饮食、衣着、习俗之类的礼仪也颇有研究。他把这些礼仪全都传授给了安德鲁斯人，安德鲁斯人喜欢这些礼仪，纷纷加以效仿。至今，东方饮食中仍有一种名叫“齐拉比亚”的甜点，这很可能是“齐尔雅布”一词的变音。除此之外，齐尔雅布还以能承办各种高级的大型宴会而名噪一时。宴会与歌舞是当时安德鲁斯宫廷和豪门的身份、地位的标志。齐尔雅布博学多才，他对星相学、地理学、物理学及政治学均有研究。齐尔雅布的仇敌颇多，教法学家对他更是恨之入骨，其中穆格台迪尔·本·叶海亚·盖扎勒对他的恶毒攻击，致使阿卜杜·拉赫曼二世将齐尔雅布放逐到伊拉克。如果不是阿拔斯王朝哈里发的支持和庇护，齐尔雅布早就客死他乡了。

安德鲁斯人感情细腻，多是情场高手，谈情说爱离不开音乐，离不开歌舞。每当入夜，深宅大院，街头巷尾，时时传出歌声舞乐，悠扬入耳，通宵达旦。

除了到处都有歌舞场所之外，文学集会也很多，妇女也会光临这些集会。有诗为证：

美女如繁星，诗文个个精。

上下巧应对，仿佛尖对锋。

聚会有佳人，君子诗兴浓。

*　　　　*　　　　*

安德鲁斯人的工艺制造技术，最令人称奇的当属阿拔斯·本·费尔纳斯[①]的。他发明了飞行技术，制作了一架带有两个翅膀的飞行器，他驾驶该飞行器飞行了一段不算短的距离，降落时因尾部设计问题而坠毁。

*　　　　*　　　　*

安德鲁斯的学术、艺术对欧洲的影响远远大于阿拉伯东部对欧洲的影响。安德鲁斯离欧洲近，很多欧洲人曾在安德鲁斯求学，受过阿拉伯人的教育，见过阿拉伯人开展的各种学术活动，这些人回去后便在国内进行类似的活动。当时，有很多犹太人学习阿拉伯语，学习文学及各种科学知识，学成之后再向他人传授。安德鲁斯人曾入侵过法国南部，攻占了普瓦蒂埃。阿拉伯人的思想文化，像闪电一样迅速传播。如果说，欧洲文明是站在伊斯兰文明，尤其是安德鲁斯文明的肩膀上得以发展和腾飞的，此话并不为过。

历史表明，在神学和文学、物理学和化学、数学和几何学等领域中的诸多成果，无不使人想起当年阿拉伯人在这些领域所做出的论断。毫无疑问，这些成果都能追溯到阿拉伯人的贡献。由于种族偏见，欧洲人不承认这一点，但是，历史是最好的见证。

*　　　　*　　　　*

持续了长达八个世纪的安德鲁斯文明，有足够的时间让东方和西方交流与磨合，同时也有足够的时间让西方从中受益。安德

① 阿拔斯·本·费尔纳斯（公元888年卒）：安德鲁斯发明家。——译者

鲁斯人为争夺哈里发的职位等原因纷争不已，战事不断。倘若安德鲁斯当时能有一个安定的局面，倘若西班牙人对阿拉伯人的进攻，以及西班牙人之间的战事少发生一些，那么安德鲁斯的文明成就就会数倍于今日，世界从中获取的教益也会大得多。但是，真主对芸芸众生自有安排。

安德鲁斯人与东部阿拉伯人一样，在文学方面——不管是散文还是诗歌——取得的成就比其他方面大，他们对社会生活，对娱乐、唱歌、饮酒、与妇女的关系；对战争，对离别的痛苦；对跳舞、舞女；对自然风光；对安德鲁斯历史上的史诗等都做了大量的描述。这充分体现了阿拉伯人能言善辩的天性。阿拉伯人在文学方面取得的成就远在数学及自然科学的成就之上。读者在阅读阿拉伯学者的传记时，会发现每个学者都是诗人，就连哲学家和教法学家也不例外。安德鲁斯的阿拉伯人的天性与东部阿拉伯人的天性一样，都是心有所思，便会妙语如珠，话如泉涌。

查理·马特战役[①]，无论是对安德鲁斯的穆斯林，还是对欧洲的天主教徒来说，都是一次决定性的战役。如果穆斯林当时没有被击败，他们就会长驱直入，征服整个欧洲，也一定会从欧洲人的伦理道德、风俗习惯及艺术风格中学到有益的东西；欧洲人也会从阿拉伯人的宗教、语言及科学中获得教益，世界就会成为一个整体。但是，真主要阿拉伯人就此止步，不再向欧洲腹地深入。天主教人为查理·马特大唱赞歌，因为他保卫了他们，使他们免遭阿拉伯人的入

① 查理·马特战役：系指公元732年发生在法国西部城市普瓦蒂埃的一次战役。是役，由法兰克墨洛温王朝的宫相查理·马特率领的军队将阿拉伯人击败，阻止了阿拉伯人向欧洲腹地的深入。——译者

侵。天主教教徒认为，倘若穆斯林击败了查理·马特，那就不会有他们的复兴，不会有他们的独立，更不会有他们的科学和艺术。

有谁能说得清楚呢？世界不能只有一种权力，世界也不只属于一个种族。种族、国家和宗教上的差异、分歧造成了摩擦不断，竞争日趋激烈。也正因为如此，世界才得以发展和进步。君不见，惨烈的战争及其所造成的灾难，最终却导致了科学技术的巨大进步。例如，第二次世界大战使航空工业、医药业、外科手术，以及经济，甚至是生活的每个领域，都得到了长足的发展。历史的经验告诉我们，世上没有绝对的好，也没有绝对的坏，大坏带来的可能是大好……

*　　*　　*

安德鲁斯分裂成若干城邦国后，各城邦君主都结交和拉拢学者，用以装点门面，把学者视为王国的金字招牌。其次，精通修辞和文学是当时出任大臣宰相的先决条件，这种风气也助长了对学者的重视。最后，安德鲁斯的哈里发需要医学和星相学的帮助，故结交医生和星相学家，而医学和星相学都是研究哲学的入门学科。

犹太人有效地参与了当时的文化生活，他们分散在全国各地：有的行医，有的则握有国家的财政大权，如哈斯达耶·本·谢布鲁特，他在阿卜杜·拉赫曼·纳绥尔时代便掌管国家的财政。有些犹太人还登上了大臣的宝座，如易斯玛仪·本·奈格里莱便曾任格拉纳达柏柏尔人埃米尔哈布斯的大臣。犹太人当时在废立埃米尔一事上有着很大的影响。他们专横跋扈的行径有时会招致穆斯林的不满，从而受到迫害或惩处。

整个伊斯兰王国对于学者和旅行家来说，就好似一个大棋盘，他们可以在上面随意驰骋。因此，我们可以看到许多阿拉伯东部的学者来到安德鲁斯，而安德鲁斯的学者们又跑到阿拉伯东部，他们不停地四处游学，每到一地，便进行文化学术交流，相互受益。关于这方面的情况可在众多学者的传记中得到印证。

安德鲁斯的众埃米尔相互敌对，连年战争，因而日渐衰弱，天主教徒却逐渐强大，穆斯林不得不向马格里布人——首先是穆拉比特人求助。当时马格里布有一个名叫拉姆图纳的部落，属桑哈贾部族的一个分支，该部落居住在马格里布的南部，以及塞内加尔一带，控制着周围的黑人部族。后来，优素福·本·塔什芬掌管了该部落的全部权力，自称埃米尔，宣布建立穆拉比特王朝（公元1061—1147年）。接到安德鲁斯人的求援请求后，优素福·本·塔什芬率军渡过地中海，攻占了安德鲁斯的大部分国土，重创西班牙人，夺取了塞维利亚。穆斯林诸王朝的国王软弱无能，无力抵御天主教徒的攻击，因而被优素福·本·塔什芬废黜。

优素福·本·塔什芬的宗教观念与安萨里[①]的宗教观念相左，他厌恶安萨里所大力宣扬的内心修炼的主张，于是科尔多瓦的法官及其同僚便作出裁决，称安萨里为伪信者，当众销毁了安萨里撰写的《宗教学科的复兴》一书，并规定凡阅读该书者均要被处以死刑。除此之外，他们还主张对所有有关描述真主本体形象和品德的拟人化的经文应按字面意思进行解释，如“唯有你的主的本体”[②]、“他的两只手是展开的”[③]等，他们认为穆阿台及勒派对这些

① 安萨里（公元1058—1111年）：伊斯兰教权威教义学家、哲学家、法学家、教育家，正统苏菲主义的集大成者（详见《中国伊斯兰百科全书》，第64页，“安萨里”词条）。——译者

② 马坚译：《古兰经》，55：27。——译者

③ 同上书，5：64。——译者

经文的诠释是愚蠢的。穆拉比特人还迫害犹太人，致使大批犹太人逃亡。

*　　　　*　　　　*

穆罕默德·本·突麦尔特，柏柏尔人，属麦斯姆达部落，出生在马拉喀什西南苏斯山区。他曾在科尔多瓦生活过，目睹了焚烧安萨里著作的场面。他读过伊本·哈兹姆的著作，并在巴格达研究并信奉艾什尔里①的教义学理论。突麦尔特回到马格里布后，向穆拉比特人将真主拟人化的主张宣战，号召人们恢复伊斯兰教的正统性和纯洁性。优素福·本·塔什芬的追随者被称为穆拉比特人（意为驻修道院中的人），穆罕默德·本·突麦尔特的追随者则被称为穆瓦希德人（意为信仰真主独一的人）。突麦尔特后来占领了安德鲁斯，在安德鲁斯人中传播他的教义学主张。

阿卜杜勒·瓦希德·马拉喀什在《马格里布奇闻录》一书中写道："教法学家在穆拉比特人统治时代极有权势，埃米尔们无论做什么决定，不管是大事，还是小事，都要有四位教法学家在场，其作用之大远远超过了征服安德鲁斯的初期……这样一来，教法学家财源广进，聚敛了大量钱财。"有诗为证：

君子道貌正襟坐，恶狼阴险深夜行。
王道章法皆废止，财富万千一人吞。
坐下灰马显龌龊，灰上加黑不清明。②

"在穆拉比特王朝众埃米尔召开的集会上，教法学家作出决

① 艾什尔里（公元 873—935 年）：伊斯兰教逊尼派著名教义学家，艾什尔里学派的创始人（详见《中国伊斯兰百科全书》，第 56 页，"艾什里尔"词条）。——译者

② 阿卜杜勒·瓦希德·马拉喀什：《马格里布奇闻录》，第 171 页。

定:反对主张用逻辑推理和理性思辨阐述伊斯兰信仰的教义学理论,认为该理论是离经叛道的异端,是导致信仰混乱的祸首。要求各地严惩不肯执行上述决定的人,凡藏有教义学著作的人,都将受到惩罚。后来,在马格里布发现安萨里的著作,穆斯林长官(穆拉比特王朝的埃米尔)下令将其销毁,并威胁说,拥有安萨里的著作者,都将受到杀头和查抄财产的惩处”。[①]

“不久,穆拉比特王朝的局势失去控制,各地出现了大量的犯罪行为。妇人掌权得势后,情况更加恶化,拉姆图纳部落的上层妇女,无不与腐败有干系,无不与坏人、强盗、酒店老板、妓院老鸨有瓜葛。这时的穆斯林长官更加昏聩、软弱,剩下的只是一个穆斯林长官的空壳头衔了。”[②]

“安德鲁斯的贵族见穆拉比特王朝国势已衰,便请原来的各省总督收拾残局。一时间,安德鲁斯混乱如初,西部有人乘机起来煽动人心,制造动乱。”[③]这是促使穆瓦希德人进入安德鲁斯取代穆拉比特人的原因之一。当时,穆瓦希德人的首领是穆罕默德·本·突麦尔特,他在位期间,圣训派人、善士、贤人和独身苦修之人大行其道,令人瞩目,而其他各支派则销声匿迹,噤若寒蝉。伊本·突麦尔特下令销毁有违教义主张的著作,焚书之火在各地纷纷燃起。《马格里布奇闻录》一书的作者写道:“我在非斯时,曾目睹焚书的场面。各种图书数以哈姆勒[④]计,堆放在一起,付之一

① 阿卜杜勒·瓦希德·马拉喀什:《马格里布奇闻录》,第175页。

② 同上书,第177页。

③ 同上书,第212页。

④ 哈姆勒:重量单位,1哈姆勒约等于250公斤。——译者

炬。伊本·突麦尔特还要人们放弃意见派[①]的主张，并令其身边的一批非斯学者收集布哈里和穆斯林等著名圣训学家编撰的圣训，他亲自向人们口述这些圣训，并令他们背诵。”[②]

穆瓦希德王朝时代（公元 1147—1269 年），出现了两位大哲学家——伊本·图菲勒和伊本·鲁世德。但是，这个版图囊括安德鲁斯、马格里布，直抵埃及边界的空前庞大的穆瓦希德王朝，终因哈里发的腐败奢靡而分崩离析。与此同时，西班牙人却日益强大，逐渐吞食安德鲁斯。

奈斯尔人[③]继穆拉比特人和穆瓦希德人之后，成为格拉纳达的主人。奈斯尔人又被称为艾哈麦尔人。艾哈麦尔人的祖先曾是萨拉戈萨的国王，在穆瓦希德人被迫退出安德鲁斯后，他们便担当起了抗击西班牙人的重任。奈斯尔人不仅要与天主教人作战，还要阻挡各个地方的穆斯林小王朝的进攻，最终，被迫接受卡斯提尔国王菲迪南德三世的庇护。

艾哈麦尔人时代的学术和文学十分繁荣。利萨丁·本·海忒布是当时最著名的人物，也是最伟大的文学家，他曾出任奈斯尔王国的大臣。麦盖里曾在《芳香集》中提到他。伊本·海忒布著述颇丰，且与伊本·赫勒敦书信频传，交谊深厚，但因彼此都争强好胜，他们之间的友情受到破坏。事情是这样的：伊本·赫勒敦为艾哈

① 意见派：伊斯兰教逊尼派教法学派之一，与圣训派相对。该派主张以教法学家和执法者的个人意见为立法和执法的依据。——译者

② 阿卜杜勒·瓦希德·马拉喀什：《马格里布奇闻录》，第 278 页。

③ 奈斯尔人：为原麦地那海兹莱吉部落的后裔，其首领穆罕默德·本·优素福·本·奈斯尔于公元 1230 年起兵，建立了奈斯尔王朝（公元 1232—1492 年）。这是阿拉伯人在安德鲁斯建立的最后一个伊斯兰王朝。——译者

麦尔人出使卡斯提尔王国，大获成功，当他觉察到伊本·海忒布因此对他有异样表现时，便离开了格拉纳达，前往伊弗里基叶，后又到埃及。除了伊本·海忒布之外，奈斯尔王朝还涌现出许多学者和演说家。

艾哈麦尔人值得骄傲和自豪的是，在他们当政时代出现了两位著名的杰出人物——伊本·白图泰和伊本·朱拜尔。

伊本·朱拜尔从泰里夫岛出发，乘船前往亚历山大里亚，再去麦加，朝觐后改道伊拉克，先后到达摩苏尔、阿勒颇、大马士革、阿卡；然后渡海前往西西里岛；萨拉丁·阿尤布执政时他来到开罗，对其所见所闻作了详细记述。承蒙真主护佑，他游遍了上述地区，饱览了鼎盛时期的伊斯兰文明，并作了真实详细的记述。

伊本·白图泰的旅行历时约二十五载，游遍了波斯、小亚细亚、盖莱姆半岛、君士坦丁堡和印度，并出任德里的法官达数年之久。伊本·白图泰还成功地访问了中国，到过泉州、广州等地；后经苏门答腊返回阿拉伯半岛，最后到达波斯。伊本·白图泰在另一次旅行中游历了黑人诸国，最后定居在马拉喀什。伊本·白图泰因无人能超过他的业绩而被视为旅行家的领袖。

艾哈麦尔人在经历过征战胜利，学术和艺术繁荣之后，开始走上衰败之路。光阴荏苒，岁月无情，艾哈麦尔人的末代苏丹终被赶下了宝座，失去了政权。艾哈麦尔人带着过去的显赫权势和伟大的荣耀，哀伤地死去，他们是阿拉伯人在安德鲁斯建立的最后一个王朝。

当年，穆斯林征服安德鲁斯时，北部比利牛斯山脉一带重峦叠嶂、道路崎岖，且那里的居民是一些信奉天主教的野蛮的游牧人，不足以对穆斯林构成威胁，因此穆斯林没有前去征讨。但是，这些天主教人的势力日渐强大，征服了周围的一些西班牙和法国等地的天主教人，煽动他们的宗教情绪，不时向穆斯林发动袭击，成为穆斯林的心腹之患。这些天主教人在安德鲁斯的埃米尔强大时，如阿卜杜·拉赫曼·达希勒、阿卜杜·拉赫曼·纳绥尔、曼苏尔·本·艾比·阿米尔等人执政时，便龟缩在山区不动；一旦嗅到任何一点儿穆斯林虚弱的气息，便燃起战火，四面出击。天主教人日趋强大；而穆斯林颓势已成，每天都有城池被攻陷，最后，整个安德鲁斯都落入了天主教人手中。这些曾因道路崎岖、势单力薄而被穆斯林弃之不顾的少数游牧天主教人，最终将穆斯林赶出了安德鲁斯。

阿拉伯人在安德鲁斯建立的王朝就好像是一棵倒置的大树，其树枝在地下，树根在天上。

安德鲁斯王朝最初的根基是由倭马亚王朝哈里发派来的穆斯林士兵和总督奠定的，即从伊历 92 年/公元 711 年的征服开始，到伊历 138 年/公元 756 年阿卜杜·拉赫曼潜入安德鲁斯为止。在此期间，安德鲁斯王朝的根基尚未稳固，对于文化发展，只提出了一些零星的主张，尚无明确的发展方略。此时，阿拉伯人之间的纷争，如也门人与穆达尔人之间的纷争，阿拉伯人与柏柏尔人之间、阿拉伯人与混血儿之间的纷争层出不穷，因此，当时的政权是动荡不定的。

安德鲁斯王朝的主干是倭马亚人执政的哈里发时代，该时代始于阿卜杜·拉赫曼·达希勒上台，止于后倭马亚王朝灭亡，列国时代开始。倭马亚人奠定了安德鲁斯王朝的基础，制定了完善的制度，其中最重要的是维护了国家的统一，即不允许任何人分割国家的领土，除非是因战败不得不割让土地。倭马亚人脱离阿拔斯人建国之后，一直维护着国家的独立，不允许任何内部和外部的势力干涉。此外，倭马亚人还有一个梦寐以求的愿望，即首先实现整个安德鲁斯的伊斯兰化，继而在安德鲁斯执行马立克教法学派的教法主张。

安德鲁斯的倭马亚人是东部倭马亚人的后裔，他们在东部的首都是大马士革，他们的根基在沙姆地区，征服者多来自该地，因而他们将沙姆地区的传统带到了安德鲁斯。这些传统与伊拉克、埃及、麦地那等地的传统有着很大的区别。倭马亚人十分推崇这些传统，以至谁想要反对倭马亚人，首先就要反对这些传统，这正如当年反对阿拔斯家族的人要穿白色服饰一样。我们看到，那些反对倭马亚家族的人将下述几点作为反叛的标志：反对马立克教法学派的教法主张，或者是加入阿拔斯人的阵营，或者有割据独立的打算，等等。

倭马亚人最引以为荣的业绩之一，是他们为文化发展所做出的努力，例如，阿卜杜·拉赫曼·纳绥尔提出了从阿拉伯东部引进学者的想法，其子哈克木提出了在安德鲁斯建立一个宏伟的图书馆的设想，其他一些倭马亚人还提出了鼓励、尊重学者的主张，等等。因此，如果要写安德鲁斯的思想史，就要为倭马亚人的巨大贡献大书一笔。

列国时代[①]的学术繁荣，主要有两个原因：

---

① 阿拉伯人在安德鲁斯的统治可以分为四个历史时期：总督时代（公元711—756年），埃米尔时代（公元756—929年），哈里发时代（公元929—1031年），列国时代（公元1031—1492年）。——译者

1. 倭马亚人播下的第一批学术种子，到列国时代开花结果了。

2. 列国时代的分裂，使各地的埃米尔争相用学术和文学装扮自己的王国，正如东部阿拔斯王朝分裂后，形成了图伦王朝、法蒂玛王朝、哈姆丹王朝等众多独立王朝一样，反而促进了学术的发展。

这是促成当时学术繁荣的两个最大的原因。在后倭马亚王朝后期和阿米尔王朝[①]初期涌现出的伊本·哈兹姆和伊本·舒海德便是这一繁荣的最好证明。他俩的出现，倭马亚人功不可没。众所周知，伊本·哈兹姆和伊本·舒海德都有倭马亚情结，尽管他俩成名是在阿米尔时代。

安德鲁斯王朝这棵大树的树枝是列国时代的各个小王国。这些王国的国王都继承了鼓励和支持文化活动的传统。例如，艾夫塔斯人[②]的埃米尔钟情于文学，他们执政时文学便得到发展；艾夫塔斯人还喜欢创制[③]，喜欢哲学和思想自由，故出现了创制盛行，哲学繁荣的局面。又如，哲赫瓦尔人[④]对教法感兴趣，于是，教法

① 阿米尔王朝（公元1021—1085年）：由后倭马亚王朝著名的侍从长、埃米尔曼苏尔·本·艾比·阿米尔后裔，在巴伦西亚建立的王朝。——译者

② 艾夫塔斯人：属柏柏尔人的一个家族，曾在巴达霍斯建立艾夫塔斯国（公元1022—1095年）。——译者

③ 创制：伊斯兰教法学概念和立法的原则之一。阿拉伯语“伊智提哈德”的意译，原意为“努力”，引申为“创制”。特指教法学家依据经、训精神，运用理智，通过推理、比较、判断等方法，对在新的历史条件下出现的新问题、新事物和新案例，作出符合教法宗旨的法律结论与条规的整个思维过程（详见《中国伊斯兰百科全书》，第114页，“创制”词条）。——译者

④ 哲赫瓦尔人：属阿拉伯人的一个家族，曾在科尔多瓦建立哲赫瓦尔国（公元1031—1069年）。——译者

学便得到发展。

安德鲁斯王朝这棵大树的树种是当年的那些穆斯林征服者。安德鲁斯人先后经历了倭马亚人和阿拔斯人派遣总督的统治(伊历 92—138 年/公元 711—756 年),后倭马亚王朝众哈里发的统治(伊历 138—424 年/公元 756—1031 年),以及列国诸国王的统治等几个时代。列国时代的著名王国有:塞维利亚的阿巴德国(公元 1023—1091 年)、科尔多瓦的哲赫瓦尔国(公元 1031—1069 年)、萨拉戈萨的胡得国(公元 1039—1146 年)、格拉纳达的奈斯尔国(公元 1238—1492 年)、托莱多的祖努国(公元 1032—1092 年),等等。这些王国一个个相继灭亡,最后一个灭亡的是格拉纳达的奈斯尔国。伊历 898 年/公元 1492 年,阿拉伯人在安德鲁斯的统治结束了。

当看到天主教人的力量越来越强、越来越团结,而穆斯林则日渐衰弱、四分五裂时,有些历史学家和教法学家就已料到,安德鲁斯将要落入天主教人手中。早在伊历 456 年/公元 1064 年,巴尔巴什特里被天主教人攻陷后,安德鲁斯的著名历史学家伊本·哈扬就预言:“此乃不祥之兆,将有更大的灾难发生。”托莱多陷落后,一诗人写道:

打好行囊上征程,莫道此处是美景;
项链一断珍珠散,岛上空虚无守兵;
毒蛇身边难度日,鬼胎心怀怎太平?

西班牙人为了驱逐宗教上的敌人——穆斯林,而站在天主教徒一边,支持他们的宣传和宗教热情,西班牙人认为,穆斯林是外来的入侵者,应予驱逐;安德鲁斯的原貌,应予恢复。

穆斯林的情况则恰恰相反，他们之间相互倾轧、相互攻击，每个埃米尔想到的只是他自己，从不考虑穆斯林的利益，请看下面的事例：

伊本·胡德原是穆尔西亚的埃米尔，他号召人们把安德鲁斯从穆瓦希德人和天主教人的统治下解放出来；穆瓦希德人麦蒙是巴伦西亚的埃米尔，他们两位同是穆斯林，却相互憎恨，互有敌意。伊本·胡德为了击败对方，竟与卡斯提尔的天主教国王结盟，为此，向国王割让了数座要塞和城堡，还保证给予在其领地上的天主教人一些特权。继麦蒙之后统治巴伦西亚的是其兄弟艾布·阿卜杜拉·穆罕默德，他给自己冠以公正者的美名。当他看到伊本·胡德向卡斯提尔国王求助后，就向阿拉贡国王求援，并保证向阿拉贡国王缴纳贡品，此举引起了人民的愤怒，后来他竟向阿拉贡国王寻求庇护，甚至改奉天主教。艾布·朱麦勒·齐亚尼继任穆尔西亚的埃米尔后，依然寻求卡斯提尔国王的保护，并与之签订了休战协定。此外，穆尔西亚的总督，还有莱格奈特和艾尔尤莱等地的总督都曾与卡斯提尔国王缔结和约，表示对国王的效忠，并缴纳贡品，在国王的庇护下治理各自的领地。

艾哈麦尔人占领了格拉纳达之后，伊本·艾哈麦尔与欧特拜·本·叶海亚·穆吉里发生争执，穆吉里下令在宣礼台上攻击伊本·艾哈麦尔，为此引发了一场激烈的战斗。伊本·艾哈麦尔与天主教人诸王国的国王及各穆斯林王朝的埃米尔之间的战事愈演愈烈，伊本·艾哈麦尔也不得不跑到卡斯提尔国王的大营中去谒见国王，表示效忠，并献上十五万枚金锭的贡品。作为回报，卡斯提尔国王协助伊本·艾哈麦尔与其敌人作战，并准其与其他臣属于国王的埃米尔们一起出席卡斯提尔王国议会会议。

历史上的这一页,使我们看到穆斯林的众埃米尔在关键时刻是如何玩弄政治,如何因彼此间的冲突而跑去向天主教人的国王求救、与之结盟、割让土地、缴纳贡品的。天主教人利用这些盟约使穆斯林相互残杀。这样的悲剧不是发生在某一个埃米尔身上,而是众埃米尔相互效尤。穆斯林埃米尔在必要时寻求天主教国王保护已成为一种常例,不足为奇了。

有这样一件事:艾哈麦尔家族的伊斯玛仪出任格拉纳达的埃米尔后,接连取得了几场战役的胜利,攻陷了不少城市和城堡。伊斯玛仪获胜的一个重要原因,是他在战场上使用了铁器和火器,这种类似大炮的火器在攻城的战斗中发挥了巨大作用。伊斯玛仪在一次战役中大获全胜,在他返回格拉纳达的第三天,于宫门外,被他的侄子杀害。起因仅是为争夺一名在一次战役中俘获的美貌绝伦的女子。

奈斯尔王朝后期王室内讧愈演愈烈:格拉纳达的埃米尔艾布·哈桑迎娶了既聪慧又勇敢的侄女阿伊莎为妻,并生养二子:长子艾布·阿卜杜拉——安德鲁斯就是在他在位时被天主教人收复的;次子艾布·哈加吉·优素福。艾布·哈桑晚年又娶了一位名叫苏莱娅的美女。苏莱娅是一位天主教徒,教名为伊萨贝拉。她是在一次战役中被俘,成为艾布·哈桑家中的释奴,后被艾布·哈桑收房为妾,备受恩宠,年老色衰的阿伊莎受到冷落。伊萨贝拉也为艾布·哈桑育有二子。该女子阴险狡诈,诡计多端,干预朝政,念念不忘她是一个天主教徒。尽管没有史料记载,说她是敌对的天主教人派到格拉纳达宫中的间谍并不为过。两位妻子之间的不和使格拉纳达的王室内部形同水火，阿伊莎厌恶伊萨贝拉，双方的孩子也相互攻讦。格拉纳达很快也像王室一样分裂成两派，就连艾布·阿卜杜拉也举起了反对其父的大旗，艾布·哈桑也不甘示弱，父子二人均向天主教王国的国王求助，都想借助天主教人的力量击败对方。穆斯林王国腐败到这种程度，难道还能继续存在下去吗？

更令穆斯林雪上加霜的是，他们在抗击十字军战争中掌握的作为大炮雏形的弩炮和掷火器的使用技术，已被安德鲁斯人掌握。西班牙人通过安德鲁斯人掌握了这种武器，并作了改进，成为他们攻克城堡的有效武器。武器的改进，成为西班牙人战胜虚弱腐败的穆斯林的强大力量。

这里需要补充一点：安德鲁斯的穆斯林曾向世界各地的穆斯林王国的国王——向马格里布人、埃及人和突厥人，都发出过援救的请求，但是无人肯伸出援助之手。每个穆斯林王国关注的只是自己的王国，考虑的只是自己国内的问题；而天主教人却不同，西班牙、意大利和法国的天主教人通力合作，将殖民主义者从安德鲁斯赶出去，恢复安德鲁斯作为一个天主教王国的本来面目。天主教人之间的亲情、战争中的武力和宗教的热情战胜了穆斯林的衰落、分裂和内讧，这样的结果是必然的，真主的法规是无法更改的。

穆斯林的腐败与分裂使有远见的安德鲁斯人看到了胜利的前景：将穆斯林驱逐出安德鲁斯，让西班牙人占领这片土地。

本章论述了安德鲁斯社会和思想生活的概况，如蒙主佑，下述各章将予以详述。

第二章　宗教活动

安德鲁斯宗教学的各个学科的建立始于穆萨·本·努赛尔攻占安德鲁斯之后。随同他一同进入安德鲁斯的征服者当中的有一些直传弟子和再传弟子。直传弟子有穆奈伊吉尔，也有人称他为孟吉尔。再传弟子则有安德鲁斯的征服者穆萨·本·努赛尔、阿里·本·里巴哈、哈奈什·本·阿卜杜拉·萨那尼，这些再传弟子既是远征军中的军人，又是很有学问的人。哈奈什或许是这些再传弟子中最博学的人，他祖籍也门，曾是阿里·本·艾比·塔利卜的追随者；与阿卜杜拉·本·祖拜尔[①]一起反对阿卜杜·麦立克·本·麦尔旺[②]，安德鲁斯人曾以拥有他而感到自豪。阿里·本·里巴哈则是巴士拉人，深得东部的阿卜杜·阿齐兹·本·麦尔旺[③]的赏识。

---

① 阿卜杜拉·本·祖拜尔(公元622—692年)：直传弟子，在“骆驼之役”中支持穆圣的妻子阿绮莎，后反对倭马亚王朝，自立为哈里发。九年之后，被倭马亚王朝著名总督哈加吉·赛格菲消灭。——译者

② 阿卜杜·麦立克·本·麦尔旺(公元646—705年)：倭马亚王朝第五任哈里发，也是该王朝著名哈里发之一。他下令实行文字和货币的统一，确立阿拉伯文为官方通用文字，铸造印有经文的阿拉伯货币。——译者

③ 阿卜杜·阿齐兹·本·麦尔旺(公元704年卒)：倭马亚王朝王室成员，出任埃及总督长达二十年。倭马亚王朝著名哈里发欧麦尔·本·阿卜杜·阿齐兹之父。——译者

这些直传弟子和再传弟子在安德鲁斯播下了宗教学科的第一批种子，其情形与东部的宗教学相似，诸如《古兰经》的诵读、背记，穆圣及直传弟子的言行。圣训则包括律例、使者的生平及他直接指挥的战役，以及有关直传弟子的言论和传述，等等。阿拉伯东部和西部的早期文化包括宗教、伦理道德和历史等内容。这些记载得到广泛传播，并被翻译成柏柏尔文，柏柏尔人和那些新出生的混血的一代都受到这些文化的熏陶。这是这批直传弟子和再传弟子完成的一项伟业，他们被认为是在安德鲁斯传播伊斯兰教的先驱。

第二代学者中最著名的有三人：阿卜杜·麦立克·本·哈比布、叶海亚·本·叶海亚·莱伊斯、耳撒·本·迪纳尔。其中，阿卜杜·麦立克·本·哈比布对马立克教法学派在安德鲁斯的传播作出了贡献。据说，他曾见过马立克教长并向其求教。他学识渊博，是一位学者型的教法学家，又是一位优秀的教师。当时，有这样一种说法："安德鲁斯的教法学家首推耳撒·本·迪纳尔，学者当属阿卜杜·麦立克·本·哈比布，传述学家则是叶海亚·本·叶海亚·莱伊斯。"当时，受过教育有文化的人，首先应有教法学和文学方面的造诣，然后才是专业知识。读者可以看到，安德鲁斯的大部分学者，首先是教法学家和文学家，其次，才是某一专门领域的专家。就阿卜杜·麦立克·本·哈比布来说，他首先是一位文学家、历史学家、语言学家和语法学家，其次才是一位学有专长的教法学家，另外，他还写有很多诗歌。

的确，有些学者对阿卜杜·麦立克·本·哈比布传述的圣训颇有微词，说他传述的圣训过于生僻，连圣训学家都不知道，但大多数学者还是信任他的。

叶海亚·本·叶海亚·莱伊斯则完成了在安德鲁斯传播马立克教法学派的大业。他是一个握有权势的威严持重的人，安德鲁斯后倭马亚王朝的哈里发曾委以他选择及任命法官的重任。他因身为马立克派人，自然要选择信奉该派观点的人出任法官，而人们为了追求现世的享乐，为了能谋得一官半职，也就愿意信奉得势的马立克教法学派。

叶海亚为安德鲁斯的司法制度奠定了坚实基础：制定了法官制度，设立了总法官（大法官）的职位，建立了咨询机构，当选该机构的成员是一件光耀门庭的事。遗憾的是，我们没有找到有关咨询机构的详细资料，只是在其他书籍中发现了一些零散材料，据有的历史学家传述，咨询机构的成员为十六人。我们所能说的是，叶海亚经常思考教法问题，研究法官作出的裁决，并能发表自己的意见。

叶海亚是柏柏尔人。他远赴麦地那，投奔马立克，向其学习教法。他传述的《穆宛脱圣训实录》（一译《圣训易读》），享誉整个阿拉伯东部世界。叶海亚除聆听过马立克教长的教诲之外，还在埃及听过莱依斯·本·萨阿德；在麦加听过苏福扬·本·欧亦奈、阿卜杜拉·本·瓦哈卜和阿卜杜·拉赫曼·本·卡西姆·欧特基等人的讲学。

叶海亚为人忠厚清廉，他在安德鲁斯的声望有如东部的艾布·优素福，但他在担任法官和其他政府职务时，一身正气，两袖清风，这更加体现了他的可贵之处。有件事很能说明叶海亚当时的身份与地位：埃米尔阿卜杜·拉赫曼·纳绥尔在斋月的某日白天与其宠爱的女奴行房事。事后，埃米尔后悔不迭，遂向叶海亚讨教赎罪之法，叶海亚答道："连续斋戒两个月。"当叶海亚离开宫廷时有人问他："你为何不按马立克教法学派的规定，让他在斋戒和释放一名奴隶之间任择其一呢？"答："如果允许他任择其一，那他就会天天与女奴做爱，然后释放一名奴隶了事。之所以给他最难做到的处罚，就是要他不再重犯这类过错。"

在著名的莱拜杜事件[①]中，叶海亚被控有煽动挑唆之嫌，后被赦免。叶海亚是安德鲁斯的无冕之王，卒于伊历 234 年/公元 848 年。

耳撒・本・迪纳尔是一名出色的教法学家，同时又是一位颇有建树的著述家，对于他写的《正道》一书，伊本・哈兹姆评价说："这是解释马立克教法学派教义的最好的一部书，也是收集该派教法内容最全的一部书。"有的历史学家说："耳撒・本・迪纳尔是他所在时代最有学问的人。"耳撒・本・迪纳尔集教法与修行于一身。他曾出任托莱多的法官，并担任科尔多瓦咨询机构的主席。人们普遍认为，耳撒・本・迪纳尔在教法上的造诣略胜叶海亚・本・叶海亚・莱伊斯一筹。根据大多数人的说法，耳撒・本・迪纳尔卒于伊历 212 年/公元 827 年。

总而言之，耳撒・本・迪纳尔、阿卜杜・麦立克・本・哈比布和叶海亚・本・叶海亚・莱伊斯三人的学问难分伯仲，各有特色。

上述两代学者是安德鲁斯学术的传播者，是发展安德鲁斯学术的先驱。继他们之后的第三代学者，将安德鲁斯的学术发展又

① 莱拜杜事件：莱拜杜为科尔多瓦城郊一地名，公元 818 年，埃米尔哈克姆一世因拆毁当地居民住房而引起民变。——译者

向前推进了一步，其中，最著名的学者有卡西姆·本·艾斯拜厄，科尔多瓦人，生于伊历 247 年/公元 861 年。曾先后游学凯鲁万、埃及和伊拉克，最后以渊博的学识回到安德鲁斯。

卡西姆·本·艾斯拜厄对圣训和人物传记的研究见解独到。他写了一部长篇巨著，经删节后取名为《圣训撷英》，该书共分七册，辑集的传述世系完整的圣训达 2490 段；全书按教法的分类方法分类，这是对安德鲁斯学术发展的一大贡献。卡西姆将该书献给了哈克木二世[①]。此外，他编辑的《真实的圣训和奇异的圣训考》一书也很有价值。他另著有《古兰经律例》、《古莱氏人的业绩》、《关于后降世的经文取代和停止先降世的经文》等著作。

另一位著名学者是拜基·本·穆海莱德，他博学多闻，见多识广，为巩固马立克教法学派在安德鲁斯的地位作出了贡献。他的治学方式与众不同，他像艾哈麦德·罕百里教长一样辑集了大量的圣训[②]，并将圣训按教法分类法分类，且对每段圣训的出处和来源进行考证和说明。他的著作既是圣训，又是教法，这得益于他广泛的求学经历，据说他的老师多达二百八十四位。

伊本·哈兹姆将拜基·本·穆海莱德列为他引以为荣的著名学者之一，并将其视为安德鲁斯的骄傲。伊本·哈兹姆在读过拜基·本·穆海莱德的巨著《古兰经注》之后说："我可以断言，在伊

① 哈克木二世（公元 914—976 年）：安德鲁斯倭马亚王朝第二任哈里发（公元 961—976 年在位）。他在位期间，鼓励学术、提倡教育，兴办图书馆，使科尔多瓦成为文化学术中心。——译者

② 对先知穆罕默德二十三年传教过程中的言行记录多寡不一，在著名的圣训学家的辑录中，以艾哈麦德·本·罕百里的七十五万段为最高数额。伊本·达乌德为五十万段，布哈里为六十万段。——译者

斯兰世界，没有一部经注可与他的经注相比，穆罕默德·本·哲利尔·塔巴里的经注不行，其他人的经注也不行。”拜基·本·穆海莱德还著有一部《圣训集》，该书将每个直传弟子的言行按教法分类编排，是一部传述世系完整、编排体例有序的巨著。对此，伊本·哈兹姆写道：“该书所集圣训之丰富，史料之翔实，考证之精细，编排之得体，无出其右者。”此外，他还著有《直传弟子与再传弟子教法裁决精粹》一书。总之，拜基·本·穆海莱德是安德鲁斯学术的一大支柱。

安德鲁斯学术发展的第三步，扩大了从经、训中寻找律例的范围。艾布·欧麦尔·优素福·本·阿卜杜·拜尔是这一代学者中的杰出代表，著有《绪论》一书，该书内容广泛，是一部研究圣训学的著作。他的另一部著作《马立克派教法大全》，是专门为满足伊斯兰教法典说明官穆夫梯的需要而撰写的。此外，他的《领悟》一书，介绍了各位直传弟子的生平和有关史料，这是伊本·哈吉尔·阿斯盖拉尼的《修养》一书问世之前，同类著作中的第一部。

安德鲁斯学术的下一步发展，使我们又看到了在阿拉伯东部发生过的情景：教法学家之间的分歧演变成了论战和争斗，为此，撰写了大量的著作。有的教法学家将各教法学派对各种问题的不同看法汇集起来，讨论各派之间的分歧，如塔巴里[①]写了《教法学家的分歧》一书。这一传统也传到了安德鲁斯，我们看到哲学家伊本·鲁世德（公元1126—1198年）的孙子写了《创制始末》（《比达

① 塔巴里的生卒年代为（公元838—932年）。——译者

叶突穆智台希德与尼哈叶突穆格台绥德》)一书[①]，该书的一大特点是列举了各教法学家对有歧见的每个问题的看法，追溯了产生歧见的原因，并找出了某些规律。作者写道："产生分歧的原因有六个：第一，词义范围不明确，'一般'与'特殊'，'普遍'与'个别'之间，没有明确界定。第二，对词义理解的差异，例如'期间'一词，既指'无月经的日子'，又指'有月经的经期'；又如'教规'一词，既指'必须履行的宗教义务'，又指'自愿做的善事'。第三，语法分析上的分歧。第四，对词义判断上的犹疑；是真实的表达，还是隐喻的某种修辞方法。第五，对词义认定上的偏差：有时有某种限制，有时又没有，如对'释放奴隶'一词，有的指'释放所有的奴隶'，有的则限定'只释放有信仰的奴隶'。第六，在使用类比或准许使用类比或反对在行为上使用类比等问题上发生冲突。"作者在分析各教法学派的分歧时，都很好地运用了上述原则，这是一种新的尝试。例如，在分析"外出旅行者可少做礼拜"的问题时，发现有的教法学家对外出的距离作了具体的限定，有些教法学家则没有这种限定。对此，作者写道："产生歧见的原因在于有些教法学家出于理性的考虑，认为旅途艰辛、劳累，故可少做礼拜；而有的教法学家则谨守明文的规定，不敢越雷池一步。"该书对教法上的各种分歧，都一一作了分析。

沙斐仪教法学派的创始人沙斐仪（公元 767—820 年）创立了教法原理学，著有《法源论纲》一书，该书传入安德鲁斯后，伊本·哈兹姆撰写了《律例原理》一书。后来，格拉纳达的教法学家沙忒

① 该书于伊历 1329 年/公元 1911 年在埃及出版。

比（公元1388年卒）又写了《法源论纲续编》。沙忒比采用了沙斐仪等人的法源理论，但有些题目是东部教法学家没有研究过的，在阐述风格上也要比东部的教法学家温和些，在论证时，还引用了一些发生在安德鲁斯的案例。

诵经学在安德鲁斯也得到了发展，如诵经学家沙忒比[①]（公元1194年卒）写有《希尔兹艾玛尼》一文，该文又被称为《沙忒比叶》，在阿拉伯东方和西方都享有盛名，成为各国、各个时代研究诵经学的经典之作。

安德鲁斯人对经注学也很重视，其中以教法学家科尔多比的《古兰经注》[②]最为著名。科尔多比采用的经注方法是：先引用一段经文，然后对其中的语言文字、语法分析、总体含义，以及由此演绎出的律例等，逐一加以说明。科尔多比的《古兰经注》集塔巴里经注传述法与宰迈赫舍里（公元1075—1144年）经注理性思辨之大成，令伊斯兰世界受益颇多。

*　　　*　　　*

伊本·哈兹姆（公元994—1064年）是一位被视为异端的安德鲁斯的宗教学者。他学识渊博、多才多艺、善于雄辩，常常在辩论时将对手问得张口结舌，无言以对。伊本·哈兹姆对各种学问无所不知、无所不精，无论是圣训学，还是教义学；无论是历史、教法原理，还是文学，都显示出他的天赋和才华。不仅在上述各个领域，甚至在逻辑学和哲学方面，都有著述问世。

---

① 这个沙忒比不是撰写《法源论纲续编》的那个沙忒比。

② 该书正由图书出版社刊印。

伊本·哈兹姆也许很早就学会了辩论，因为他从小就是一个沙斐仪派人，而沙斐仪派以善于辩论著称，他是在与其他教法学派进行辩论中长大的。伊本·哈兹姆后因受其师艾布·希亚尔的影响由沙斐仪派改奉直解学派[①]的教义。他撰写的有关法学原理的著作《律例原理考》[②]，也许最能说明他的直解学派的观点。

《律例原理考》一书颇有创造性，讲了许多东部直解学派没有讲过的问题，其中有几个章节最为精彩，如：关于为理性辩解必须使用理性论证的章节；关于直传弟子含义的章节，认为不是所有见过穆圣的人都是直传弟子；关于语言如何产生的章节；以及关于直解学派字面含义的章节等。直解学派仅以经、训明文的字面意义为立法、释法的依据，而不是依据类比。如果经、训明文可靠，就要绝对遵照执行，否则，就不采用。直解学派对明文的依赖有时会使自己陷入自相矛盾的窘境，例如，因有明文规定，可用狗舌舐洗容器；而因没有明文规定，则不许以猪舌舐洗容器。直解学派对有些问题比较宽容，对有些问题又非常严格，例如，他们允许没作过大净的穆斯林诵读《古兰经》，并可在清真寺内就座；他们对买卖交易，也不像有些教法学派那样有种种规定。这是直解派宽容的一面，但是他们规定睡醒之后要洗三次手，以及视未经洗涤的手触摸过的水为脏水等规定，执行起来就不那么容易了……[③]

伊本·哈兹姆毕生都在捍卫直解学派的主张。

---

① 直解学派：亦称“字面派”、“扎希里教法学派”。古代伊斯兰教法学派之一，得名于该派的法学主张，即仅以经、训明文的字面意义为立法、释法的依据。——译者

② 该书于公元 1945 年在埃及出版。

③ 请见赛义德·阿富汗尼教授：《伊本·哈兹姆》。

伊本·哈兹姆的另一位老师——艾布·阿里·非斯，对他的影响很大。艾布·阿里·非斯既是一位智者、学者，又是一位身体力行、善良、虔诚的长者。伊本·哈兹姆写道："无论是学问，还是操守；无论是对宗教的功修，还是对宗教的虔诚，我从未见过像他那样优秀的人。真主使我从他那里获益良多，从他那里，我懂得了什么是伤害，知道了什么是背叛的丑恶。"

伊本·哈兹姆深入钻研圣训，很多人因他而脱离马立克教法学派，成为直解学派的追随者；同时，他的率直、他的直言不讳也引起很多人的不满和嫌恶，这些人将愤怒指向他的著作，他的大部分著作在塞维利亚被当众烧毁。

伊本·哈兹姆曾描述过他遭受哈里发希沙姆二世的侍从长曼苏尔·本·艾比·阿米尔家族迫害的情景，他写道："信士们的长官希沙姆二世（公元976—1009年在位）继位后，我们家的灾难便接踵而来，先后经历了被逮捕、遭流放、缴纳巨额罚金等考验。内乱愈演愈烈，殃及普通百姓，我家更是首当其冲。这种情况直至时任希沙姆二世大臣的父亲去世，愿真主怜悯他。"他在另一处写道："在饱经了这些灾难之后，柏柏尔军人于伊历404年即公元1013年将我们全家逐出科尔多瓦。"

伊本·哈兹姆不断受到他的政敌和学术上的对手的打击和迫害。说真的，直解学派的教义已融入他的灵魂，只要读一读他的著作，就会发现很多直解学派的观点，就会知道他确实是按照明文的字面意义立法、释法的。

从性格上看，伊本·哈兹姆的心胸比较狭窄，言语过于尖刻，从而引起对手的不满和攻击。继伊本·哈兹姆之后，只有伊本·

泰米叶[①]在努力捍卫直解学派的教法学说。

人们对伊本·哈兹姆的祖籍说法不一，大多数的阿拉伯历史学家认为，他的祖先原是天主教徒，后皈依了伊斯兰教；他的祖父是一名波斯释奴，隶属倭马亚王朝缔造者穆阿维叶（公元661—680年在位）的兄弟叶齐德·本·艾比·苏福扬（公元640年卒）的门下。而伊本·赛义德（公元1214—1286年）和一些东方学家则认为：伊本·哈兹姆的先祖是入侵西班牙并在该地定居的西哥特人。不管哪种说法正确，伊本·哈兹姆的父亲曾在侍从长曼苏尔·本·艾比·阿米尔当权时（公元977—1002年）做过哈里发希沙姆二世的大臣，为贵族之家。他对其子伊本·哈兹姆关怀备至，疼爱有加，聘请多名长老施教。但是，伊本·哈兹姆的父亲受到曼苏尔·本·艾比·阿米尔的迫害，家人遭受株连，流放外地，在享尽了荣华富贵之后，又尝遍了人间的种种苦难。伊本·哈兹姆的父亲卒于伊历402年/公元1011年。

伊本·哈兹姆离开科尔多瓦之后，来到阿尔梅里亚，在那里著书立说，过着平静的生活。后来，倭马亚人又重掌政权，伊本·哈兹姆本人也被任命为大臣，但不久即遭贬斥。从此，伊本·哈兹姆将大部分时间用于著述，其子说他共撰写著作四百余部。历史学家萨伊德[②]说："在所有安德鲁斯人当中，伊本·哈兹姆是最精通

---

① 伊本·泰米叶（公元1263—1328年）：罕百里教法学派著名的教法学家，原教旨主义的倡导者，近现代伊斯兰复兴运动的先驱。他深受直解学派的法学主张的影响。——译者

② 萨伊德·安德鲁西（公元1029—1070年）：安德鲁斯历史学家，曾出任托莱多马立克教法学派的法官，著有《各民族文明史》等著作。——译者

伊斯兰各学科知识的，此外，他在语言学、修辞学、诗歌、传记和史料学等方面也是一位博雅之士。”宰海比[1]说：“伊本·哈兹姆聪慧睿智、才思敏捷、学识渊博、满腹经纶，对《古兰经》、圣训、各教派及教法学派、阿拉伯语、阿拉伯文学、逻辑学、诗歌等无所不知，无所不通。此外，他为人真诚，生性腼腆，有治国安邦之才，虽然富有，但信仰虔诚。”

阿卜杜勒·瓦希德·马拉喀什（公元 1185—1250 年）对伊本·哈兹姆评价说：“他被任命为大臣之后不久，便自动弃官而去，专注学术研究，潜心考证典籍，取得了前所未有的学术成就，在安德鲁斯无人能望其项背。伊本·哈兹姆在教法、圣训、法学原理、教法与教派的历史与典故，在文学和对与其意见相左者的批驳等方面的著述，多达四百余卷，共八万余页。他的著述之丰，在伊斯兰教历史上，只有伊本·哲利尔·塔巴里（公元 838—923 年）才可与之媲美，他是信奉伊斯兰教的信徒中著述最多的人。诗曰：

如明镜般映照万象，
如宝剑般明断是非，
命定时光拱手求救，
亲朋何见法理至上。

时至今日，伊本·哈兹姆仍是安德鲁斯最著名的学者，也是官场和学者集会上被人提及最多的学者。因为他反对盛行于马格里布的马立克教法学派的教法主张，硬是坚持其直解学派的观点。据我

① 宰海比（公元 1274—1348 年）：大马士革历史学家、圣训学家。写有《伊斯兰列国志》、《伊斯兰史》、《易混宗谱、姓名、别号、绰号录》、《批评名人标准》、《背诵〈古兰经〉者名录》等著作。——译者

们所知，他的知名度是空前的，至今仍有许多直解学派教义的信奉者和他的追随者。笔者要说，伊本·哈兹姆的声望在其死后更加显赫，对他的敌视和怨恨已随着他的逝去而销声匿迹，而学者们对他的尊重与推崇却依然如故。”[①]

安萨里（公元1058—1111年）在读过伊本·哈兹姆写的有关真主的美名的一书之后说：“这本书说明伊本·哈兹姆博闻强记、挥洒自如。”人们对伊本·哈兹姆的指责和批评都集中在一点，即他以尖刻、辛辣的语言对众多知名人物进行批驳和攻击。真主赐予他长寿，卒于伊历456年/公元1064年，享年七十二岁。

伊本·哈兹姆最重要的著作是《关于教派和异端的批判》[②]，该书讲述了伊斯兰各教派的主要观点及代表人物，讨论了与之有歧见的教派，如穆阿台及勒派、艾什尔里派、什叶派，等等。这就使他的见解不拘泥于某一派别，他说，给他以启示的是他自己的创制。谁要与其意见相左，他便猛烈地攻击谁。艾什尔里（公元873—935年）在整个阿拉伯世界几乎都是神圣不可侵犯的，但伊本·哈兹姆却不以为然，照样猛烈攻击他。此外，伊本·哈兹姆还攻击苏菲派，攻击相信星相、相信圣徒的人。

伊本·哈兹姆不仅攻击伊斯兰教各主要教派的代表人物，而且攻击犹太教和天主教，他根据伊斯兰教的教义，认为《旧约》和《新约》都严重偏离了原有的教义，竭力想从中找出矛盾，以证明他的指责是正确的。对此，他专门写过一篇文章，并将该文收入《关

① 阿卜杜勒·瓦希德·马拉喀什：《马格里布奇闻录》，第146页及其后。需要指出的是，该书有些段落多有含混不清之处或过于冗长，在引用时略有删节。

② 该书先后在伦敦和埃及出版。

于教派和异端的批判》一书。另外还有几篇文章也被收入该书，故该书的逻辑性较差。但读者会对他的辩才和学识，对其文风和胜过安萨里在其《宗教学科的复兴》一书中所使用的修辞手法，惊叹不已。该书的独到之处，是他想从直解学派推演出符合该学派学说的独特的教义主张。人们会感到惊讶：伊本·哈兹姆这样一个深居官府、女奴群绕，过着骄奢淫逸生活的人，怎么会写出这样的著作。伊本·哈兹姆对一切事物都持开放态度，都要拿来为我所用，并能找出其中的奥秘，就连女奴的调笑、嬉戏都能给他以灵感，这些，也许能帮助我们解开这一谜团。伊本·哈兹姆在书中对类比、意见、公益[①]仿效、分析等都进行了批判，他为此而写的一篇文章的手稿至今仍保存完好。

穆瓦希德王朝的叶耳孤卜·曼苏尔[②]站在伊本·哈兹姆墓前，说了这样一句话："所有的学者都曾受过伊本·哈兹姆的恩惠，都曾吸取过他的营养。"这话说得好，很少有人能与其匹敌，无论是在阿拉伯世界的东部，还是阿拉伯世界的西部；也无论是伊本·哈兹姆的支持者，还是反对派，没有人能否认这一点。

总而言之，还是伊本·哈扬[③]说得对："伊本·哈兹姆攻击其对手犹如巨石压顶一般。"不管反对他的人是谁，不管是不是名声

---

① 公益：伊斯兰教法专用语。马立克教法学派辅助立法原则。指法学家在创制律例、法官在审理案件时，出于社会公共利益的需要，可不拘泥于法律条文，而采取灵活变通的办法，以求得更公正的结论或判决。——译者

② 叶耳孤卜·曼苏尔：穆瓦希德王朝（公元1147—1269年）的一位哈里发，公元1184—1199年在位。——译者

③ 伊本·哈扬（公元987—1076年）：安德鲁斯最早、最优秀的历史学家之一。著有《安德鲁斯历史撷英》一书。——译者

显赫，也不管是不是令人肃然起敬，如艾什尔里、艾布·哈尼法和马立克·本·艾斯奈等人，他都照样攻击不误。有一种流行的说法：伊本·哈兹姆的笔犹如哈贾吉[①]的剑，二者同样锋利无比。伊本·哈兹姆曾在其著作中，将其激烈的言辞归之于一直困扰他的某种疾病。犀利的文笔使他成为逊尼派、什叶派、穆阿台及勒派等教派的教法学家嫉妒的对象，他们纷纷在国王面前搬弄是非，致使他被逐出宫廷。这也许是一种幸运，一种恩赐，因为这样反倒让他有机会为我们留下宝贵的著述。

宰海比说："这个人（伊本·哈兹姆）多言犯上，目无尊长，且用最粗俗的语言，最粗暴的态度，最不妥协的回答，对主张创制的伊玛木进行攻击，因而被逐出家园，流落异乡，饱经磨难。"伊本·哈兹姆始终坚持他的直解学派的信仰，矢志不渝，令人钦佩。

伊本·哈彦说："公正地说，他（伊本·哈兹姆）最大的缺憾是对学术政治的无知。"所谓学术政治，系指讨论学术问题应心平气和，辩论学术问题时应严肃、冷静。伊本·哈兹姆最令人钦佩的一点是他能直率地发表自己的意见，以及他对经、训明文所持的严肃态度，不管是什么大人物与其看法相悖，他都敢于直言。对于教法问题，不管是马立克的意见，还是艾布·哈尼法的看法，他都不屑一顾；在信仰问题上，不管是艾什尔里，还是其他人，他均不予理睬。至于伊本·哈兹姆应受到的指责，则是他对众学者及大人物的过于直率的批评，甚至是伤害。目前，我们从伊本·哈兹姆的著

① 哈贾吉·本·优素福（公元661—714年）：倭马亚王朝著名将领、总督。因他在平定各地的动乱中，残杀了大量的不忠顺者，被史学家称为暴君。——译者

作中发现了一篇谈论直传弟子的论文——《直传弟子功过考》。对于直传弟子的功过，什叶派与逊尼派之间存在严重分歧。读过该论文的人，无不为其严密的逻辑性所折服。伊本·哈兹姆在该文中首先阐述了功绩的含义，确定了评判功过的标准；为此，他引经据典、广征博引，进行了令人信服的论证。然后，在此基础上，以具体的事例对直传弟子进行比较。该论文充分显示了伊本·哈兹姆的博学与才智。总之，不管怎么说，伊本·哈兹姆以其著述和对直解学派的宣传，活跃了安德鲁斯人的思想，推动他们进行思考。安德鲁斯人原本信奉马立克教法学派，但他们对该派并无研究。人们可以发现，在大多数的学术聚会上，既有人支持他，也有人反对他，就连各地的埃米尔也被卷入其中。

对伊本·哈兹姆批驳最有力、也最坚定的当属艾布·瓦立德·巴基。他是安德鲁斯著名的马立克派教法学家，同时也是一位教义学家，出任过法官，写有大量的著作。艾布·瓦立德·巴基曾赴东部求学，拜众多东部学者为师。求学期间，他衣食无着，不得不靠做工糊口。他在东部一十三载，涉猎广泛、博览贯通，遨游在知识的海洋中。回到安德鲁斯后，他发现伊本·哈兹姆以其华丽的言辞和雄辩的论证，使很多人都成了他的追随者，同时也看到其辩才无人能与之相比。安德鲁斯人纷纷向他诉苦。他与伊本·哈兹姆在学术聚会上多次交锋，进行辩论，二人互有胜负。艾布·瓦立德·巴基获胜时，人们欢呼雀跃，一片赞颂真主之声。最能说明这些辩论的价值，也最能表现双方学术功力，且能说明伊本·哈兹姆略胜巴基一筹的例子，当属下述一段有趣的传说。巴基对伊本·哈兹姆说："对学问的追求，我比你更有毅力和决心。你求学时没吃过苦，夜读时，你有金质壁龛中的烛光相伴，而我只能借助市场守夜人那微弱的光线。”伊本·哈兹姆答道：“你说此话非但帮不了你的忙，反倒对你不利。你诉说求学时的艰辛，乃是羡慕并想得到像我那样的环境与条件。是的，我求学时的条件正如你所说的，的确很好，但在那样的环境里，我所追求的只是提高对今生与来世的认识，别无他求。”伊本·哈兹姆的一席话，说得艾布·瓦立德·巴基无言以对。

著名学者伊亚德[①]说：“巴基的弟子对我说，当巴基拿出《古兰经》让我们诵读时，我们发现他的手上有使用锤子的痕迹，这是他当年谋生时留下来的。学成之后，他声名远扬，地位显赫，礼金无数，死时留有大笔财产。”

艾布·瓦立德·巴基与伊本·哈兹姆曾就一段圣训进行过一场辩论，辩题为：“先知（愿真主赐福给他，并使他平安）曾在侯达比亚协议[②]上签字。”从这段圣训的字面上看，穆罕默德（愿真主赐福给他，并使他平安）在和约上写下了他的名字，但《古兰经》称穆罕默德是一位“不识字的先知”。[③] 这两种说法如何协调呢？伊本·哈兹姆说：“从表面上看，先知是签了字，但签字否认不了他是文盲的事实，这就像很多国王一样，他们一字不识，却照样在诏书上签字。”巴基等人则没法注释“签字”的意义。

让我们再给读者举一个直解学派与其对手进行辩论的例子。

① 伊亚德（公元1149年卒）：马格里布学者，精通圣训、文学和历史。——译者

② 侯达比亚协议：系指先知穆罕默德于公元628年同麦加古莱氏贵族签订的一项具有战略意义的和约，因在麦加附近的侯达比亚村签订，故名。

③ 马坚译：《古兰经》，7：157。——译者

其他教法学派的人对直解学派的信徒说："你们只拘泥于文字，而不是从立法的精神出发去考虑文字后面的真实用意。真主曾责备异教徒只懂得世俗生活的表面现象：'他们只知道今世生活的表面，他们对于后世，是疏忽的'[①]对于只知道教法字面含义的人，又该如何呢？"直解学派人答道："教法意在让人信主，显示信仰的奥秘。滥用类比和分析会使天启教法变成世俗律法。是的，使用律例是要有理由的。如有明文规定，就遵照执行；如无明文规定，便不能作出裁决。如何理解意见派人所说的，禁止高利贷是为了储备食物和金钱，或者是为了计量呢？我们又如何理解穆圣所说的'孩子是属于与女人同床共衾的人'这句话呢？假如家长当着法官的面对某人说：'我把我的女儿嫁给你为妻，而当时两人相隔万里，一个在东，一个在西。'那人说：'我同意成亲。'然后，才知道这女人是被休的，而且带着一个六个多月大的男孩来了，并对男人说，这是你的儿子（因为她已是那个男人的妻子）。我们不同意这种说法，不同意做这种类比。至高无上的真主说：'无论你们争论什么事，都要归真主判决。'[②]真主没有说照你们的意见、照你们的类比判决。"对此，主张使用类比的人反驳道："真主说，无论什么事都要归真主判决，但没有不让使用类比，因为依照真主的话去判决，也就是真主的判决。因此，找到问题的实质，即问题的核心是十分必要的。"就这样，巴基与伊本·哈兹姆争论了很长时间。

伊本·哈兹姆恃才傲物，睥睨一切，去世前曾写诗自挽：

① 马坚译：《古兰经》，30:7。——译者

② 同上书，42:10。——译者

众人祭祖先，吾站他人前。
哭者与笑者，泪水挂腮边。
人终有一日，扛夫抬在肩。
抛下生前事，了却人世烦。
生时多操劳，死后得清闲。

伊本·哈兹姆一生刚愎自用，有诗为证：

少年懂慎言，语多招人厌。
张口是天性，不说心不甘。
天下人如毛，不容他指点。
步步不能退，手中擎“古兰”。
信仰心中存，无志只等闲。
死路偏要走，人死有“克凡”。①
争斗到如今，意志受熬煎。
曾想求功名，未成空手还。
敌手个个强，红透半边天。
提起咱大名，切齿咬牙尖。
一朝看不见，满堂皆谗言。
何必惊且怪，傲然立堂前。
主伴我终生，敢破万重关。

这首诗表明伊本·哈兹姆一直在坚持他固守明文的原则，尽管对其敌人的描述比较温和。

① 古兰：指《古兰经》；克凡：指穆斯林死后土葬裹包亡人的白色棉布——裹尸布。——译者

在长期的论战中，有人把他视为异教徒，告诫百姓与君王要小心提防；有人则从政治上加以陷害，以激怒埃米尔；更有人张冠李戴，将别人说的话硬加在他的头上。对此，他对友人说道：

穆萨神杖指众人，看谁变蛇现真身。
满腹狐疑冷眼望，雄师一吼震乾坤。
百般刁难题无解，高山大河路难寻。

甚至他的一些亲属也嫉妒他的才能，视其为仇敌。真是有才之人遭人忌恨。幸好真主怜悯他，正如伊本·哈扬所说："一谈到学术问题，伊本·哈兹姆的学识就像是汹涌澎湃的大海，几桶水是无法将其搅混的。"

面对这严酷的现实，伊本·哈兹姆常用经训明文或智者箴言宽慰自己：真主云："你要原谅，要劝导，要避开愚人。"[①]穆圣说："同与你断绝关系的人保持联系，原谅曾欺负过你的人。"智者说："对于伤害过你的人，教训一下就够了，要远离他。"对此，他吟诗道：

无端遭诬陷，费力辩清白。
奈何路已尽，沉默胜雄才。

伊本·哈兹姆在宣传直解学派教义的过程中，表现出卓越的才能，成为人们仿效的教长，甚至有人视其为直解学派的缔造者，其追随者被称为"哈兹米叶派"，圣训学家伊本·阿卜杜·拜尔，历史学家哈米迪等人都是他的弟子。穆瓦希德人的首领伊本·突麦尔特对他的主张也很感兴趣。他的主张在阿拉伯东部也有市场，

① 马坚译：《古兰经》，7：199。——译者

埃及教长伊本·赛义德也成了直解学派的信徒。

著名苏菲派人穆哈义丁·本·阿拉比和大哲学家伊本·鲁世德都曾受过伊本·哈兹姆的影响。

伊本·哈兹姆死后，安德鲁斯人对他仍是褒贬不一。大约经过一个世纪之后，在阿拉伯东部和安德鲁斯都享有盛名的著名学者艾布·伯克尔·本·阿拉比脱颖而出。他曾游学东方，在大马士革拜安萨里教长为师。回到安德鲁斯后，便攻击伊本·哈兹姆的学说。他像其师安萨里一样，能言善辩，巧舌如簧，在安德鲁斯等地显赫一时。

艾布·伯克尔·本·阿拉比同艾布·瓦立德·巴基一样，始终坚持批判直解学派。人们说，在东去求学的学者当中，只有他和巴基带回来的学问最多。他不仅博古通今，满腹经纶，而且刚直不阿、执法如山，严格遵循劝善戒恶的原则，纵然给自己带来危害，也要秉公办事。伊亚德对他的评价是："能背诵《古兰经》全文，口齿伶俐，妙语如珠，热心学术传播，是学术聚会上的欢乐使者。"

下面，让我们看看艾布·伯克尔·本·阿拉比抨击伊本·哈兹姆的片断："东去游学时，我遇到的第一个异端是内学派[①]，可当我游学归来时，却发现整个马格里布到处充斥着直解学派的说教。塞维利亚城外的一个叫伊本·哈兹姆的蠢货，原本信奉沙斐仪教法学派，后转向达乌德的直解学派，最后竟然自成一家，声称自己为安德鲁斯的教长。伊本·哈兹姆几经沉浮，却无大碍，他的立

① 内学派：系指寻求《古兰经》经文内在含义的派别，也是对卡尔马特派、伊斯玛仪派和卡拉米叶派的贬称。——译者

法、释法依然。他,在真主的宗教里塞进一些原本没有的内容;他,把自己的观点强加在其他学者头上;他,得到哈里发、埃米尔的支持……我发现在学术聚会上,到处都是直解学派的人,气焰十分嚣张,我便与他们辩论。”

称伊本·哈兹姆愚蠢是有失公允的,伊本·哈彦和宰海比对伊本·哈兹姆都有公正的评价。伊本·哈兹姆本人曾对当时的学者抱怨说:“俗话说,本地的学者最不值钱;耳撒(愿真主使他平安)在圣经中也说过‘先知在自己的家乡得不到尊重’这样的话。”

伊本·哈兹姆认为自己作为安德鲁斯人是一件不幸的事,倘使他生长在阿拉伯东方,人们便会承认他的才华,便会颂扬他,他的命运就会与现在大不相同。伊本·哈兹姆对安德鲁斯人颇有怨言:“安德鲁斯人对其知名学者和学有专长的人常常怀有妒忌之心;对他们的学识、著作多有贬损;对他们的美德善行肆意丑化;而对他们的过错、失误则穷追不舍,抓住不放。倘若有人学业精湛,便污蔑说抄袭、剽窃他人,而自矜博学;倘若学业平平,便称之为无膘的瘦羊,没人要的二流货;倘若聪颖过人,便要问:求学何处?读过什么书?何时功成名就?可能又曰,其母必有异人之处;倘若有所著述,便遭讥讽中伤;稍有差错,便四处张扬。如此行事,美德高尚不见,功劳业绩全无,致使精神受挫,热情被阻,心灰意冷,难有作为。”

就这样,伊本·哈兹姆与很多人结怨,成为仇敌,令他十分痛苦,但也增添了他的人生历练。这些在他的《伦理道德》一书中多有记述。

笔者读了艾布·伯克尔·本·阿拉比写的《艾勒阿瓦绥姆·

民奈勒盖瓦绥姆》[1]一书，发现作者具有敢于直言的个性，例如，作者向人们讲述了他在大马士革会见安萨里一事，记录了他与安萨里多次谈话的内容。他对安萨里的见解并不完全同意。又如，书中提及阿里（愿真主喜爱他）的次子侯赛因（愿真主喜爱他）起兵反对穆阿维叶之子叶齐德一世之事，对此重大事件，作者认为侯赛因死于其祖父制定的律条。伊本·阿拉比还讲述了波斯人如何将其古代的宗教仪式引入伊斯兰教，例如在清真寺里用香熏消毒的做法便是波斯的一种古老习俗，是信奉拜火教留下的痕迹。伊本·赫勒敦在其《历史绪论》中也曾提到此事。

总而言之，艾布·伯克尔·本·阿拉比发动了一场针对直解学派，尤其是针对伊本·哈兹姆的战争，但他没能使直解学派消失，该派在伊本·阿拉比死后依然存在。伊本·阿拉比算得上是最后一位考据学家，自他之后出现的学者都只是一些不知名的仿效者。从此，宗教学的地位一落千丈，宗教的影响也就大为削弱了。

安德鲁斯的情况与阿拉伯东部的情况大致相同，因为伊斯兰世界是一个整体，它服从于统一的规律，在伊斯兰世界某个地区发生的事情很可能也在其他地区出现。当东部的教法学衰落之时，除少数地区外，西部的教法学也不景气。东部教法学的衰落，源于突厥人的专权和创制之门的关闭，对此，《阿拉伯伊斯兰文化史·正午时期》的第二册以及本册都有阐释。安德鲁斯教法的不景气，

① 该书在阿尔及利亚印行。书名为音译，意为“使你免遭不幸”，该书描述了阿里与穆阿维叶之间的争端。——译者

皆因西班牙人势力的增强，这与东部突厥人得势的情形如出一辙。当然，也有少数几个分散在各地的伊斯兰王国仍在努力恢复伊斯兰教法昔日的荣光。

在穆瓦希德人进入安德鲁斯后，创制之门重又开启。穆瓦希德人认为各教法学派的教法规定使教法本身受到损害，主张教法应严格遵奉经训，从中推演律例，不要按照任何教法学派的规定办事，伊历 550 年/公元 1155 年，阿卜杜勒・穆厄米尼・本・阿里[①]下令销毁各教法学派的著作，命他身边的学者从十大著名圣训集中精选出部分圣训，在安德鲁斯及马格里布广为散发。他还命令教法学家只能根据《古兰经》和圣训作出教法裁决，不得仿效任何教法学派的裁定，但允许教法学家进行创制。从此，人们便根据经训明文制定教律，同时，又有了进行创制的自由。艾布・赫塔布和穆哈义丁・本・阿拉比等教法学家就是按照上述规定进行立法、释法的。

一位名叫艾布・伯克尔的学者写道："当我谒见穆民的领袖叶耳孤卜[②]时，发现他手中有一本伊本・优努斯的著作。他对我说：'艾布・伯克尔呀，我在研究这些塞进伊斯兰教的五花八门的看法和主张。对同一个问题的说法多达四五种，甚至更多，究竟哪种说法正确呢？哪种说法应当仿效呢？艾布・伯克尔呀，'他指着手中

① 阿卜杜勒・穆厄米尼・本・阿里：穆瓦希德王朝创始人穆罕默德・本・突麦尔特的继任者，公元 1130—1163 年在位。他于 1147 年攻占马拉喀什，灭穆拉比特王朝，自称哈里发，穆瓦希德王朝正式建立。——译者

② 叶耳孤卜・优素福：穆瓦希德王朝哈里发阿卜杜勒・穆厄米尼・阿里的继任者，公元 1163—1184 年在位。——译者

的《古兰经》说：‘只有它，’又指着《艾布・达乌德圣训集》说：‘还有它，’又指着宝剑说：‘还有它。’”

穆瓦希德人的做法是对直解学派和伊本・哈兹姆的支持。令人遗憾的是，马林王朝[①]崛起后，情况又发生了变化，各教法学派又活跃起来，马立克教法学派的教法著作再次受到尊崇。

安德鲁斯教法的这段历史与东部的教法史极其相似，因为二者同属于一种文明。

前面讲述的几个安德鲁斯教法学家的故事，说明他们既恪尽职守，又不失风雅。如：叶海亚・本・叶海亚・莱伊斯对阿卜杜・拉赫曼一世作出的连续斋戒两个月的裁决；法官阻止阿卜杜・拉赫曼三世强占孤儿住房，并判其支付罚金一案；塞维利亚教法学家艾布・欧麦尔・本・麦基为表示对侍从长曼苏尔・本・艾比・阿米尔无辜杀害阿卜杜・麦立克・本・孟迪尔・拜鲁推的不满，而拒绝工作两个月。

另外一则故事讲述的是：科尔多瓦的法官穆罕默德・本・阿卜杜拉・本・叶海亚途经伊里比莱特市，见一酒醉少年跌跌撞撞，趑趄而行。少年发现法官后慌忙逃逸，无奈两腿不听使唤，只好依墙而立，待法官走近时，少年抬头吟道：

你不就是那位大名鼎鼎的法官！
你的公正，两世(今生和来世)无双。
真主的书我已诵读千遍，

① 马林王朝(公元1213—1554年)：北非柏柏尔人建立的穆斯林王朝，首都非斯，1269年灭穆瓦希德王朝。后马林人进入西班牙进行圣战，直至公元14世纪中叶。——译者

从未见过惩处饮酒的条款。
倘若你能原谅我，
你的恩典，你的美名两世传；
倘若你要处罚我，
定要告你铁石心肝。

法官听罢少年吟的诗，便弃他而去。

又如，安德鲁斯倭马亚王朝第一任哈里发阿卜杜·拉赫曼·纳绥尔举行宴会，邀请其子哈克木的好友艾布·伊卜拉欣·泰米米·科尔多比参加，但是他没有赴宴。当被问及原因时，艾布·伊卜拉欣答道：以前的哈里发和埃米尔周围有一批御用文人，哈里发和埃米尔对他们敬奉有加，从不轻慢，之所以这样做，一是因宗教的需要，二是为自己装点门面，昭示百姓。我为了不辱陛下美名，故没去赴宴。阿卜杜·拉赫曼·纳绥尔后来又想请艾布·伊卜拉欣与哈克木共同进餐，艾布·伊卜拉欣担心招致巴结权势、捞取金钱的非议，而婉言谢绝。他的传记还向我们透露了一些有关枢密院的情况，如说枢密院成员满额时为十六人。

再如，一法官见很多小王国之间意见分歧，纷争不断，便自告奋勇，欲将众王国联合起来，共同对付天主教人。该法官的努力没有成功，反而招致埃米尔们的不满，法官见回天乏术，遂放弃了努力。

这些故事和传说使人们了解了一些有关枢密院的情况，诸如成员的能力及人数，以及他们的一些趣事，等等。

*　　　　*　　　　*

随着直解学派、马立克教法学派、什叶派等教派和教法学派的出现，教派之间的辩论之风乍起，甚至在追悼亡灵的场合也会争辩不休。阿拉伯东部教派及教法学派之间的争论司空见惯，有人还创造了一门新的学问——《辩论学》或曰《研讨的礼仪》，也有人著书称之为《分歧学》。这些著述传到安德鲁斯，助长了安德鲁斯人对研讨和辩论的兴趣。

学术史就像人的一生一样，都要经历少年、青年、中年、老年及衰亡几个阶段。当伊本·哈兹姆、巴基和伊本·阿拉比几位学术泰斗过世之后，安德鲁斯的学术已到了衰亡阶段，它像一个行将入土的老人，再也无力行走，安德鲁斯的教法学走到了尽头。

*　　*　　*

在宗教活动中，苏菲派是值得研究的另一个教派。

苏菲派在阿拉伯东部产生于伊历二世纪，在安德鲁斯则出现在阿拉伯人征服之后的第二个世纪。东部的苏菲主义融合了伊斯兰教的教义和波斯、印度及希腊的教导；而安德鲁斯的苏菲主义则融会了伊斯兰教、新柏拉图主义和希腊、罗马的思想，以及从东部传来的波斯和印度的思想。

安德鲁斯人当中有很多柏柏尔人，还有许多天主教徒与苏菲派人的混血儿。柏柏尔人自古就以沉湎于幻想、笃信幽冥世界，以及轻信有关来世的传言著称。人们不会忘记阿拉伯人在征服马格里布的过程中所遇到的艰难险阻和所经历的激烈战斗，更不会忘记那个自称“女牧师”的人所发动的起义，柏柏尔人都相信她，团结在她的周围，让阿拉伯人尝尽了苦头。这就是柏柏尔人的性格。直到今天，柏柏尔人在很多地方还在用《古兰经》占卜凶吉，察看手相、探知幽冥世界、发掘宝藏等。柏柏尔人的这些本领经过沉淀之后，变成了苏菲主义的一部分。基于上述原因，安德鲁斯人的苏菲派活动有了很大发展。

让我们像讲述教法那样，来看看苏菲派的来龙去脉吧。据我们所知，伊本·麦赛莱是安德鲁斯第一个苏菲派人，他的全名为穆罕默德·本·阿卜杜拉·本·麦赛莱，生于伊历296年/公元908年[①]。他的父亲为科尔多瓦人，信奉穆阿台及勒派，该派当时在安德鲁斯并没有什么追随者，且不受欢迎，因而不得不向人们隐瞒自己的信仰。众所周知，阿拉伯东部的穆阿台及勒派人多用希腊哲学武装自己，以捍卫伊斯兰教免受天主教和犹太教的攻击，该派的做法引发了人们对很多神学问题的思考。伊本·麦赛莱的父亲把这一切都传授给了他的儿子。伊本·麦赛莱见其父隐瞒他的穆阿台及勒派的身份，便也不公开自己的苏菲派信仰。

伊本·麦赛莱在三十岁以前一直离群索居，躲在科尔多瓦郊外的一座山上刻苦修行。安德鲁斯的山野大都是芳草遍地，绿树成荫，令人赏心悦目、心旷神怡。孑然一身的处境和广垠静谧的大自然，给予他巨大的想象空间和冥思苦索的广阔天地。后来，有人加入了他的苦修行列，虽然他本人及众多追随者没能保住其信仰上的秘密，但他的信徒在安德鲁斯存在了好几个世纪。伊本·麦赛莱的信仰暴露后，被人污蔑为叛教，后他以朝觐为名逃离了安德鲁斯，直到以宽容和支持学术著称的阿卜杜·拉赫曼三世继任埃米尔后，伊本·麦赛莱才返回安德鲁斯，此

① 原文如此，此年代可能有误。据《蒙吉德人名词典》记载，此人的生卒年代应为公元883—931年。——译者

后，他的弟子日渐增多。

伊本·麦赛莱极其虔诚地信守“塔基亚”原则[①]，他只向少数弟子和门徒传授苏菲派的深层教义。我们没有找到能说明他的观点的著作，但是一位西班牙的东方学家却有所发现，他说：“伊本·麦赛莱的很多教导与著名希腊哲学家恩培多克勒[②]的观点相似。”穆斯林视恩培多克勒为古希腊的七贤之首。恩培多克勒深受世人的尊崇，苏菲派也享受同样的殊荣。伊本·麦赛莱不仅对安德鲁斯的穆斯林有影响，而且也影响了安德鲁斯的犹太教徒和天主教徒。这里我们不禁要提出疑问：是东部的苏菲主义使伊本·麦赛莱成为苏菲派人，因此可以说，西部的苏菲派源自东部；还是说，伊本·麦赛莱的天性和禀赋，以及西班牙天主教人和古希腊哲学家的教导造就了这个伊本·麦赛莱，因而安德鲁斯的苏菲派是独立发展起来的，与东部的苏菲派没有任何关系呢？这是一个很难回答的问题，我们手中没有材料能揭开这个谜底。特别要指出的是，安德鲁斯早在伊斯兰教传入之前就有一些修行者和禁欲主义者离群索居，进行自我修行了。

总而言之，伊本·麦赛莱是我们所知道的安德鲁斯最早的苏菲主义者。据说，哈希米，即艾布·伯克尔·穆罕默德·哈希米，是伊本·麦赛莱的弟子，而穆哈义丁·本·阿拉比又是哈希米的

---

① “塔基亚”原则：什叶派的主要教义和教法学说之一。“塔基亚”为阿拉伯语“Tagiyah”的音译，意为“谨防”、“掩饰”、“隐蔽”，指穆斯林在遇到危险时可以隐讳自己的宗教信仰。——译者

② 恩培多克勒（约公元前490—前430年）：古希腊哲学家、原子唯物论思想的先驱，认为万物皆出自土、水、气、火四“根”，而“爱”和“憎”是万物变化的原因。著有《论自然》等著作。——译者

学生。哈希米是一位节俭禁欲的苦行者，他的著述没有流传下来。哈希米于伊历559年/公元1163年赴耶路撒冷朝圣，卒于该地，并葬在那里。哈希米本人及其墓地都受到人们的崇敬与拜谒。

与哈希米同时代的另一位著名苏菲派人——大教长艾布·阿卜杜拉·古莱希·哈希米，他的苏菲派言论颇多，如："不能恭谦有礼处世者，不知对世事之所求。因放弃自己的权利而不顾其兄弟权利者，不配享有结伴、交友之幸福……"

提到穆哈义丁·本·阿拉比，我们不得不多着墨介绍一下这位享誉阿拉伯东、西部的苏菲派的大教长，他的全名是穆哈义丁·艾布·伯克尔·穆罕默德·本·阿里·本·阿拉比·哈梯米·塔伊，是哈梯姆·塔伊[①]的后人。他于伊历560年/公元1165年出生于穆尔西亚，后在塞维利亚学习《古兰经》、圣训。他在塞维利亚居住近三十年，后来，又赴东部游学，向伊本·阿萨基尔[②]和焦齐学习圣训，并周游巴格达、摩苏尔及罗马等地，博及古今，学识大增。令人遗憾的是，自离开安德鲁斯后，穆哈义丁·本·阿拉比再没有回去过，最后在大马士革去世。修辞上的造诣、深邃的思想和丰富的想象力，是他留给后人的遗产。他每到一个地方，就会与当地的苏菲派人交往，他的苏菲派观点在东、西部都得到广泛传播。

穆哈义丁·本·阿拉比有大量的散文和诗歌问世。他勤于思考，善于诠释；一生淡泊金钱、名利。有很多故事都能说明他的风

① 哈梯姆·塔伊(约卒于公元6世纪末)：蒙昧时代的阿拉伯诗人。以勇敢、慷慨、豪侠著称，被视为阿拉伯人慷慨的楷模，著有《诗集》传世。——译者

② 伊本·阿萨基尔(公元1105—1176年)：大马士革的历史学家，沙姆地区的圣训学家。其代表作有《大马士革志》、《〈穆宛脱圣训实录〉功绩揭秘》。——译者

格，例如他说：

人说是我我不知，天下众生本难识。

有人驳斥道：真主怎么会看不出来呢？他答道：

天高有眼识善恶，容尔今生思悔过；

恩泽遍地人共睹，竟有顽童漠视主。

穆哈义丁·本·阿拉比有很多这类话语，从字面上看，似有叛教之嫌；从内容上讲，是对伊斯兰教的诠释。穆哈义丁·本·阿拉比声名远播，所到之处无不引起轰动。他信赖真主，托靠真主，以虔诚之心、赤贫之身云游四方。有些富人同情他，对他多有馈赠，而他经常将所得钱物转送他人。一次，有人赠与一屋让他居住，后一乞讨者讨要，他说，此物乃属于真主，遂将房屋拱手相让。

穆哈义丁·本·阿拉比是苏菲派中鼓吹一元论思想最卖力的人，他认为真主与世界是同一的，只是形状不同而已，本质上并无二致；他宣称，我们看到的东西各不相同，如：一间房子、一个男人、一棵树，这均是真主的安排，命中的注定；人们见到的只是一种假象，以满足人类幼稚理性的需要。穆哈义丁·本·阿拉比的看法如同现代哲学家对物质的看法，即认为任何物质都是由原子组成的，物质的差别源于原子核及电荷数量的多寡，仅此而已，世上万物的本质是一样的。下面这句话也许最能说明穆哈义丁·本·阿拉比的观点："赞美创造万物的造物主，造物主就是万物本身。"表面上，他将造物主和世间万物区别开来，实际上，他认为二者是统一的，正如他所说的，造物主和世间万物不能靠理性去感知，而只能用心去体悟，造物主与世间万物只是表象上的不同，他说：

创造万物的主啊！

你创造的万物中就有你；

你的创造永无休止，

你的存在永不停息。

你狭小，历历在目；

你博大，无边无际。

从现象上看，或者依照常理来说，世上有造物主与万物之分，有真与假、表与里、始与末之别。这种逻辑在穆哈义丁·本·阿拉比那里都不起作用，在他那里，起作用的只是感觉、修炼和品味。他认为，世上万物——无论是矿物，还是植物；无论是动物，还是人类，都要服从这一法则，即世上万物都要遵循其自然规律。如矿物等非生物有它自己的生存状态，这种状态是由其自身的性质决定的，换句话说，是由神的律条决定的。人和动物也是如此。因此，穆哈义丁·本·阿拉比对犹太教、天主教、拜物教及伊斯兰教之间的差别并不以为然。他写道：

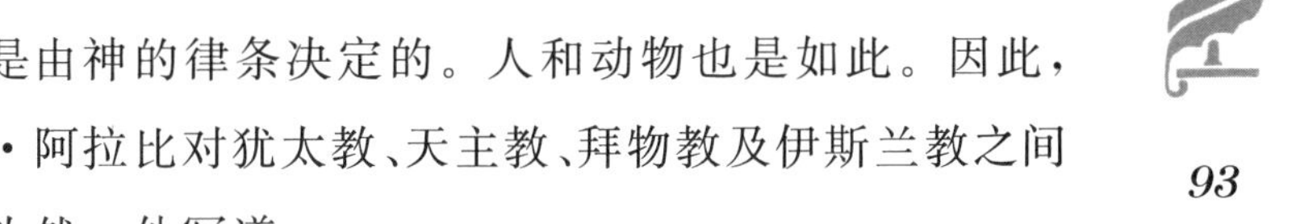

我的心可以接受各种形式的宗教，

无论是羚羊的牧场，

还是僧侣的修道院；

无论是供奉偶像的殿堂，

还是让人巡游的天房；

无论是《旧约》的章节，

还是《古兰经》的篇章。

我信奉的是爱的宗教，

不管它在哪里，也不管它披的是什么外氅。

因为

爱就是我的宗教，

爱就是我的信仰。

每个人都有其先天的禀赋和后天的努力，但起决定作用的是真主。这并不是说人类对真理就没有向往和追求，人们追求的是各式各样的，但事物都具有物以类聚的特点，否则，天地之间就没有什么吸引力了。穆哈义丁·本·阿拉比说过“真主显现的时刻”之类的话，这说明他受到新柏拉图主义[①]一些理念的影响，他知道该学派领袖普罗蒂诺[②]曾有过真理向其显现的体验，真理显现时，他犹如被雷电击中一般。对于穆哈义丁·本·阿拉比来说，世上万物的名称各异，但实际上只有一个称谓，即真主是唯一的存在。这些名称是为了便于人们之间相互理解而规定的术语：“众人啊！我确已从一男一女创造你们，我使你们成为许多民族和宗族，以便你们互相认识。”[③]穆哈义丁·本·阿拉比认为，真主以自己的形象创造了阿丹（亚当）。凡读过穆哈义丁·本·阿拉比的《麦加的启示》一书的人，无不佩服其丰富的想象力，优美的文字和令人信服的阐释。下面这首诗也许最能说明他的观点：

真理如美女，听声不见伊。

倘若能得见，美貌令人迷。

---

① 新柏拉图主义：罗马帝国衰落时期（公元3—5世纪）的神秘主义哲学派别，该派学说是柏拉图哲学、斯多葛派和毕达哥拉斯派的哲学与东方神秘主义思想的混合物。——译者

② 普罗蒂诺（又译柏罗丁，约公元204—270年）：古罗马帝国时期哲学家，新柏拉图学派最重要的代表。生于埃及，在亚历山大城求学，后定居罗马。他在柏拉图学说的基础上，进一步发挥了神秘主义思想，认为人生的目的是使灵魂摆脱肉体而进入与神结合的境界，其代表作为《九章集》。——译者

③ 马坚译：《古兰经》，49：13。——译者

看上她一眼，须臾不能弃。
日夜常思念，心荡又神怡。
小心加小心，留意再留意。
羞涩添娇美，情深增愁绪。
羚羊般容貌，朱颜透白皙。
走进你身边，潜入你心里。
阵阵香风吹，原来是鼻息。
宛若晨光灿，恰似月着衣。
摘去白纱罩，光华映万里。
美人低下眼，睫毛盖眼皮。
黑夜盼明月，带我走东西。
伴随你身边，寸步不分离。

众所周知，在穆哈义丁·本·阿拉比的一生中，曾在麦加爱上一位名叫尼扎姆的姑娘，并为此写了《相思录》一书。从表面上看，他是在热恋这位姑娘，但是实际上他思念的，他梦寐以求的是真主，是对消融、“寂灭”于真主的本体之中的渴望。这与埃及的伊本·法里德[①]的情况有些相似。

穆哈义丁·本·阿拉比的著述甚丰，除了写有诗集、《古兰经》注、科学的奥秘等著作外，还有有关文学、历史的作品传世。

一般来说，人的性格、禀性可分为两大类：感性与理性、外向与内向、重表面与重实质、重天启与重理性，等等。心理学家也是将

① 伊本·法里德（公元1181—1255年）：埃及诗人，苏菲派人，伊斯兰教思想家，著有《诗集》。——译者

人们分为这两大类。教法学家与苏菲主义者分属于性格不同的两类人……人们对穆哈义丁·本·阿拉比的评价大相径庭：他是最虔诚的信徒，还是最大的叛教者？有人称他认识真主，是受真主宠爱的人；有人则将他视为异教徒、无神论者。关于他，人们写了很多书，并引起激烈的争论，这与东方的哈拉智[①]与教法学家之间的争论如出一辙。支持穆哈义丁·本·阿拉比的学者有：《辞海》的作者费鲁扎巴迪、卡玛勒丁·祖姆鲁卡尼、布勒基尼、谢哈布丁·苏哈拉瓦迪[②]、法赫里丁·拉齐和伊本·赛布基等人。反对穆哈义丁·本·阿拉比的人则有：伊本·赫雅特、哈菲兹·扎海比、伊本·泰米叶、伊本·伊亚斯[③]和泰夫塔扎尼[④]等人。

在阿尤布王朝时代（公元1171—1250），埃及发生了一场声势很大的运动，即教法学家——以伊本·泰米叶为代表的反对苏菲派观点的教法学家与苏菲派人之间的一场大论战。双方就他们之间的分歧著书撰文，梳理彼此的分歧，阐述各自的观点，《冷眼评判两派的分歧》一书概述了这场论战。

伊本·奈加尔[⑤]写道：“我在大马士革游学时，会晤了穆哈义

① 哈拉智（公元857—922年）：伊斯兰教苏菲派著名代表人物。因宣扬人与真主合一的“人化说”而触犯正统教义，被指控为“骗子”，被捕入狱，后以犯有“叛教大罪”而被处以磔刑。《塔辛之书》为其传世之作。（请参看《中国伊斯兰百科全书》，第191页，“哈拉智”词条。）——译者

② 谢哈布丁·苏哈拉瓦迪（公元1153—1191年）：伊斯兰神秘主义哲学派别“照明学派”的创始人。主要著作有《照明的智慧》、《光的壁龛》、《哲学家的信仰》等。（请参看《中国伊斯兰百科全书》，第531页，“苏哈拉瓦迪”词条；第732页，“照明学派”词条。）——译者

③ 伊本·伊亚斯（约公元1524年卒）：埃及麦木鲁克王朝历史学家。——译者

④ 泰夫塔扎尼（公元1312—1390年）：语言学家，著名教义学家。——译者

⑤ 伊本·奈加尔（公元1182—1245年）：巴格达历史学家。著有《麦地那史料玑珠》、《巴格达史续志》等著作。——译者

丁·本·阿拉比，并就他的诗写了一篇文章。我发现这位长老生活得十分自在与安逸，他对我说，他在伊历 601 年即公元 1204 年来到巴格达，逗留了十二天，后又与一批朝觐者于伊历 608 年即公元 1211 年再访巴格达。他对我吟道：

学问与欲望，
着实费思量。
不闻百花淡，
哪知沉麝香。

我问他的出生年月，答：'伊历 560 年 9 月 17 日，星期一，生于穆尔西亚。'"

伊本·穆斯迪写道："穆哈义丁·本·阿拉比是一个完美的人……做学问精益求精，文学方面的造诣更是无人能及。"

宰海比的评价则是："穆哈义丁·本·阿拉比对教义学取中庸之道，他聪明颖慧，强记博闻，对苏菲主义研究精深，各门学问皆有著作留存。只是酒醉之后言辞诗文中不乏激越之辞。愿他一切安好。"

穆哈义丁·本·阿拉比有诗曰：

承让矫情一天平，
智者千虑有失衡，
千古难题皆由此，
超脱之后显神圣。

他还有诗道：

人性一贝母，
神性贝中珠；

珠宝万人抢，

贝壳掷滩涂。

穆哈义丁·本·阿拉比也许以这首诗与别人交流。

麦盖里在其《芳香集》中提到，麦格里基[①]在伊本·法里德传记中写道，穆哈义丁·本·阿拉比长老曾派人去见伊本·法里德，求其准许对他的长诗《塔伊亚》作出诠释。伊本·法里德回答说："你的那本《麦加的启示》一书已对该诗作了诠释。"人们说："伊本·阿拉比撰写《麦加的启示》时，每日笔耕不辍，走到哪里，写到哪里。他在大马士革所得不菲，但却没有任何积蓄。"

索菲丁·侯赛因在其信中写道："我在大马士革见到了穆哈义丁·本·阿拉比大教长，他是苏菲派最伟大的学者之一，他饱学博识，学贯世俗各种学问，在宗教诸学上的造诣令人肃然起敬。他著述丰厚，声位显赫，学问、道德、境界在他身上得到了高度统一，他对周围的世事已不介意。他有许多追随者，也有不少学术上的挚友。他与我的恩师赫拉兹有着兄弟般情谊，他俩是游学路上的伴侣。"索菲丁·侯赛因写诗赞道：

先生妙语解万难，乌云拨开天光现；

落笔如飞似神助，蚂蚁荡平象牙山；

墨滴飘香花中嗅，一字一句文章展。

他还有诗道：

难得与主见，唯有心相连；

① 麦格里基（公元 1364—1442 年）：埃及著名历史学家，其代表作为《埃及志》。——译者

见君如见主，君临欢乐天。

又道：

君问一词义，未思便作答；

君笑才知晓，典籍手中拿。

苏郁退[①]为穆哈义丁·本·阿拉比专门写了一本书，题为《一位后学为伊本·阿拉比的辩护》。作者在书中传述了这样一件事：在伊斯兰教长老尔兹丁·本·阿卜杜·赛拉姆举行的聚会上，有些教义学家指责伊本·阿拉比亵渎了真主，称他为伪信者。对此，长老没有反驳，于是，长老的沉默便被人们认为是对这种指责的默认。但是，长老后来对他当时的沉默作了解释：那是一次教法学家的聚会，教法学家是最痛恨苏菲派人的。

另外据谢耳拉尼[②]传述：伊本·阿拉比曾对攻陷君士坦丁堡的素丹作过描述，并预言君士坦丁堡将于某年被攻陷。历史证实了他的预言。伊本·阿拉比与征服者穆罕默德素丹[③]所处的年代相距约两百年。为此，人们在叙利亚为他修建了一座规模宏大的拱北[④]和一座救济院。

① 哲拉鲁丁·苏郁退（公元1445—1505年）：埃及伊斯兰教著名经注学家、历史学家和语言学家。其代表作有《哲拉莱尼古兰经注》（与哲拉鲁丁·马哈里合著）、《埃及史》和《华枝集》等。——译者

② 谢耳拉尼（公元1565年卒）：苏菲主义教法学家，埃及著名苏菲主义者。——译者

③ 即穆罕默德二世（公元1432—1481年）：奥斯曼帝国第七任素丹（公元1451—1481年），战绩显赫，以“征服者”著称于世，公元1453年5月，他率军攻占君士坦丁堡，灭拜占庭帝国，开创了奥斯曼帝国的新纪元。——译者

④ 拱北：阿拉伯语音译，原意为拱形建筑物或圆拱形墓亭。后专指在苏菲派先贤坟墓上建造的拱形建筑物。——译者

有的教法学家说:"能对伊本·阿拉比的言论持宽容态度者,就很容易理解他;如过分拘泥字面的意义,就很难认识他。"

埃及人批评伊本·阿拉比,甚至想杀死他。但真主借助布加依长老使他幸免于难,因为布加依读懂了他的话语的含义。当布加依向伊本·阿拉比询问他讲的某些话的意思时,伊本·阿拉比答道:"先生啊,那都是我酒后的胡言乱语,对醉汉是不应求全责备的。"下面这两句诗很能说明他说话的原则:

慎言是美德,
多语招人烦;
想说莫张口,
择时再发言。

伊本·阿拉比常常说,整个世界都是神性的表象。他认为,他见过穆罕默德(愿真主赐福给他,并使他平安),并知道真主的伟大之处;他还说,他是通过天启了解炼金术的,而不是通过化学分析。

伊本·阿拉比已出版的著作有:《麦加的启示》、诗集《渴望录》、《虔敬者演讲录》、《智慧的珠宝》、《神学论文集》。不管怎么说,穆哈义丁·本·阿拉比留下了一笔遗产,一笔直到今日仍对东西方思想和思维产生影响的宝贵遗产。

穆哈义丁·本·阿拉比于伊历638年/公元1240年卒于大马士革的萨利希叶。

*　　　*　　　*

伊本·赛卜因(公元1216—1270年),是安德鲁斯另一位著名的苏菲主义者。此外,他还是一位文学家、哲学家、苦行僧和禁欲主义者。他与穆哈义丁·本·阿拉比和艾布·阿巴斯·穆尔西一样，也出生于穆尔西亚。他的众弟子认为，他对神秘主义的研究无人能及。伊本·赛卜因以他的舍己为人的高尚品德，以及对整个人类的同情、对敌人的爱而著称。他的寓所在马格里布可算得上体面、尊贵，然而他却带领家人过着苦修、禁欲的生活，将房产留给了他的众兄弟。

据说，伊本·赛卜因十五岁时写了一本题为《诺斯替派[①]的起源》一书，因为他有着很高的文学修养，故能准确地表达自己的思想。

又有人说，著名埃米尔伊本·胡德曾与天主教人签订和约，但后者未履行其承诺，伊本·胡德便委派伊本·赛卜因作为使者，赴罗马与教皇进行交涉。

伊本·赫勒敦在他的《阿拉伯人、波斯人、柏柏尔人历史殷鉴》一书中写道：麦加人曾向北非的穆斯坦绥尔素丹宣誓效忠，并在阿拉法山为他祈祷祝福，还写信祝贺其继承王位。伊本·赫勒敦称该信出自伊本·赛卜因之手。伊本·赫勒敦在书中记述了该信的全文，那是一封极富雄辩色彩的长信。伊本·赛卜因在信中指出，穆斯坦绥尔就是人们所期盼的救世主麦赫迪。

伊本·赛卜因有很多热情的追随者，他写了大量信函和著作。人们对他的评价是：他在优越、严肃的环境中长大。他相貌英俊，仪表堂堂；他衣着朴素，一身仆人扮装；他心灵纯洁，品德高尚；他从不矫揉造作，从不装腔作势；他慷慨仗义，愿为他人解囊，他是利

---

① 诺斯替派：早期基督教中的一派。起源于公元1世纪，2—3世纪盛行于地中海东部沿海地区，至5世纪衰落。该派主张信仰即是知识，认为只有领悟“诺斯”（意为真知）才能使灵魂解脱；主张进行苦修，以便灵魂得救。——译者

他主义的化身，是舍己为人的榜样。

伊本·赛卜因声名远扬，连罗马教皇都知道他。据载，西西里国王——诺曼人腓特烈二世[①]曾向伊本·赛卜因请教几个哲学问题。这些问题，腓特烈二世曾向很多天主教和穆斯林学者请教过，但没有得到令其满意的回答。腓特烈二世对伊本·赛卜因的解答十分信服，他提出的问题是：

1. 什么叫认识主？认识真主的前提是什么？

2. 范畴的含义是什么？共有几大范畴？如何在学术上使用范畴这一概念？

3. 如何证明灵魂是永存不灭的？

伊本·赛卜因答复这些问题的信至今仍保存完好。这封信说明他对希腊哲学有着深入的研究。在对待“存在单一论”[②]这一理论问题上，伊本·赛卜因像伊本·阿拉比一样，也作过一些隐喻与暗示。阿卜杜·鲁夫·姆纳维传述说，伊本·赛卜因的行为举止颇为古怪，持“存在单一论”观点的人大都如此。伊本·赛卜因对字母和姓氏颇有研究。他的弟子曾引述过他说的一句话：“你们应遵循正道，应将教法视为真理，不要认为二者有什么不同，教法与真理是两个同义词。不要理睬那些自以为找到真理的人，诅咒他们及其同伙吧！”

---

① 腓特烈二世：神圣罗马帝国腓特烈二世（公元1211—1250年在位）。在其统治西西里岛时，重视学习和研究阿拉伯伊斯兰文化，采取支持和鼓励的政策，使西西里岛成为向欧洲传播阿拉伯伊斯兰文化的媒介与桥梁。——译者

② 存在单一论：这是苏菲派著名教义学家、哲学家伊本·阿拉比（公元1165—1240年）提出的观点。该观点认为真主是唯一的绝对存在，宇宙万物的存在是相对的（请参看《中国伊斯兰百科全书》，第635页，“伊本·阿拉比”词条）。——译者

已故的穆罕默德·拉希德·里达先生说，伊本·赛卜因曾说过这样的话：自我之后，再无先知。此话与今天的卡迪亚尼耶教派[①]的说法并无二致。如果伊本·赛卜因确实说过此话，这就说明他在暗指他已达到了先知的境界。许多苏菲派人都持有这种观点，甚至有人认为圣徒的地位比先知的地位还要高。对此，人们莫衷一是，各执一词，正如人们对穆哈义丁·本·阿拉比和伊本·法里德等著名苏菲派人的评价各异一样。凡是坚持应当遵循教法字面含义的人，对上述奇谈怪论均持否定态度，如伊本·泰米叶对穆哈义丁·本·阿拉比的批评；凡是认为苏菲派人比教法学家、学者和哲学家高明者，便相信他们，并能体会到他们的幸福感，苏尤忒和麦盖里等人便是这派人的代表。当然，也有人持审慎的态度，如宰海比，他在《伊斯兰通史》一书中这样写道："伊本·赛卜因是一位主张苦修、禁欲的哲学家，是一位'存在单一论'者，他著述颇丰，追随者甚多，当末日审判时，他必将首当其冲。"

笔者认为，对伊本·赛卜因的著作和书信需进行深入研究，以了解其价值和特点。

继伊本·赛卜因之后，安德鲁斯还出现了许多苏菲派人，几乎每个时代都有，其中最著名的是艾布·巴斯·穆尔西，在亚历山大城建有他的陵墓。穆尔西这个名字说明他是穆尔西亚人，他也是穆哈义丁·本·阿拉比的同乡。

---

① 卡迪亚尼耶教派：即艾哈迈迪耶教派的别称。该派是19世纪下半叶从印度伊斯兰教分化出的具有混合教义的宗教派别。创始人是米尔扎·古拉姆·艾哈迈德，自称为受真主启示的新先知。详见《中国伊斯兰百科全书》，第53页，"艾哈迈迪耶教派"词条。——译者

据传说，艾布·巴斯·穆尔西是根据人们在真主面前的品极来决定他对待客人的态度的。这样，有时就会出现下述场面：一位服从真主及其使者的人去拜访他，没有受到应有的接待；而一位不服从真主及其使者的人，反而受到款待。原因是，那位忠顺之人拜访他时，不停地絮叨他做了多少拜功、行了多少善事；而那位忤逆之徒进门时，却是一副谦恭模样，对自己的不屑行为大有悔恨之意，而艾布·巴斯·穆尔西对受魔鬼蛊惑的絮叨极为反感。

人们对艾布·巴斯·穆尔西所作的《古兰经》注释十分称道，如对“一切赞颂，全归真主，全世界的主”[1]这节经文，艾布·巴斯·穆尔西注释道：“真主知人类无力赞颂他，便在创造人类之前自己赞颂自己，而当真主创造人类之后，便让人类用真主赞颂自己的方式来赞颂真主……”艾布·巴斯·穆尔西还说：“《古兰经》中所说的‘谨防’一词，有着多种含义：如‘你们当防备火狱’[2]系指防备末日审判；‘你们当防备将来有一日，你们要被召归于主’[3]，则系指应敬畏真主的身份；‘你们应当敬畏你们的主’[4]，这里指的是敬畏神性，敬畏真主，敬畏自我，正如经文所说，‘信道的有理智的人们啊！你们当敬畏真主’[5]。”

艾布·巴斯·穆尔西对于真主的使者所说的“我是阿丹（亚当）之子的主人，但不以此为荣”这句话解释说，使者的意思是，“我

---

① 马坚译：《古兰经》，1：2。——译者
② 同上书，2：24。——译者
③ 同上书，2：281。——译者
④ 同上书，22：1。——译者
⑤ 同上书，65：10。——译者

虽是亚当子孙的主人，但我为崇拜真主感到自豪”。

赛姆努奈·穆希比有诗曰：

我的运气全靠你，
你要怎样全随你，
考验我吧！

艾布·巴斯·穆尔西听罢说，后半句最好改成：“你要怎样全随你，原谅我吧！”因为请求原谅比要求考验更恰当。

艾布·巴斯·穆尔西说：“苦行者乃由今生走向来世，而诺斯替教徒，则是由来世进入今生。”总之，艾布·巴斯·穆尔西的这类言论很多，其弟子伊本·阿塔拉为他立传，记述他的事迹和美德。

艾哈迈德·本·非斯是我们所知道的稍后一些时候的苏菲主义者，他是苏菲派的一位长老，自称是救世主麦赫迪，在穆瓦希德王朝时代，他曾控制了一些地区。后来，他被一个追随者杀害。他著有《脱去苏菲派的两只靴子》一书。

我们发现，安德鲁斯的学术活动，不管是科学活动，还是文学活动，无不打上统治者的烙印，染上他们的嗜好的色彩：如果当权者是苏菲派人，那么苏菲派就会盛行；如果统治者对哲学感兴趣，那么哲学就能得到广泛传播；如果执政的某个家族喜欢安萨里，那么安萨里的著作就会大行其道，安萨里本人也会受到推崇和颂扬；而一个不喜欢安萨里的家族掌权后，安萨里的著作便会遭到被销毁的厄运，安萨里本人要蒙受攻击，成为不受欢迎的人。

总而言之，安德鲁斯的苏菲派在任何时代都未曾中断过，但是，再也没出现过穆哈义丁·本·阿拉比在世时的辉煌。如同阿拉伯东方的苏菲派的情况一样，大多数的苏菲派人玩起了谵语之类的骗人把戏。

如果把安德鲁斯的所有的苏菲主义者一一介绍，并指出其特点与不足的话，篇幅就太长了。关于苏菲派的话题就到此为止吧。

第三章　语法、语言活动及文学著述

本章将讲述安德鲁斯的语言、语法、词法和文学著述等活动，这些学科与其说是知识，不如说是传述更为恰当。自从穆萨·本·努赛尔等阿拉伯人征服安德鲁斯之日起，直到哈里发阿卜杜·拉赫曼·纳绥尔掌权，阿拉伯征服者不断将沙姆地区的语言、诗歌等学问带到安德鲁斯。征服者当中不乏知识分子，他们在夜谈时讲述、谈论诗歌、阿拉伯人的战争和历史，但这并不能算作真正的学问。直到阿卜杜·拉赫曼·纳绥尔上台以后情况才有所改变。

学术发达、诗歌和文学繁荣是当年阿拔斯王朝强盛的一个原因，阿卜杜·拉赫曼·纳绥尔想仿效阿拔斯人强国之路，以使他的后倭马亚王朝强盛起来。但是他深知在他自己身边没有一个能在安德鲁斯人中间传播阿拉伯文化的大学者，遂决定聘请东方的学者西来担此重任。经过深思熟虑，认为艾布·阿里·高利（公元893—967年）为最佳人选。

艾布·阿里·高利的父亲曾是阿卜杜·麦立克·本·麦尔旺[①]的释奴，而他本人与阿卜杜·拉赫曼·纳绥尔一样具有深厚

① 阿卜杜·麦立克·本·麦尔旺：倭马亚王朝第五任哈里发，公元685—705年在位。——译者

的倭马亚人情结。于是，哈里发阿卜杜·拉赫曼·纳绥尔便将艾布·阿里·高利请至科尔多瓦，并让自己的儿子哈克木率领达官显贵隆重而热烈地迎接艾布·阿里·高利的到来。艾布·阿里·高利在巴格达长大，受教于当地众多的著名学者，如：圣训学家哈莱维、著名语法学家和知名文学家伊本·杜鲁斯泰韦[①]、穆拜莱德（公元862—898年）的弟子宰加吉[②]和小艾赫法计[③]、尼夫塔韦[④]、伊本·赛拉吉[⑤]、伊本·安巴里[⑥]、伊本·艾比·爱资哈尔、伊本·古太白等人。艾布·阿里·高利在巴格达求学长达二十五年，期间，他刻苦研读，虚心求教，成为精通圣训、语言、文学、语法和词法的著名学者。艾布·阿里·高利在安德鲁斯更以学识渊博、语言造诣精深为人称道。伊本·法莱迪[⑦]写道："人们都听从他（艾布·阿里·高利）的教导，向他学习语言、历史，还学习他的《口授录》等著作，从中获益匪浅。"

历史学家几乎一致认为，艾布·阿里·高利是当时最为强记博学的学者，安德鲁斯人的聪颖及极强的记忆力使他们从他那里

① 伊本·杜鲁斯泰韦（公元871—956年）：著名语言学家、文学家。著有《写作者书》、《就语法学家的分歧答赛阿莱卜书》。——译者

② 宰加吉（公元923年卒）：语法学家、语言学家。著有《〈古兰经〉词义》、《动物论》。——译者

③ 小艾赫法计（公元920年卒）：著名语法学家。——译者

④ 尼夫塔韦（公元858—935年）：库法派的语法大师。——译者

⑤ 伊本·赛拉吉（公元929年卒）：语法学家，著有《西伯威语法注释》、《语法原理大全》。——译者

⑥ 伊本·安巴里（公元885—940年）：语言学家、语法学家，代表作《反义词》、《悬诗诠释》。——译者

⑦ 伊本·法莱迪（公元962—1013年）：安德鲁斯历史学家、圣训学家。著有《安德鲁斯学者传》。——译者

学到很多东西。艾布·阿里·高利说:“在来安德鲁斯的路途中,我曾在马格里布逗留,经过仔细观察,发现从突尼斯到丹吉尔[①],人们的聪颖程度呈递减之势,故而猜测安德鲁斯人大概是最愚笨的一个群体了。但是,我错了,我见到的安德鲁斯人是最聪明的人群之一。”艾布·阿里·高利对哈克木·本·阿卜杜·拉赫曼·纳绥尔[②]热爱学术起了很大作用,这是因为他曾经是哈克木的老师。在他的影响下,哈克木建立了一座安德鲁斯最大的图书馆。

艾布·阿里·高利最有名的作品是《口授录》和《趣闻轶事》。伊本·哈兹姆说:“艾布·阿里·高利的《趣闻轶事》为《口授录》的续篇,二者可与穆拜莱德的《辞章集成》一书媲美。”如果说穆拜莱德的《辞章集成》是一本语法和历史著作的话,那艾布·阿里·高利的《口授录》与《趣闻轶事》可说是一部有关语言和诗歌的长卷。除了《口授录》与《趣闻轶事》之外,艾布·阿里·高利还著有《延尾和减尾名词》、《骆驼及其产品》、《人的饰物》、《三母动词(做)与四母动词(使做)》、《悬诗(七首)注释》和《词语精华》。《词语精华》是一部词典,长达三千页,是一部前所未有的巨著。

艾布·阿里·高利于伊历 330 年/公元 940 年抵达安德鲁斯后,一直在科尔多瓦传授学问,直至伊历 358 年/公元 967 年去世,历时二十八载,这是一段很长的岁月。

艾布·阿里·高利深受其师伊本·杜莱德[③]的影响。伊本·

① 丹吉尔:濒临直布罗陀海峡的摩洛哥城市。——译者

② 哈克木·本·阿卜杜·拉赫曼·纳绥尔:安德鲁斯后倭马亚王朝第二任哈里发,公元 961—976 年在位。——译者

③ 伊本·杜莱德(公元 837—933 年):巴格达语言学家、诗人。其代表作为词典《词语总汇》和长诗《麦格苏莱》。——译者

杜莱德可以信手杜撰出游牧阿拉伯人讲的一段话，或者是一首诗，这种情形与今天的说书人编造故事有些相似。但是，他所讲述的内容却是真实的，而非虚构的。他这样做，与其说是在讲述历史，不如说是出于教学上的考虑。但是艾布·阿里·高利却把这些杜撰的东西当成像圣训一样的历史事实。他在《口授录》中的做法是：引用一段原文，其内容可能是一节经文，也可能是一条圣训，或者是一段史料，或者是一首诗，入选的条件是这些原文中必须有一个或几个生僻的字词，在引述原文之后，再对其中的生僻字词进行详细解释。例如，他先引用下述经文："他们早晨起来以为自己是能遏制的。"[①]然后，对文中的"遏制"一词作出解释。这就是艾布·阿里·高利的讲授方式。另外，他讲授的每一节课都有一个主题，如：骆驼牙齿的排列顺序及其名称；解释词义——"没有胡须的"；引用经文"当我要毁灭一个市镇的时候，我命令其中过安乐生活者服从我，但他们放荡不检，所以应受刑罚的判决。于是我毁灭他们。"[②]解释一首诗中的生僻字词；等等。

艾布·阿里·高利给自己规定《口授录》应是一部文学著作，其中应该有需要解释的生僻字词，他做到了这一点。该书的风格要比《辞章集成》轻松、明快。

*　　*　　*

伊本·阿卜杜·莱比（公元860—940年）与艾布·阿里·高利差不多是同时代的人，他也负有在安德鲁斯人中传播阿拉伯文

① 马坚译：《古兰经》，68：25。——译者

② 同上书，17：16。——译者

化的使命，他写的《罕世璎珞》一书，就是为了向安德鲁斯人传授阿拉伯东方的文化知识。伊本·阿卜杜·莱比与艾布·阿里·高利的最大不同在于，前者是生于马莱加的地地道道的安德鲁斯人，而后者则是应邀来到安德鲁斯落户的东方人。《口授录》谈的是文学，关注的是生僻字词；《罕世璎珞》则涉及历史、传记及各种趣闻逸事。如果读者愿意，可以把《口授录》称为语言著作，而将《罕世璎珞》视为精神上的食粮。也许正是基于这种原因，伊本·阿卜杜·莱比被看成一个会饮酒、喜欢女人、爱听吟唱、能写情诗和咏酒诗的文学家，而艾布·阿里·高利则是个只懂得文字和文学的学者。

伊本·阿卜杜·莱比具有多方面的才华。他在家乡马莱加学习语法、诗律、教法、历史和文学，并小有成就。后到埃及等地深造，立志要将所学传授给家乡人民。

伊本·阿卜杜·莱比广泛采集前人诗文的精华，但他与很多阿拉伯东方的学者一样，大都不写明引文的出处。这往往使读者以为是引用的原著，而实际上多是间接引用，这就造成了引文出处的混乱。例如，引用《卡里莱与迪木乃》一书中的一段话，本应直接引用该书，但实际上是从伊本·古太白的著作中转引的。类似的情况在引用《摩西五经》和《新约圣经》时也时有发生。

《罕世璎珞》一书共有二十五卷，伊本·阿卜杜·莱比将全书比拟为由二十五颗珍珠宝石组成的一串璎珞，位于正中的是《璎珞卷》，即《演说卷》，其余两侧各卷分别用十二种珍珠宝石命名，每种宝石分上、下两卷。如《珍珠》、《黄玉》和《红宝石》各卷的上卷分别是《政权卷》、《慷慨卷》和《学术与文学卷》；下卷则分别为《笑话卷》、《人性卷》和《音律卷》，等等。该书原名《瓔珞》，后有一文学家著有《幸福王国的罕世瓔珞》一书，“罕世”一词广为人知，于是人们便将“罕世”二字加在了伊本·阿卜杜·莱比的《瓔珞》上，而成为现在的《罕世瓔珞》。因此，我们在读前人学者，如伊本·哈兹姆等人的著作时，看到的书名只是《瓔珞》二字。

《罕世瓔珞》引用最多的著作当属伊本·古太白的《史事泉源》，不仅引用了该书中的大量诗文，而且还仿效了该书的编排体例。《罕世瓔珞》从查希兹的著作中摘录了“责备”、“践约”、“致歉”、“释奴与阿拉伯人”等章节。此外，还引用了穆拜莱德的《辞章集成》与《花园》两书中的部分内容。虽然伊本·阿卜杜·莱比引用了穆拜莱德的著述并从中受益，但他对穆拜莱德也提出了批评，他说穆拜莱德所选的诗歌均是平庸之作，就连选用的哈桑·本·哈尼·艾布·努瓦斯（公元757—814年）的诗歌也是如此。艾布·努瓦斯情感细腻、词句优美，绝少有败笔，然而穆拜莱德却引用了这样的诗句，真不知他是从何处觅得的？伊本·阿卜杜·莱比同样也引用了伊本·穆加发（公元724—759年）的《卡里莱和迪木乃》及《单珠集》两部书中的部分章节。

除上述之外，《罕世瓔珞》还引用了下述著作：西伯威（公元796年卒）的《语法》；伊本·赛拉姆（公元846年卒）的《诗人的品级》、艾布·欧贝德的部分作品；伊本·希沙姆（公元828年卒）的《使者传》；伊本·瓦哈什叶《植物论》等，以及《旧约》、《新约》中的经文和其他一些诗人的诗集中的作品。

伊本·阿卜杜·莱比也许认为，传述文学作品无须像传述圣训那样严肃，因此，他传述了一些没有史实根据，也未被权威人士引用过的史料，如阿拉伯人向波斯国王派遣代表团一事，等等。有时，他又用自己写的诗来取代他所传述的诗句，认为自己的诗显然比他所传述的要好。

伊本·阿卜杜·莱比深受阿卜杜·拉赫曼·纳绥尔的宠信，故为他写了一首在阿拉伯文学作品中难得一见的长达四百余句的史诗，诗中讲述了阿卜杜·拉赫曼·纳绥尔的生平。伊本·阿卜杜·莱比是以倭马亚人的身份、按照倭马亚人的观点写这首诗的。例如，他在诗中将艾布·伯克尔、欧麦尔、奥斯曼和穆阿维叶列为四大正统哈里发，而把阿里除去了。此外，他还将东方倭马亚王朝的诸哈里发与安德鲁斯的倭马亚人的埃米尔视为一体。他的这些做法，自然要受到某些学者的指责，著名的伊玛目孟迪尔·本·赛义德·拜鲁忒就曾写诗予以抨击：

阿里伊玛目，圣门弟子先；

可恶小人心，胆敢出狂言。

由于伊本·阿卜杜·莱比没有对其引用的史料进行认真考证，所以他所传述的内容常有一些莫名其妙的错误，例如，他讲某人在活了三百岁，或者一百九十岁之后，头发变黑了，还长出了臼齿，云云。另外，他讲述的有关动物的材料也缺乏科学根据。

《罕世璎珞》一书的特点之一是，作者伊本·阿卜杜·莱比是一位散文巨匠和诗歌大家，其散文的功力在其为每卷开头写的卷首语中显露出来，卷首语既文雅风趣，又极富说服力。伊本·阿卜杜·莱比写的诗歌优雅、亲切，他写诗的水平可以表现在每逢遇到一首好诗他都要和上一首。

据说，伊本·阿卜杜·莱比早年生活放荡，玩世不恭。有一次，他路过一座大宅院，院内飘出阵阵歌声，令他心旷神怡，从此迷上了唱歌，并用趣话赞美。因有这段经历，他在《罕世璎珞》中写下了为听歌人辩解的文字。伊本·阿卜杜·莱比喜欢饮酒，尤其是葡萄酒，读者可从《罕世璎珞》一书中隐约看到一些支持解除禁酒的词语。人们说，伊本·阿卜杜·莱比晚年对此曾表示忏悔，感到应苦修、禁欲，应虔诚、敬畏真主，其真诚有如年轻时游戏人生、写艳情诗时一样。

《罕世璎珞》一书不仅具有文学价值，而且具有历史价值，它使我们了解很多有关安德鲁斯的习俗，以及安德鲁斯人对犹太人和天主教人的看法。该书还反映了阿卜杜·拉赫曼·纳绥尔所发动的连绵不断的战争，等等。

如果将伊本·古太白和伊本·阿卜杜·莱比对待舒欧比亚（反阿拉伯主义）的态度作一比较的话，我们发现后者的观点更公允，判断也更准确。有趣的是，伊本·阿卜杜·莱比在《罕世璎珞》中讲述了大量的笑话、妙语、奇闻逸事和故事。例如，在谈到艾什阿卜[①]和麦姆鲁里，以及在回答那些无法答复的问题时，讲了许多风趣文雅，消闲解闷的事情。《罕世璎珞》的写作风格与《一千零一夜》的风格相似，既有严肃的一面，又有供人消闲的一面，故该书在文学家中广为流传。

我们已经说过，伊本·阿卜杜·莱比不像圣训学家，也不像某些文学家，如《乐府诗集》的作者那样严肃、那样一丝不苟，因此，他的书中没有那些连篇累牍的传述世系。正因为如此，他的书才得

① 艾什阿卜（公元711年卒）：麦地那的一位文人雅士。——译者

以在东、西方得到广泛的传播。在写作时，伊本·阿卜杜·莱比不断变换主题，诗歌、散文、故事、笑话、谚语，交替出现，不会令读者生厌。伊本·阿卜杜·莱比死后，有人将一些他没说过的话语塞进了他的作品，读者会在书中发现一些他死后才发生的事情。

不管怎么说，《罕世璎珞》一书以其轻松的风格、通俗的手法，以及多变的主题，使读者受益良多。《口授录》与《罕世璎珞》都是人们的良师益友，但《口授录》的作者是阿拉伯东方的来客，而《罕世璎珞》的作者则是赴阿拉伯东方求过学的安德鲁斯人。

*　　　*　　　*

我们在前面已经讲过：艾布·阿里·高利不是在安德鲁斯播撒学术种子的第一人，早在他之前，安德鲁斯的征服者——阿拉伯人和柏柏尔人早已播下了学术的种子，艾布·阿里·高利只是使其生长、发育，并开展了教育工作。早在他来到安德鲁斯之前，就有图书从东方流入西方，安德鲁斯人对阿拉伯人的文学情有独钟，其中伊本·哥特叶·艾布·伯克尔·穆罕默德·本·欧麦尔就是一个生动的代表。

哥特叶这个名字，说明他是西哥特人，即在阿拉伯人之前入侵西班牙的西哥特人。伊本·哥特叶的爷爷娶了一位西班牙公主——西哥特国王的女儿。该公主曾以使节的身份到大马士革向希沙姆·本·阿卜杜·麦立克[①]控告她的叔叔，后来她就在大马士革嫁给了一位阿拉伯人——伊本·哥特叶的爷爷。伊本·哥特

① 希沙姆·本·阿卜杜·麦立克：倭马亚王朝第十任哈里发，公元724—743年在位。——译者

叶的爷爷后来随阿拉伯人的征服大军来到安德鲁斯。

伊本·哥特叶是一位精通阿拉伯语的大学者,曾陪伴过艾布·阿里·高利。艾布·阿里·高利在把他推荐给哈里发哈克木二世时称:伊本·哥特叶是一位大语言学家和大语法学家,同时也是一位诗人和历史学家,人们纷纷向他求教。在完成了《动词论》和《动词的"动"与"使动"》[①]两本书的著述之后,伊本·哥特叶于伊历367年/公元977年去世。这说明早在艾布·阿里·高利到来之前,安德鲁斯已有人对阿拉伯语和阿拉伯语语法进行研究了。事实上,伊本·哥特叶是向祖贝迪和赛义德·本·朱拜尔学习阿拉伯语和阿拉伯语语法的。毫无疑问,这两个人是先于艾布·阿里·高利在安德鲁斯教授阿拉伯语和阿拉伯语语法的。

在艾布·阿里·高利的弟子中,艾布·伯克尔·祖贝迪是一位著名的语法学家,著有《简明艾因书》、《语法学家传记》等著作。《语法学家传记》一书对安德鲁斯的语法学家的品级作了分类。

总之,安德鲁斯有很多人能从事语言和文学写作,这里的文学指的是著述文学,至于创作文学,如蒙主佑,将在下一篇论述。

谢里西(公元1161—1222年)是安德鲁斯最著名的从事文学写作的人。他对哈里里(公元1054—1122年)的玛卡梅韵文故事作了生动有趣的注释。玛卡梅韵文故事这种文学体裁从东方传入后,深受安德鲁斯人的欢迎和喜爱,该体裁对安德鲁斯人产生了很大影响,例如艾兹迪(伊历575年/公元1179年卒)就用这种体裁进行创作。

---

① 该书已被朱韦迪教授发表。

谢里西对玛卡梅韵文故事的注释十分详尽，他学识渊博，且博采众家之长，后来凡是对哈里里的玛卡梅韵文故事作注释的人，无不参考他的著述，就连杜齐的注释也是依据谢里西的版本。谢里西的注释以精准著称，书中充满教益。玛卡梅这种文学体裁已成为讲述历史的主要形式。

伊本·赛义德·巴特勒尤斯（公元1052—1127年）在语言和文学方面也有著作问世。他对伊本·古太白的《书记官的文学修养》一书作了注释。此外，他对很多文学作品，如伯克里的《传述者谬误点评》作了诠释。

总之，这些安德鲁斯学者已将阿拉伯古代文学中的很多作品带到安德鲁斯，在作了注解、诠释之后献给了他们的同胞，很少有疏漏。

伊本·西达（公元1007—1066年）是安德鲁斯最重要的语言学家之一。伊本·西达又名艾布·哈桑·阿里·本·伊斯玛仪，他双目失明，他父亲精通语言学，他便师从其父，学习阿拉伯语。伊本·西达一生著述丰硕，但据我们所知，流传下来的只有两部词典：一部是十七卷本的《专项分类词典》[①]，该词典是按词义，而不是按字词编撰的，如关于“桌子”的词条，就将桌子及与桌子有关的字词放在一起。赛阿里比（公元961—1038年）早在《语言学》一书中就用过这种体例，但是赛阿里比的《语言学》仅有一卷，而伊本·西达的《专项分类词典》却长达十七卷。伊本·西达的另一部著作

① 该书十七卷本已在埃及出版。已故的珊基忒教授主持了该书的出版工作，该书的勘校本至今尚未付印。

是《精编词典》，这是一部大型词典，其中词的编排顺序是按字母发音部位，即按字母离喉部的远近从内向外排列的。哈利勒（约公元786年卒）的《艾因书》和伊本·杜莱德（公元837—933年）的《词语总汇》就是按这种体例编撰的。伊本·西达卒于伊历458年/公元1066年。

艾耳莱姆·圣地马里（公元1019—1084年）也是一位著名的语言学家，他的特点不是研究语言，而是专门收集阿拉伯人的诗歌，并对这些诗歌进行勘校、考证、注释。很多安德鲁斯人投奔他，向他请教。他之所以起了艾耳莱姆这个名字，是因为他的上唇开裂；他的名字中的圣地马里，则是因他出生在安德鲁斯西部的圣地马里亚，借用其音变。

艾布·哈加吉·本·优素福·本·谢赫·拜莱韦·马拉基，也是安德鲁斯的一位名人。他为其子写了一本名为《艾利夫·巴乌》[①]的书，这是一部大百科全书，共分两卷，内容囊括算术、物理、植物、动物、人、社会学、教法、宗教、语言学、字母的发音部位、语法、词法、诗歌、故事、神话，等等。该书如果按照字母表的顺序编排，那一定会是一部奇特的百科全书。拜莱韦·马拉基曾到阿拉伯东方游学，写了很多描写东方的文章，如对亚历山大灯塔有过十分细致的描写。他生于伊历526年/公元1131年，卒于伊历603年/公元1207年。

安德鲁斯对语法的研究，开始时也像阿拉伯东方的学者一样，选一段文章，对其中的生僻字词作出解释，或者是对某一个语法问

① “艾利夫”、“巴乌”为阿拉伯语第一、二个字母的音译。——译者

题进行说明，正如在艾布·阿里·高利的《口授录》和穆邦莱德的《辞章集成》中所见到的那样。后来，人们才就某些语法专题进行论述，如艾布·阿里·高利写了《动词的“动”与“使动”》、《延尾与减尾名词》，伊本·哥特叶写了《动词论》等。自从基萨伊（约公元805年卒）和西伯威（公元796年卒）的语法著作传入安德鲁斯之后，安德鲁斯人也就开始编写完整的语法书了，其中最著名的是侯菲写的《基萨伊语法注释》，该书成书于伊本·哈兹姆时代（公元994—1064年）。

艾布·阿里·谢鲁比尼是安德鲁斯人中的语法权威，其弟子对他十分尊崇，对他的成就倍加称赞。他写了《语法入门》等多部语法著作。艾布·阿里·谢鲁比尼于伊历562年/公元1166年生于塞维利亚，于伊历645年/公元1247年去世。

继艾布·阿里·谢鲁比尼之后，出现了两位见解独到的著名语法学家：伊本·赫鲁夫和伊本·阿斯夫尔。伊本·赫鲁夫是塞维利亚人，是当时安德鲁斯的阿拉伯语权威，他对西伯威的《语法》一书做了注释，除此之外，他还对当时的著作《句法》等书都有注评。伊本·赫鲁夫除了是一位语法学家之外，还是一位风趣文雅的文学家。他的名字（意为“绵羊之子”）还引出许多笑话。例如，有一次，他给大法官写信请求免去他在某处的工作，原因是该处的看门人的名字含有“狼”的意思。伊本·赫鲁夫写道：

大王大王请开恩，莫将我送地狱门；
豺狼凶狠守门前，绵羊柔弱怎脱身。

他对一美少年写的诗中有这样几句：

如此绝世美，法官莫骄矜。

铁牢锁其身，怎束爱美心？

面对尼罗河吟道：

尼罗静静流，两岸绿莹莹；

天河降人间，和风送温情；

道水不是水，滋润万物生。

伊本·赫鲁夫卒于伊历609年/公元1212年。

伊本·阿斯夫尔的祖籍也是塞维利亚，继其师艾布·阿里·谢鲁比尼之后，他一直是安德鲁斯阿拉伯语的一面旗帜。他在塞维利亚、谢里什、马拉加、鲁莱盖、穆尔西亚等许多地方教授过阿拉伯语，并且写了很多有关语法和词法方面的著作。他的儿子曾指责他沉溺酒色，放荡不羁。伊本·阿斯夫尔卒于伊历669年/公元1270年。

伊本·马立克，即哲马鲁丁·穆罕默德·本·阿卜杜拉，他是安德鲁斯著名的语法学家，其声望之高，可与西伯威齐名。伊本·马立克于伊历600年/公元1204年出生在安德鲁斯的捷亚尼镇。他曾拜艾布·阿里·谢鲁比尼为师，并向众多的语法学家求教。后来，他又赴埃及、大马士革游学，学习、研究各种宗教学问。

伊本·马立克的最大特点是将西伯威等人提出的语法规则融会贯通，以口诀的形式进行表述，其《千字诀》一书充分体现了这一特点，该书广受欢迎，至今仍受到阿拉伯东、西方大多数学习阿拉伯语的人的钟爱。伊本·马立克的著作有：《语法大全》、《简明语法》、《"拉姆"类动词》、《打开动词结构的钥匙》、《减尾名词与延尾名词经典举例》、《由三个字母组成的实用名词》、《词法概论》、《论同义词》、《论"扎乌"和"索德"两个字母的区别》、《论三母柔弱字母动词的四十九句诗》等，苏尤忒（公元 1445—1505 年）在其《华枝集》一书中对上述著作多有提及。可以这样说，伊本·马立克将西伯威的语法系统化、条理化、明晰化，使人们更容易接受，使语法得到普及和传播。

伊本·马立克的弟子众多，如：伊本·努哈斯·来斯里；著名教法学家努威；著名圣训学家尤尼尼等人都曾受教于他。

伊本·马立克的著作给他带来的是声望与荣誉，而给人们带来的则是教益。伊本·马立克不仅在安德鲁斯，而且在东方都是一个响亮的名字。

伊本·马立克不仅仅是一位语言学大师，还是《古兰经》诵读学的权威。赛法迪[①]说："艾布·赛纳·麦哈姆德告诉我，有一天，伊本·马立克对我说，《精编词典》的作者伊本·西达引用过艾兹海里（公元 895—980 年）《纯洁语言词典》中的内容。这简直是奇迹，因为只有通晓这两部字典全部内容的人才能说出这样的话。"伊本·马立克对语法和词法研究之精深无人能及；他对他在谈论语法和语言时所引用的阿拉伯人的诗句了如指掌、运用自如；引经据典，得心应手。他引用例证的原则是，首先引用《古兰经》中的例句，如经文中找不到，便转向圣训；如圣训中也没有，便选用阿拉伯人的诗句。

伊本·马立克擅长写诗，不管是长诗还是短句，他都能信手拈来。章节多且编排合理，是伊本·马立克的著作的一个特点，这就

① 赛法迪（公元 1296—1362 年）：文学家、历史学家。其主要作品有《名人传记》与《时代名人》等。——译者

为学习者提供了方便，如，他将减尾名词与延尾名词编在一起；将字母“达德”和“扎乌”放在同一章节中，等等。伊本·马立克（愿真主怜悯他）饱读诗书、广征博引，他在著书写作时，从不听凭记忆贸然下笔，而是查找原文，核对出处，以确保准确无误。

艾布·哈彦对伊本·马立克颇有微词，他说：“伊本·马立克没有长期伴随大师、聆听教诲的经历，他的学问大都来自书本，来自博览群书，故不喜欢与人争辩、质疑，这是自学成才者的通病。”事实上，伊本·马立克还是拜过很多长老为师的，如艾布·阿里·谢鲁比尼和萨比特·本·希亚尔都是他的老师。

伊本·马立克逝于伊历 672 年/公元 1274 年。

艾布·哈彦·格拉纳忒算得上是安德鲁斯著名的语法学者之一，他也是一位语言学家。他于伊历 654 年/公元 1256 年出生在一个柏柏尔人的家中。在安德鲁斯完成学业之后，游学各地。他是遵奉伊本·哈兹姆教法主张的直解学派的信徒。艾布·哈彦·格拉纳忒不仅是语言学家和语法学家，而且还是经注学家、圣训学家和诗人。

伊本·哈彦·格拉纳忒的著作多达六十五部，涉及多种学科，现存仅有十部。他精通多种语言，先后写了有关波斯语和突厥语的两部书，这两部著作极具学术价值，并且保存至今。此外，他还写了一本有关埃塞俄比亚语的著作。

伊本·哈彦·格拉纳忒于伊历 745 年/公元 1344 年卒于开罗。

上述所有这些语法学家——正如我们前面所说的——都是围绕西伯威所设计的模式运转的，尽管有人，如伊本·马立克和伊本·哈彦·格拉纳忒等人想改变这种状况，但那也只是局部上的创新。正如在教法上的创制，只是教法学派的不同，而不是对整个教法体制的改变。哈利勒[①]及其弟子西伯威(公元760—796年)建立起的这座语法大厦根深蒂固，难以撼动，更无法将其打碎。一位生活在穆瓦希德王朝时代、出生在科尔多瓦的安德鲁斯人伊本·穆达邑跳出了原有的语法模式，大胆地进行创新。穆瓦希德王朝的真正缔造者阿卜杜·穆厄米尼·本·阿里喜爱并善待学者，他也深受学者的影响。他将各地的学者邀入宫中，伴随左右，并且给予丰厚的俸禄，以表他对学者的敬重。有些学者写道："阿卜杜·穆厄米尼·本·阿里是一位教法学家，精通教法原理和圣训，对很多宗教与世俗学问都有研究。"他的几个儿子也都学有所成，知识广博。值得穆瓦希德王朝夸耀的是他向哲学敞开了大门，造就出伊本·图菲勒(公元1110—1185年)、伊本·鲁世德(公元1126—1198年)、伊本·祖赫尔(公元1162年卒)这样的大哲学家和医学家。伊本·赫里康在记述穆瓦希德王朝的一位国王的作为时写道："他下令禁止使用各教法学派的主张，命令教法学家只能依据经、训明文作出教法裁决，不得仿效任何有创制的教长，因为他们的教律是被创制出来的。"他还下令焚毁各教法学派的著作。哲学解放了人们的思想，严格遵循经、训明文制定教律的规定使各教法学派陷入困境。在这种情况下，在语法领域出现了一位想要推翻西伯威语法体系，另建新的语法学派的人，他就是伊本·穆达

① 哈利勒·本·艾哈迈德(约公元718—791年)：阿拉伯著名语言学家，阿拉伯历史上第一部字典《艾因书》的编撰者，阿拉伯诗律的奠基人。——译者

邑。为此,他写了三本著作:《语法的曙光》、《维护〈古兰经〉的纯洁》、《答语法学家》。这三本书实际上是对西伯威语法及其支持者的挑战,是对新语法的思考。

西伯威语法是建立在"支配理论"基础上的:主语标主格,宾语标宾格,受词标属格,都要受支配者的支配。如果支配者不明显,就要有一个内含的支配者。伊本·穆达邑认为:各个词在句子中的语法地位——主格、宾格、属格——是由讲话者本人决定的,而不是如语法学家所说的是由于动词之类的词的作用。伊本·金尼(公元 942—1002 年)早在《特征》一书中已提出了这一理论,伊本·穆达邑则是阐释并发展了他的观点。西伯威的支配者理论有时能被语法学家接受,有时则不能。伊本·穆达邑想在新的基础上建立一套新的语法,尽管没能成功,但他能突破西伯威语法体系就足以值得自豪了。语法上的破旧立新需要不断有人努力。最近由发表出版的伊本·穆达邑的著作表明他已为这新的语法体系放置了有价值的构件。但令人遗憾的是,伊本·穆达邑关于建立新的语法体系的呐喊,如同东方的艾布·努瓦斯号召写出新式诗歌一样,都夭折了。

总而言之,伊本·穆达邑是因受到教法学家勇于进行创制的启发,以及直解学派观点的影响,才发出建立新的语法体系的呼吁的。西伯威的支配理论需要大量的注解、诠释,而直解学派对此最为反感。在对语法进行了长期的研究,在仔细研读西伯威的语法著作,以及西拉菲为该书写的注释之后,伊本·穆达邑发现人们因受旧的语法及支配理论的影响而误入歧途,为此,写出了《答语法学家》[①]一书。他写道:"我写此书的目的是为了删除语法书中那

① 绍基·戴伊夫博士已将该书发表。

些并非需要的内容，指出语法学家常犯的语法错误，如他们称：宾格、属格和切格的语法地位只有在词汇的作用下才能成立……他们以‘宰德打了阿慕尔’这句话为例解释说：‘宰德’处于主格语法地位，‘阿慕尔’处于宾格语法地位，皆源于‘打’这个动词。这显然是荒谬的。伊本·金尼等语言学家对此说法已公开表示过异议。实际上，作用于主格、宾格、属格和切格的是说话者本人，而不是其他什么东西。”他还说：“也许有人认为是词义在起作用，但支配者或主语要么靠人或动物的意愿行事，要么是自然发生的行为，如‘着火’、‘水凉’。因此，语法学家所设想的支配者或主语完全是一种错误的想象。”伊本·穆达邑还阐释了语法学家关于内含支配者说法的无知与浅薄，他说：“语法学家将‘喂，阿卜杜拉！’与‘我邀请阿卜杜拉。’这两个短语中的‘阿卜杜拉’都读成宾格，尽管在这两个句子中的语法地位不同：‘我邀请阿卜杜拉。’是一个陈述句，而‘喂，阿卜杜拉！’是祈使句。语法学家还说：‘如果天裂开了，那就裂开了。’这么说显然是错误的。”

伊本·穆达邑在另一处还写道：“不管语法学家多么众口一词，也不管巴士拉和库法的语法学家多么一致，都无法说服我。”此外，他还抨击了内含代名词的提法。他举例说，语法学家称“宰德打了阿慕尔”这句话中的“打人者”有一个做主语的内含代名词。他则认为“打人者”已说明了他的性质和身份，故无须再加以解释。令人遗憾的是，人们没有采纳伊本·穆达邑的意见，他们很快就回到西伯威语法的老路上去了。

伊本·穆达邑出身显赫、身居高位，在穆瓦希德人掌权时代曾出任大法官，深受穆瓦希德人的器重。他是唯一一位向阿拉伯东方语法体系宣战的人，而向东方的教法学派发起挑战的人就多了。

倘若将安德鲁斯的语法学家逐一加以介绍，那篇幅就太长了。如果读过《语法学家考》这部书，你就会发现在每一页都能找到语法学家，其中大多数是安德鲁斯的语法学家。本章的内容暂介绍到这里。

第四章　文学运动——诗歌与散文

这里所说的文学运动是指诗歌、散文、故事等原创性[①]文学现象，包括以下内容：

安德鲁斯的文学创作几乎遍及所有文人墨客，就连教义学家、王公贵族、苏菲派人都有作诗的记录，两三句、两三段，甚至更多。

阿拉伯人一踏上安德鲁斯的土地，便将那里变成了阿拉伯的乐土，给那里的生活染上了浓厚的阿拉伯色彩，文学也不例外。初来乍到，眷恋故土，面对着那陌生的国度，迥异的习俗以及与浩瀚沙海完全异样的自然景色，他们需要时间来适应这新的环境。因此，他们的诗歌创作与在阿拉伯半岛和在沙姆的时候相比显得很少。这情景就像那些征服埃及的阿拉伯人一样。那些人发现尼罗河之宽阔非过去所见之潺潺细流所能比，金字塔之恢宏非古姆丹之类的宫殿所能及，宅邸之豪华、大殿之雄伟更远远胜过帐篷泥屋。呈现于眼前的是郁郁葱葱的河谷、肥沃的牧场，还有奔腾不息的水流。如此景致当然会让他们思如泉涌，诗兴倍增。但是，起初他们并没有写出多少诗文，所流传的只言片语还是由阿卜杜勒·阿齐兹·本·麦尔旺[②]等人从故地带到埃及的。这的确是件奇怪

① 关于编著文学在前一章中有述。——译者

② 阿卜杜勒·阿齐兹·本·麦尔旺（公元704年卒）：倭马亚王朝第四任哈里发麦尔旺一世（公元684—685年在位）之子，曾任埃及总督达二十年之久。——译者

的事情，乃至让人感到阿拉伯人一旦离开了自己的土地就不会作诗了。

终于，在阿卜杜·拉赫曼一世进入安德鲁斯之前出现了为数不多的诗歌和文学，但是多为应时附会之作，例如：安德鲁斯的征服者塔立格·本·齐亚德吟道：

驾船过海辟新疆，真主护我斩巨浪。

舍家弃祖寻正路，美景无限在天堂。

鲜血热汗不吝洒，主大道正岁月长。

据说，一天阿卜杜·拉赫曼一世见一棵枣椰树孤独矗立，有感道：

河边大树孑然立，远离故土到西地。

可叹妻儿路途远，空嘘故乡遥千里。

树生异地无人怜，人在他乡独自泣。

呼唤鱼儿伴身旁，央告流水传情意。

阿卜杜·拉赫曼一世之孙哈克木·本·希沙姆道：

天崩地陷独身当，生本英雄一儿郎。

但闻前方风声紧，拔剑抽刀挺胸膛。

刀锋剑利谁能比，正告敌手莫轻狂。

明月手中寒光闪，鼠辈撒腿夺命忙。

王子阿卜杜拉·本·阿卜杜·拉赫曼·本·哈克木赞一女子道：

美女露娇容，好似马无笼。

粉面若桃花，白里透微红。

腰肢比翠竹，眉目传幽情。

愿与汝相携，不枉此平生。

再如齐尔亚布形容自己的恋人道：

她似薄荷香风飘逸，她似绿株含翠欲滴。

她似小树婀娜多姿，不胖不瘦不高不低。

在马蒂拉的日子里，我曾与她共度朝夕。

我为她痴她为我迷，只叹时光走得太急。

阿卜杜·拉赫曼二世写下了这样的诗句：

寂寞悲哀挥不去，冷清凄凉知为谁。

为讨片刻宁静时，借酒浇愁愁更悲。

曾经少年多蹉跎，如今老来常落泪。

四处求医病难治，久病神医何所为。

鲜花只是添烦恼，嫩叶难以释心扉。

万缕愁丝斩不断，逝者如斯春不归。

这一时期，找不到一个专门从事文学创作的文学家，特别是兵荒马乱之时，征战的阿拉伯人和柏柏尔人与被征服的西班牙人之间，甚至阿拉伯人内部战事不断。要么是阿德南人以北阿拉伯人自豪，要么是盖哈坦人以南阿拉伯人自赏，要么阴谋篡位，要么杀机暗藏，如此局面怎能成就伟大的文学呢?!

用研究“宗教、语言和语法”的方法，即顺其发展脉络演绎的方法研究文学是不行的，因为文学没有规律可循。也许，某个世纪因多种原因涌现出许多文学大家，接下来的世纪却了无声息，再接下来又变得繁花似锦，其中因素不一而足。谁也不知道天才是如何产生的，何时展露风采，只能遵照事物发展的自身规律。这里，只提及那些以文学创作为其主业，或者文学占去其一生多数时光的诗人和散文家，通过选介他们的部分作品，证明其文学价值，也证明笔者上述判断是正确的，那些在研究宗教、科学、语法之余从事诗歌创作的人不在其内。

诗歌与诗人

整个伊斯兰世界就像是一个敏感的导体，无论安德鲁斯、埃及、沙姆，还是伊拉克，只要一处充电，便可处处点燃。

贾希利亚时期的诗歌情感真挚、语言质朴，内容限于诗人所见到的骆驼、大漠、高山、河谷、溪流，等等。这些诗创作上有一些固定程式，以情爱开始，凭吊废墟，然后进入赞颂等主题。这在伊斯兰初期被继承下来，对安德鲁斯诗人的创作影响极大，因为他们只知道这些。到倭马亚王朝后期，诗歌发展了，出现了欧麦尔·本·艾比·莱比阿[①]的艳情诗、瓦立德·本·叶齐德[②]的饮酒诗，这些诗也传到了安德鲁斯。到了阿拔斯朝时代，社会生活得到更大的发展，诗歌随之变化。白沙尔·本·布尔德[③]是个创新者，其主要的创新之处在于诗歌的意境反映了社会环境的变化，比如在他的诗中出现了“女子结交不再难”之类的词语。他，还有艾布·努瓦斯[④]，描写杯中之物如何调适，酒为多少，水为几许，等等。艾布·

① 欧麦尔·本·艾比·莱比阿（公元644—711年）：以写艳情诗著名的倭马亚王朝时代诗人。——译者

② 瓦立德·本·叶齐德（公元707—744年）：倭马亚王朝的第十一任哈里发，深居于沙漠的宫中，终日饮酒写诗，沉溺歌舞，后被杀害。——译者

③ 白沙尔·本·布尔德（公元714—784年）：阿拔斯王朝时期著名诗人，新诗歌的先驱和代表人物，其诗曾风靡一时，被广为传唱。——译者

④ 艾布·努瓦斯（公元762—813年）：阿拔斯王朝时期大诗人，新诗派主要代表人物，以饮酒诗闻名。——译者

努瓦斯在诗中开与男性调情风气之先，对酒的描写更是细致入微，琼浆佳酿百般比拟，吃客酒友纷纷入诗。接着是辞章华丽的艾布·泰玛姆[①]，英气冲天的穆太奈比[②]。穆太奈比的诗歌豪放大气，铿锵有力，在抵御十字军的入侵中更显其价值。而且，他的诗文还充满哲理。之后，出现了艾布·阿拉·麦阿里[③]，他揭露时代之丑恶，人性之卑劣，上至王侯将相，下至老幼妇孺，乃至卜卦算命之人尽被他所咒骂。伊本·哈加吉[④]、伊本·萨凯拉[⑤]等人在诗中描写背主叛教、放纵享乐之事。这些诗就像电光一样，迅速照亮了安德鲁斯的天空。安德鲁斯马上有人起而仿效，写出同样的作品。

所有的阿拉伯诗都是罗曼蒂克式的，或者说是抒情的，可以吟唱的。所谓罗曼蒂克是说这些诗有丰富的想象力、炙热的情感和优美的语言，而在思想内容上却显得不够深邃和细腻。阿拉伯诗严守着韵律规范，格律有十六个，每首诗歌都有固定的韵脚，甚至有传统的主题，比如赞美、爱情、凭吊等。艾布·泰玛姆在其所编写的古代诗歌选集——《坚贞集》中归纳了这些主题。

这一切原封不动地搬到了安德鲁斯，成为那里诗人创作的依据。但是，安德鲁斯自古就是西班牙人的故乡，西班牙诗受到拉

---

① 艾布·泰玛姆（公元788—846年）：阿拔斯王朝时期著名宫廷诗人，注重修辞，文采出众。——译者

② 穆太奈比（公元915—965年）：阿拔斯王朝著名诗人，志向高远，诗艺超群，是中古阿拉伯诗歌的巅峰。——译者

③ 艾布·阿拉·麦阿里（公元973—1057年）：阿拔斯王朝末期著名思想家、诗人，认为世界是荒谬的，生命是无奈的选择，存在是无意义的，主张消极遁世。其著名作品《忏悔书》直接影响了文艺复兴时期的文艺创作。——译者

④ 伊本·哈加吉（公元？—1001年）：阿拔斯时期诗人。——译者

⑤ 伊本·萨凯拉（公元？—996年）：阿拔斯时期诗人。——译者

丁、希腊和罗马文学的影响，与阿拉伯诗走的不是一个路子。当阿拉伯人与西班牙人相融合（早期到达的阿拉伯人曾经与西班牙人通婚，产生出新的一族，既有阿拉伯血统，又有西班牙血统。最好的例子是阿卜杜勒·阿齐兹·本·穆萨·本·努绥尔总督曾经娶西班牙公主为妻）的时候，当阿拉伯人与西班牙人在同一自然和社会环境之中共同生活、相互交往的时候，就像产生了一代新人一样，产生出了新的安德鲁斯诗，就好像是一幅交织着西班牙丝线的织锦。解释这种诗，需要敏感的触觉、犀利的目光、广博的阅历。但是，无论如何，安德鲁斯的诗人并没有在创新的过程中独立过，和他们同样情形的还有那里的语言学家、语法和词法学家。

因此，如果我们闭上双目，不知作者是谁，通过听一首诗来判断是东部阿拉伯人所作还是安德鲁斯人所作，几乎不可能得出完全正确的结论。因难以判断，两者常常混淆，一些东部阿拉伯人的作品被当作安德鲁斯的，一些安德鲁斯的作品又被当作东部阿拉伯人的，甚至专门研究诗歌的人都难免出错。有一个事例充分说明了这一点。一个叫盖扎勒[①]的安德鲁斯诗人参加巴格达的文人聚会，吟诵了一首自己创作的作品，佯称其为艾布·努瓦斯的诗，因为他知道这位诗人的地位，所有的人竟然相信了他，最后他才告诉大家真相。如果安德鲁斯的诗有明显的地域特征的话，就不可能出现张冠李戴的事情了。

安德鲁斯的诗歌有如下特点：

1. 美丽的安德鲁斯自然风光使诗人在描写自然上独领风骚，

① 盖扎勒（公元774—864年）：安德鲁斯诗人。——译者

在东部地区是见不到的。一个叫索努白里的阿勒颇[①]诗人留给我们整整一个集子的写景诗。

2. 比较独特的想象力和修辞技巧。对此他们十分热衷，甚至超过东部诗人。比如当他们学习穆太奈比的诗的时候，不去模仿其高深的思想、深邃的哲理、博大的气势、饱满的情绪，而学习他的创作方法，着力于精湛的表达、奇妙的想象，伊本·哈尼就是一例。令我们遗憾的是，安德鲁斯的诗人始终没有离开东部的韵律，东部的主题。他们一直把东部诗歌的思想与内容当做创作的典范。赞美还是赞美，调情还是调情，苦修还是苦修。他们的环境那样优越，与欧洲大陆紧密相连，与东部不同，东部连接着波斯、印度和突厥，本该创作出新的东西。不知为何，他们竟沿用东部的模式，仅仅注入了自己的脑汁和想象力。人们期待走出过去的套路，创作出令人惊叹的小说和散文诗，期待有逻辑的思想内容，有灵感的创作，而不是传统的习惯和程式。赞颂阿卜杜·拉赫曼二世的不同于赞颂拉希德的，伊本·阿卜杜·莱比的缅怀青春不同于艾比·努瓦斯的，但这却没有出现。东部也好，西部也罢，诗人明知暴君如何欺压百姓，如何聚敛钱财，如何草菅人命，却赞扬他们公正、睿智、慷慨得简直就像驮着银两，走到哪里撒播到哪里，如此例子不胜枚举。

3. 在环境的启迪下创作出独特的彩锦诗[②]和民谣。关于彩锦诗下面我们将有专门的介绍。还出现了一些描写某一自然景色或

① 阿勒颇：叙利亚地名，倭马亚人到达安德鲁斯后习惯以自己原来的地名称呼闯入的领地，以表达思乡之情。——译者

② 彩锦诗：安德鲁斯人讲阿拉伯古代诗歌艺术与当时民歌相融合创作的新体诗，一诗可以多韵。——译者

者社会生活的短诗，像描写风暴、水源、鱼鳖、茄子、美人痣、骏马、披风，描写夜晚、裁缝、战场、盔甲、弓箭、爱情、幽会、聚会，等等。题材多得数不胜数。

这里，我们不可能介绍所有诗人，因为他们的数量很大。很多人都有诗歌作品，其中有王公、大臣、法官或其他社会名流。我们只能介绍那些以诗歌创作为主业，以诗歌作品闻名的人。

最先涌现的诗人当数盖扎勒，叫这个名字是因为诗人风度翩翩，也有人称他为“安德鲁斯诗人”。这种叫法很不严谨，很多诗人都叫“安德鲁斯诗人”，比如伊本·舒海德①、拉玛迪等。这种现象可以解释为人们在著书时喜欢使用这个名称，忘记了已经多次使用过这个称呼。更可能的是，以上诗人都曾经是自己生活的时代的最优秀的诗人，盖扎勒是他那个时代的安德鲁斯诗人，伊本·舒海德是他那个年代的安德鲁斯诗人，如此而已。也可能“安德鲁斯诗人”一词并不指某一个诗人，而是一个统称，被冠以此名者为安德鲁斯大诗人。盖扎勒除了做诗还以才智闻名，也就是说他处事精明，善于辞令。不论遇到什么样的问题，他都能从容应对，委婉作答。为此，他曾作为五位安德鲁斯哈里发的使节出使各国。第一位哈里发是阿卜杜·拉赫曼二世，最后一位是穆罕默德·本·阿卜杜·拉赫曼·本·哈克木②。有诗云：

四番得见尊王面，如今已是第五遭。

---

① 伊本·舒海德(公元992—103年?)：安德鲁斯科尔多瓦诗人。——译者

② 穆罕默德·本·阿卜杜·拉赫曼·本·哈克木：即阿卜杜·拉赫曼·纳绥尔，安德鲁斯第八任埃米尔(公元912—929年在位)。后成为该朝第一任哈里发(公元929—961年在位)。——译者

盖扎勒被选为使臣，是由于他具备了许多品质，比如英俊的相貌，敏捷的思维和准确的判断。最重要的一次出使是在阿卜杜·拉赫曼二世，即阿卜杜·拉赫曼·本·哈克木在位时，好像是赴君士坦丁堡拜见东罗马帝国皇帝。还有一次赴丹麦，据伊本·耳扎里[①]在《安德鲁斯与马格里布国王秘闻录》中的记载，那是在诺曼人时期[②]，一些挪威人驾驶着海盗船进犯安德鲁斯沿岸，到达了捷里吉亚。乌什图里西国王率众进行反击，烧毁了敌军七十艘大船。敌军沿着安德鲁斯西海岸逃窜至里斯本。当地地方首领告知阿卜杜·拉赫曼，有五十四艘异教徒的船只靠近海岸。阿卜杜·拉赫曼命令其暂且克制，但是里斯本军民没有听从，而是一举打败了敌军，迫使其掉头返航。

北欧海盗在安德鲁斯西部地区竭尽烧、杀、抢之能事，为此，阿卜杜·拉赫曼创建了一支强大的海军舰队以抵御敌军。经过长期的战争，敌军屡遭重创才被迫求和。阿卜杜·拉赫曼遂派盖扎勒前往丹麦议和。盖扎勒一行在海上历尽艰辛，大浪滔天几乎把船掀翻，他描述道：

大浪排山海，狂风惊天地，
巨帆撕成片，铁索碎如泥，
死神眼前现，步步逼得急，
两手空无用，奈何此天意。

---

① 伊本·耳扎里（约公元1295年卒）：安德鲁斯历史学家，著有《安德鲁斯和马格里布国王秘闻录》。——译者

② 诺曼人时期：公元8—11世纪，从北欧原居住地向欧洲内地各国进行掠夺性和商业性远征的日耳曼人统治时期。——译者

最终，他的船队闯过风险，平安抵达丹麦，受到国王的热烈欢迎，下榻贵宾馆，两天后得到接见。盖扎勒坚持不跪，不违背本国风俗礼仪，国王准其请求。盖扎勒送上了阿卜杜·拉赫曼给丹麦国王的书信和礼物。一些阿拉伯史料称：盖扎勒爱上了王后，还为她赋诗一首（见下文），王后也爱上了他。他虽然已是中年，仍然风流倜傥。称："诺曼人为拜火教徒，系因他们在信奉基督之前曾经信奉拜火教。""他为王后吟诗，王后听到译文如醉如痴，命他男扮女装，他欣然从命。"盖扎勒一路顺风返回安德鲁斯，此后没有听说什么人再次到达那里。[1]

盖扎勒十分长寿，活到九十四岁，他曾为此作诗。盖扎勒充满智慧却不失风流，喜爱女性与杯中之物，常以此作诙谐幽默的小诗调侃作乐，曾吟道：

梦见亚当拜祖先，心怀敬仰屏气息。
堂前可否哈齐姆[2]？圣主降福保佑你。
亚当厉声呵斥道：汝等晚辈不争气，
如若是我亲生养，夏娃早已离我去。

关于富人与穷人修建坟墓的一段小诗，充满了人生哲理：

有钱人家金无数，一路扬洒到坟墓。
墓上筑起一座山，石砌砖垒不用土。
山高千尺接白云，楼高万丈连天路。

① 见安南教授《安德鲁斯历史》，伊本·耳扎里的历史，以及《香料的芳馨》（著名安德鲁斯史书之名称），还可参见侯赛因·穆安尼斯博士在皇家学会历史刊物上发表的论文（1949年5月第一卷），题目是：《诺曼人对安德鲁斯的进犯》。

② 哈齐姆：诗人自己的名字。——译者

巍峨山峰摇首叹，启是地下公平处？
贫富沧桑轮回事，大海昼夜成桑亩。
古人若知儿孙命，方晓人生如一梦。
富人穷人一时了，奴才主子轮几度。
男人女人为何物，今朝罗绮明日布。
黄土地下你挨我，尊卑高下同归宿。

*　　　*　　　*

看人间几多尔虞我诈，
哪怕是蝇头小利也要抓。
恰似捉鸡的狐狸与狼，
或像猫逮老鼠决不放下。

*　　　*　　　*

她说爱我我不信，留着此话与郎君。
好听话儿莫当真，谁人能爱白发人。
人心隔肚一张嘴，说成什么就是什。
任她说火能变水，还是说水成灰烬。

以上是哲理诗，下面几首是嬉戏作乐诗：

闻听有酒叫钱紧，加紧皮囊数细银。
到了酒家唤主人，小二笑脸忙回身。
倦意全无松口气，酒友相逢好精神。
命他饮酒他便饮，长袍外套输与人。
借来衣服避风寒，休了贤妻换酒闻。
从来信义当先者，酒一下肚头就昏。
银钱散尽一身债，朋友家中且栖身。

据说他来到巴格达，发现人们非常喜爱艾布·努瓦斯的诗，不喜欢安德鲁斯人写的诗，就称此诗是艾布·努瓦斯所作，吟给众人听。众人听罢称赞不已，他便告诉人们这是他的诗。其实，人们赞扬这首诗本身也有点自欺欺人，只是因为喜欢艾布·努瓦斯而已。这首诗的价值比艾布·努瓦斯的相去甚远。

他出使丹麦，为王后作诗，而且爱上了她。王后名曰“苏达”，他吟道：

身疲心欲碎，饭食空相对。
爱上拜火女，阳光映金辉。
任凭大地广，有缘来相会。
苏达花一枝，天上星星坠。
何言此荒唐，拭目睹芳菲。
美貌若天仙，此生头一回。
伊赞我发美，理当躬身对。
为求我所爱，黑发变成灰。
听罢伊欢喜，深情似流水。

这里的“拜火女”，指的是信奉天主教的王后。

*　*　*

清晨早起为染发，唤回青春好韶华。
白发转瞬变成黑，好似雾去艳阳挂。
人去人回春拂面，月隐月现香风洒。
莫愁青丝已不在，人生坎坷变通达。

*　*　*

多少次千呼万唤，甩甩手离我远去。

多少次祈祷真主，看看你貌美似玉。

*　　　　*　　　　*

他描写月食的景色：

残月弯腰笑满月，碧波粼粼怎污浊。
明镜照美何时事，如今镜中一丑妇。

他抱怨朋友背离而去，道：

勤恳为君取功名，谗言四起两手空。
昨日好友今日敌，孤独恰似驼害病。

……

茫然不知君意改，若无剑鞘何来锋？

*　　　　*　　　　*

朋友回来快回来，久别之后莫不容。
拼尽全身气与力，了你心愿还你情。
我将远去再远去，好似飞箭搭上弓。
我将结交新朋友，往日功业化作风。
我将走遍天涯路，走到终了还是空。

*　　　　*　　　　*

诗人只身走四方，无妻无室无惆怅。
妻子相伴缚手脚，终日为食来奔忙。
丧失了青春时光，记挂着祖业兴亡。
而今我潜心求学，从来不胡思乱想。
无拖累银钱滚滚，有滋味日子放光。
出得门一身轻松，走远路不必挂肠。

后一首诗说明诗人直至写此诗的时候仍然是孤身一人，将大

部分时光用来求学和享乐。

我不信你竟与我不相认，距我千万里好似路人。

我似飞箭虽然离你远去，尊贵射手必将箭找寻。

*　　*　　*

小小兰花别害羞，为何慌忙低下头？

这只是他的一部分作品，从中可以看到诗人想象力十分丰富，善于比喻，为诗真诚，而且不乏智慧与幽默。他的诗并没有什么神来之笔，但是为后来的伊本·阿卜杜·莱比等人奠定了基础。

伊本·阿卜杜·莱比

他是后倭马亚王朝哈里发阿布杜·拉赫曼·纳绥尔（公元860—940年）的御用诗人，其生平前面已经提及，这里主要介绍其创作。他的诗集未能找到，作品散见于各种文学书籍以及反对他的诗人所引用的他的作品，如：

爱君恨君病无期，因君成疾君是医。

爱到深处言不尽，爱到尽头欲难熄。

爱本春风桃李鲜，谁料悲泣泪沾衣。

劝君莫笑我疯痴，一死换来万人息。

死去仍是多情种，爱随春风化作雨。

*　　*　　*

莱拉曾爱我，如今却爱他。

千次托歉意，仍不言声罢。

*　　*　　*

娇嗔嗔轻纱飞落，醉酣酣脚镯闪烁。
似羚羊美目顾盼，赛太阳光芒四射。
金灿灿鲜花盛开，羞涩涩绿叶包裹。

*　　　*　　　*

一声长叹，几度相拥，试问何时归；
抬头注目，春色桃花，他处无芳菲；
愁思百转，柔肠寸断，一颗心欲碎；
挥手作别，欲死还生，难断离人泪。

*　　　*　　　*

愁肠百转眼前黑，夜来忧伤周身累。
布赛娜你别离开，归来好梦让人醉。
那里欣然独自卧，这里辗转人不寐。
芳草香飘千万里，病魔缠身星欲坠。

有一首和穆斯林·本·瓦立德的诗：

快拿杯来莫独饮

为何要将我千刀万剐，法官便是她眼中泪花。
羚羊大眼闪烁叫人爱，怎道她举手要把我杀。
盼伊想伊来到伊面前，失魂落魄只好由着她。
只要天天快乐夜夜歌，束手任伊杀来任伊剐。
相见时分她垂首含羞，别离时刻我心乱如麻。
似被告怜怜任我裁决，诉情意款款她饭难下。
压住涌上心头百般情，伊诉我写泪水随笔洒。
诉不尽道不完这苦水，听不厌写不清那情话。
但愿心宽量大能驶舟，切莫小肚鸡肠计较啥。

爱到深处事无足轻重，情到浓时总万般牵挂。

爱似利剑埋两心深处，死是剑鞘终时才能拔。

若死去莫觉心中烦恼，因爱而死本风流潇洒。

他自己对这首诗十分满意，在《罕世璎珞》一书中说："当人们发现这首诗虽然词语美妙、情感细腻，却非常浅显易懂的时候，就会说，穆斯林不及我，只不过先于我罢了。"

他还说：

她要啥来我给啥，她是法官又冤家。

爱人若到真情处，性命献上又算啥。

我将终身已托付，是生是杀任由她。

为爱煎熬苦不堪，但愿此苦心头挂。

人似骆驼爱似缰，相随相伴走天涯。

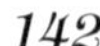

*　　　　*　　　　*

我挥她去她不去，我唤她来她不睬。

花容胜月月藏身，美貌超日云不开。

乌姆盖斯若二世，郡戴比娅抛在外。①

*　　　　*　　　　*

相思之人声声叹，有情之人怎不瘦。

为她叹息为她苦，为她去来为她留。

万千思绪由你生，你我同道泪作舟。

泪如雨下眼是天，无穷无尽沾衣袖。

---

① 乌姆盖斯、郡戴比娅：前者为伊斯兰前期诗王，悬诗七首的作者之一；后者为乌姆盖斯最美丽的女友。——译者

*　　　　　*　　　　　*

心的祈祷本相应，眼的交流何需声。

花开总有花落时，你似玫瑰春永恒。

心儿欲碎还未碎，沉落爱河已消融。

为何见我言又止，目光闪闪已传情。

*　　　　　*　　　　　*

爱似鞭儿把马催，奥卡尔我急急归。

呼唤圣人来救我，美若天仙惊魂飞。

甜酒奉上眼一瞥，酒未下肚人已醉。

还有一些传统题材的诗，比如赞颂、凭吊、贬损、描述，等等。贬损诗如：

门户紧闭人把守，求助之人无处投。[①]

嘴脸奇丑遮不住，越看越加令人呕。

脸似门楣面映人，外若丑来心更丑。

他的贬损诗经常夹带着讽刺：

妄称是雨无云影，[②]许诺灿烂似电光。

天大竟任小人逞，宫深却由狼坐庄。

日长难闻丰收信，门阔狗咬过路商。[③]

问狗何人能靠近，狗言哪个敢来闯。

---

① 按照阿拉伯传统习俗沙漠里应该高燃篝火，大敞门户，以便迎接夜晚无处投宿之人，因此门户紧闭是吝啬的表现，是被鄙夷的行为。——译者

② 阿拉伯人称慷慨的人为及时雨。

③ 按照阿拉伯人习惯，家中狗应以叫声吸引召唤客人，而不是拒绝客人。——译者

他也长于写景：

花园春长在，万花齐盛开。

蜂蝶采蜜忙，锦上再添彩。

华锦天地织，巧匠也无奈。

描写将领艾布·阿拔斯：

主赐将军剑一柄，赞其慷慨与英勇。

出生入死阵中闯，克敌制胜见光明。

谦谦君子心向主，芸芸众生寄深情。

上天播撒爱之种，种子扎根爱芽生。

他写一位能言善辩的人道：

话似宝剑心中磨，

不伤人心不饶舌，

字字点到关键处，

上句下句巧妙和，

似逢春雨入心窝。

他写了许多赞颂阿布杜·拉赫曼·纳绥尔的诗，曾为其御用诗人，例如他写过这样的诗句：

云若知羞莫降雨，恩露胜雨遍地盈。

敌若知耻当退避，披荆斩棘无不胜。

*　　　　*　　　　*

鸟儿曾经在此喧闹，

是你让这里变得寂静无声。

哈里发当中唯有你威名赫赫，

转战南北，运筹千里，百战百胜。

你遍施恩泽让万民景仰，
黑暗的大地因你而光辉普照。
你怒吼就像丛林的雄狮，
你是黑暗中的月亮，长夜后的黎明。

*　　　*　　　*

新月当空万事兴，明主安邦国势盛。

他写有一首长四百五十句的短律诗，颂扬哈里发纳绥尔，记述了纳绥尔经历过的征战和讨伐。该诗与《伊利亚特》那样的古代史诗不同，更像是一部用骈文写就的历史，没有想象与夸张，一点儿也没有。比如：

接着是第十二次，故事多来后话长。
将军一呼齐响应，就像群星捧月亮。

这首诗的第一段甚至还有对真主的赞颂：

千次万次我颂主，感谢主和众天神。
主是至尊无可比，主是唯一无敌人。
请主信我心至诚，多施恩泽保万民。

此后，安德鲁斯的艾布·塔利布·阿卜杜勒·贾巴尔也作了一首短律诗，比伊本·阿卜杜·莱比的这首诗要好。该诗更长更全面，不仅仅叙述历史事件，还夹杂着许多别的信息，比如：证明真主存在的依凭，鼓励人们去思考，弄清万物之缘起，叙述四大正统哈里发之言行，记录倭马亚王朝、后倭马亚王朝、列国时期、穆拉比特王朝的人与事，等等。该诗是这样开头的：

万事开头先言主，万物执掌主手中。
再言穆圣是使者，真主赐他享安宁。

*　　　　*　　　　*

一赞我主开天地，天清地朗日月明。

二赞我主造万物，海空陆地遍生灵。

*　　　　*　　　　*

万物皆需思，思后方能悟。

凝神对天下，一切皆有路。

为何自然成，定有造物主。

汇合四海力，才得五洲福。

……

此外，诗人还赞颂了历代的哈里发，直至穆拉比特王朝时期。这首诗与伊本·阿卜杜·莱比的那首相比，更像是一首史诗。伊本·拜萨姆将这首诗完整地纳入其著名的文学选集《宝藏》。[①]

伊本·阿卜杜·莱比有一首谈友情的诗，说的是他结交了一个好友，一次，朋友执意要走，他正在设法挽留，忽然天降大雨，终使朋友无法成行：

上路早起身，突然降甘霖。

因别哭长夜，上苍亦悲悯。

春雨凉丝丝，滋润冷落心。

只要朋友在，宁愿天常阴。

传说有一次，他站在一位王侯的窗户下，聆听了一段美妙的诗文，结果却遭了一盆冷水泼身。于是他来到附近的寺院，找到孩子

① 《宝藏》全名《岛人美德之宝藏》，岛人指安德鲁斯人，是一部文学集萃。作者为伊本·拜萨姆。——译者

识字用的一块木板，写了下面的诗句：

歌声美妙似莺啼，哪知主人太吝惜。
高低有致悦人耳，就像神灵附身体。
齐尔亚布[①]死复生，嫉妒忧郁酿成疾。
你的酒水我不喝，来此只为歌着迷。

有一些诗他称之为“补遗诗”，在过去写就的怀春、爱情等诗上加上一段清修的内容，对过去的无知和荒唐加以修正，或者叫忏悔。比如，原来有一段爱情诗，开头是：

黎明起身欲别离……[②]

同一韵律，他加上了：

两鬓华发万事休，主上慈悲错无由。
潜心衡量生平事，眼观六路仍不周。
悔恨叹息声不断，哪知红尘将人诱。
早知至死方能醒，怎能享乐度春秋。
错将今生定来世，荒唐过后何所求。

*　　*　　*

人在此乡心不在，人若悲哀心难快。
两行热泪为己洒，好似飞箭穿心来。

他活得很长，直至将近八十二岁高龄，为此写道：

朋友莫责怪，转眼是黄昏。
黑夜换白昼，昼夜不再新。

---

① 齐尔亚布：中世纪阿拉伯著名歌唱家。——译者

② 黎明起身欲别离：在阿拉伯诗歌中常将与情人的幽会作为诗歌的引子，此句诗文正表明诗人与情人幽会后告别的情景。——译者

七十又十年，又加两光阴。

问我何病染，结实又宽心。

感谢真主意，保佑我长存。

据历史学家记载，伊本·阿卜杜·莱比死的时候正值八十一岁八个月零八天，侯麦迪（公元1029—1090年）[①]称，伊本·阿卜杜·莱比有二十余卷诗是专门为哈克木·本·阿卜杜·拉赫曼·纳绥尔而写。看来，伊本·阿卜杜·莱比年轻的时候不信教，吃喝玩乐，晚年才开始清修。他没有把擅长风花雪月的穆斯林·本·瓦立德作为学习的楷模，也没有把饮酒作乐的艾布·努瓦斯作为榜样，而是模仿艾布·阿塔希耶写苦行诗，写对主的敬畏和信仰，如：

人生终有归，早早来忏悔。

主一言九鼎，有约必施威。

*　　*　　*

未做亏心事，何怕主前跪。

胆怯因错生，虽知主慈悲。

主宽宏大量，原谅鄙人罪。

*　　*　　*

曾经享乐贪今生，如今将死难从容。

人生旅途多诱惑，岁月咫尺不放纵。

死神翩翩身边舞，墓穴点点人在中。

---

① 侯麦迪：安德鲁斯历史学家，伊本·哈兹姆的学生，著有《安德鲁斯历史》等著作。——译者

尘世欢歌仅一时，末世万年如何终？

今生聚得千万金，一朝闭眼两手空。

生是虚无莫为实，人生在世本是梦。

《罕世璎珞》、《稀世明珠》[①]等文学选集和伊本·法尔迪的历史著作中都收录了伊本·阿卜杜·莱比的作品。他的创作严格遵守着东部诗歌的主题与规范，使用通行的格律和韵脚，从不越雷池一步。他常常唱和东部诗人的作品，沿着他们的足迹，在他们的内容上加以补充完善。每一类作品，都以一位东部诗人为模本，有时候模仿穆斯林·本·瓦立德，有时候模仿艾布·努瓦斯，有时候又模仿艾布·阿塔希耶或其他人，始终没有能从模仿中摆脱出来，没能创作出反映自己心声的作品。据说，他唯一不同于东部诗歌创新的是他的彩锦诗，但是他的彩锦诗也是在模仿安德鲁斯前辈彩锦诗人的创作。也许他有一些富有个性色彩的诗我们不得而知。如果像一些人所传说的那样，他有多卷本的庞大诗集，那我们根据手头的材料作出的结论显然是错误的，需要更加深入的考证。我们手头的诗，多为抒情诗，题材为爱情、苦修、贬损之类。诗文激情洋溢，想象力丰富，而且准确精练，偶尔有不够达意之处，比如用"瞳孔"这类不适于入诗的字眼，或者韵律上有些勉强，内容上还是不错的。他的赞美诗有造作之嫌，显得不够真诚，常常出于低俗的动机，短诗则少有诗意。笔者以为把他归为二流诗人是合适的，因为对诗人的评价不是根据其出现的先后，而是根据其创作的质量，

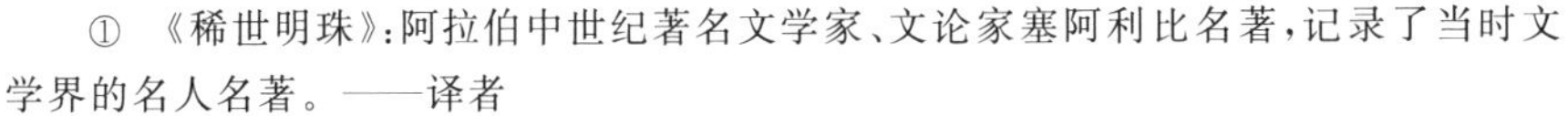

① 《稀世明珠》：阿拉伯中世纪著名文学家、文论家塞阿利比名著，记录了当时文学界的名人名著。——译者

最好的诗人是一流的，无论生在何时何地，总能够开创新的诗风让后人模仿和超越。

盖扎勒和伊本·阿卜杜·莱比是安德鲁斯后倭马亚王朝时代的诗人，这一时代的诗人众多。

倭马亚人在安德鲁斯的统治延续了一段时间，但是并不顺利。起初执政的是一些名留青史的大哈里发，比如阿布杜·拉赫曼·达希勒、阿布杜·拉赫曼·纳绥尔、哈克木，等等。后来继位的人昏庸无道，沉湎私欲，不理朝政，致使国运渐渐衰微，陷入内忧外患之中。这些哈里发及其幕僚们恣意剥削压榨百姓。像巴格达的阿拔斯哈里发依靠外族，授突厥人以大权，最终养虎为患一样，他们依靠斯拉夫人行政，致使其势力日趋强大，横行霸道。柏柏尔人也经常挑起事端，伺机向后倭马亚朝发动进攻，实现独立。除此之外，西班牙、法兰克的天主教徒视信奉伊斯兰教的阿拉伯人和柏柏尔人为宗教的敌人、占领者、侵略者，他们一旦积蓄起力量就发起反攻。如此，倭马亚人日夜不得安宁，其衰落之势不可避免。

希沙姆·本·哈克木的继位犹如为王朝的衰落火上浇油，那时，他年仅十岁，其母苏卜哈任监国。苏卜哈是一个出生于纳伐里耶的天主教徒，有极强的个性，先控制自己的丈夫哈克木，利用丈夫干预国政，接着，在扶助幼主上台以后，借机在密友贾法尔·穆斯哈菲的协助下执掌了大权。但是，很快一个叫穆罕默德·本·阿卜杜拉·本·艾比·阿米尔的阿拉伯人出现了。其祖父是早年与塔利格·本·齐亚德一起来到安德鲁斯的开拓者。他在安德鲁斯受的教育，哈克木在世的时候进宫当苏卜哈的书记官，一度主管天课税和遗产。起初，他与苏卜哈关系密切，深得其心，被委以重权，官及宰相。当苏卜哈放手将哈里发权力交给他后，他拘禁了幼主希沙姆，放任其玩耍嬉戏，不允其过问朝政。此时，民间对其议论纷纷，人们已经臣服倭马亚家族数百年，对其统治俯首帖耳，哪怕是被欺压奴役。闻听上面有变，个个心中不服。伊本·艾比·阿米尔斥巨资拉拢朋党，诛杀、遣散异己，组建阿拉伯人和柏柏尔人的军队，甚至还组建了一支天主教徒军队，让他们与同教兄弟残杀。他为此制订了新的战略，即不再以防守为主，等待西班牙人的进攻，而是先发制人，主动出击。他自行封号，铸造刻有自己名字的钱币，让百姓在礼拜时为自己祈祷，见面时行君臣大礼。蒙真主默助，他打了大约五十次胜仗。如果对他与苏卜哈的阴谋篡位忽略不计，可以说他是一个能人，战胜了许多困难，统治这个国家达二十年之久。

叙述这段历史是因为这一时期对诗歌的影响至关重要。倭马亚王朝的衰落导致了诗歌的衰落，就像东部阿拔斯朝的衰落导致诗歌的衰落一样。伊本·艾比·阿米尔掌权期间，为了改变百姓旧有的观念，需依靠诗人为自己歌功颂德。于是，他给诗人极高的待遇，由此促成了诗歌的中兴。据传说，为了让诗人给自己树碑立传，他带着他们一同去征战。

诗歌恢复了其在后倭马亚王朝鼎盛时期的辉煌，出现了伊本·舒海德、伊本·哈兹姆、伊本·达拉吉等一批大诗人。麦盖里[①]记述道：一次，诗人们济济一堂，共同赞颂曼苏尔（伊本·艾比·阿米尔的封号），当中有著名诗人拉马迪[②]。有一次，拉马迪

① 麦盖里（公元 1361 年卒）：安德鲁斯历史学家，其代表作为《安德鲁斯的芬芳》。——译者

② 拉马迪：安德鲁斯著名诗人，公元 1012 年卒。——译者

献上自己的作品后，曼苏尔给予赏赐，随后问他："你觉得赏银如何？"拉马迪答："此银对我而言受之有愧，对您而言则有失身份。"曼苏尔顿生怒色。诗人离开后，在座有嫉妒者进谗言诬陷拉马迪贪心，曼苏尔则肯定了拉马迪，斥责诬陷者说："朕深知，即使倾国库之银，也难以与他的一字一句相抵。"随命人唤回拉马迪，令其将所作的诗重述一遍，然后予以重赏，转身对嫉妒者道："竟然有人说什么不该接近诗人，是的，那些没有建过功、立过业的人自然不需要人来颂扬，尔等可闻有诗云：

始变终来终又始，春去冬来总轮回。

一朝辞别红尘去，欲留青史诗为碑。"

在那个时代，的确有人比他更加令人尊重，但是，他所得到的赞颂之词却使他青史留名。[1]

《马格里布奇闻录》的作者麦盖里在书中写道："曼苏尔·伊本·艾比·阿米尔在科尔多瓦时每周均举办诗会，学界名流纷至沓来一展风采。那时战事频繁，安德鲁斯到处是罗马战俘，老幼妇孺均有，其中不乏美丽的女奴。由于女奴价格便宜，当地人常常给自己的女儿饰以漂亮的衣着和首饰，否则谁会选择自由人的女儿呢？有人对我说，科尔多瓦一个罗马贵族世家的千金，貌美倾城，还卖不了二十个第纳尔。"[2]书中的另一处描述了诗人们赛诗的场面："艾布·阿拉·萨耳德在曼苏尔的聚会上吟诵了几句舒马赫[3]

① 此故事之详情请见埃及皇家出版社出版的《安德鲁斯的芬芳》第二卷。——译者

② 见开罗版《奇迹》，第38页。其中罗马人泛指与阿拉伯人作战的欧洲人。——译者

③ 舒马赫：倭马亚朝诗人。——译者

的诗：

女儿庭院发诗兴，颈纤且直似美羚。

雏鸽展翅来做伴，琼珠串串亮晶晶。

然后问在座的文学名士，诗中'哈马麦'（鸽子）一词如何解释。一位答道：'就是那经常落在灌木或者葡萄架上的鸟儿，这鸟常常摇晃树枝，将果子摇下来，供羚羊来吃。'萨耳德否定道：'哈马麦在这里是镜子的意思，是镜子的一种说法，诗人的意思是说那被比作羚羊的女奴照镜子，看到自己卷曲的长发就像葡萄串一样垂落着。'这是曼苏尔时期文学聚会的一个场景。"①

曼苏尔死后，其子继位，直到王朝覆灭。该王朝即阿米尔王朝。

尽管阿米尔人做了一些事情，但在整个统治期内，妄图推翻阿米尔王朝，恢复倭马亚王朝的阴谋活动始终没有停息。王朝最主要的敌人就是倭马亚人，或者称倭马亚派、复辟派。后来，倭马亚王朝真的复辟了，但是好景不长，很快就倒了台。

有一个叫伊本·贾赫瓦尔的人在科尔多瓦、塞维利亚等地变得令人瞩目。他并没有参加过推翻阿米尔王朝的活动，但是，人们拥戴他当科尔多瓦的总督。起初他拒绝，后来接受了，条件是建立一个协商议事会，任何政令必须经过议事会的批准。他一向公正廉明，反对欺压百姓，主张砸了街上的酒馆，而且从来不拿国库一文钱，从而得到民众信任。执政后，他一直居于自己家中，未曾移居哈里发旧宫。每当遇到事情，他总是先交议事会研究，而且非常

① 见开罗版《奇迹》，第 38 页。

注意与周边各国的睦邻友好关系。尽管如此，倭马亚王朝复辟的企图仍然是他心头之患。安德鲁斯在倭马亚王朝和阿米尔王朝之后便分裂了，分成数十个小酋长国，各自为政。这一时期史称“列国时期”。伊本·哈兹姆记述道：“托尔托萨、萨拉戈萨、莱里达归胡德人；帕伦西亚归阿卜杜·阿齐兹；边疆——托莱多以北地区归拉金家族，托莱多归祖努家族；科尔多瓦归贾赫瓦尔家族；塞维利亚归阿巴德家族；马拉加和哈德拉岛地区归属柏柏尔人的巴尔扎勒家族；达内和东阿尔及利亚地区归阿米尔家族的穆贾希德；帕特里尤斯、里斯本、桑塔林归艾弗托斯家族。”

所有的事件和动乱都有诗人的参与，我们所提到的诗人伊本·达拉吉、伊本·舒海德、伊本·哈兹姆、伊本·宰敦等都伴随着这些动乱成长，他们的诗作记录下了这些动乱，因此，倘若不了解这些政治背景，就无法了解这些诗人。

伊本·达拉吉·古斯妥利

伊本·达拉吉·古斯妥利（公元958—1031年），即艾布·欧麦尔·艾哈迈德·本·穆罕默德。他出生于伊历347年，卒于伊历421年，安德鲁斯大诗人，可以说是那个时代最伟大的诗人。其弟子伊本·哈兹姆记述道：“他在阿拉伯西部地区的地位如同穆太奈比在阿拉伯东部地区一样。”这句话成了名言，几乎所有撰写与诗人相关著作的人都会引用。他的诗传到东部，赛阿利比在其文学评论著作《稀世明珠》中也引用了这句话。

的确，有许多诗歌的种子来自东部，每个安德鲁斯诗人都会选取一种适合自己的种子，这种子便从他那里获得了养分，得到了新生。有的人了解艾布·努瓦斯，有的人熟悉穆太奈比，还有的人读了阿拔斯·本·艾哈奈夫，他们各自模仿所崇拜的对象。曼苏尔·艾比·阿米尔有御用诗人近四十位，常随曼苏尔四处征战，为他歌功颂德，伊本·达拉吉便是其中之首。我们得到的他的所有诗作，或者说大部分都是赞颂诗，当然这类诗中也有对其他事物的描述。就像穆太奈比赞颂赛义夫·道莱、卡夫尔、阿杜德·道莱一样，伊本·达拉吉赞颂曼苏尔及其子孙，这一点与东部诗人极其相似。他是一个柏柏尔人，出生于葡萄牙所属的古斯妥拉。

在曼苏尔召集的诗人聚会上，伊本·达拉吉是佼佼者之一，可以说是出类拔萃的。就像穆太奈比遭人嫉妒一样，他也遭到百般嫉妒和诽谤，被说成是剽窃者，常常不得不反唇相讥。他最好的一首诗是赞颂曼苏尔的圣地亚哥之战，伊本·哈兹姆对此诗评价极高。

曼苏尔死后，伊本·达拉吉赞颂其子穆佐法尔，阿米尔朝覆灭以后，他一度追随复辟了的倭马亚人，到过巴伦西亚和萨拉戈萨，赞颂收留他的主人孟迪尔·本·叶海亚，直至去世。伊本·赫勒敦在其名著《历史绪论》中赞扬过他，称赞他是安德鲁斯的一位大诗人。其实，从以下的介绍中读者会了解，他的诗确实是在模仿穆太奈比，但只是形似而不是神似。穆太奈比驾驭语言的能力非同一般，对阿拉伯语独特的风格信手拈来，自由挥洒，他的诗气势磅礴，就像刀剑铿锵有力。他的缜密思维、深奥哲理也是伊本·达拉吉难以仿效的。伊本·达拉吉只是在形式上与他有某种相似，并且领导了一个诗歌流派。伊本·达拉吉在前，之后有伊本·舒海德和伊本·哈尼等。麦阿里在谈到伊本·哈尼的诗时说：“他的诗像一座坚硬的磨盘，硬得可以磨羚羊角"，也就是说他的诗显得生硬而欠婉约细腻。

事实上，如果你读了以上提到的三个人的作品，便会知道安德鲁斯诗歌开始阶段的面貌，而盖扎勒和伊本·宰敦等则处于成熟时期。开始阶段作品那绞尽脑汁的艰涩与后来那发自内心的流畅有很大的区别。因此，区分安德鲁斯的诗歌并不难，甚至区分阿拉伯诗歌各流派也不难。以上所说三人为一派，伊本·阿卜杜·莱比、盖扎勒和伊本·宰敦是另一派。

传说伊本·达拉吉有一部两卷诗集，但是失传了，《安德鲁斯的芬芳》一书收入了他的两段颂诗，流传颇广，第一段是：

生若无为死替生，茅屋栖身似坟茔。
历尽千难涉万险，换来天堂永世生。
莫道山高路途远，为见明君理当行。
为主为教心一片，赤胆忠心奔光明。
万民大众信真主，万物星辰也归宗。
为主献身人生短，为君历险处不惊。
众口声声求平安，东方冉冉红日升。
……　……

伊本·舒海德提到伊本·达拉吉时这样说："伊本·达拉吉与别人的区别在于他生性拘谨，作诗规范谨慎，诗中常引经据典，很少激情洋溢地任意阐发，甚至复沓回环，游戏文字，导致人们厌烦。"伊本·达拉吉常常刻意模仿穆太奈比，穆太奈比赞颂伊本·阿米德写道：

阿拉伯人谁第一，敢攀亚圣与大帝①。
直面先哲托勒密，读书论道谈经济。
有缘面见各先贤，好像上天赐神机。

伊本·达拉吉则写道：

莫叹此生命不济，辛苦奔波为社稷。
纵然长夜黑沉沉，斗转星移现晨曦。
戈壁荒野遍沙石，如今变成金和玉。
捕虎焉怕入虎穴，财富无穷待人聚。
锦衣玉袍非他属，千秋基业莫迟疑。
真主冥中将路指，先祖挥手唤我去。
赛伯邑业我继承，归番无数拱手揖。
鲁布奥旗我高举，百姓追随盼皈依。
哈梯姆火我加柴，炉火不灭是筵席。
尊王高设一讲坛，宏论滔滔指天地。
先祖明月几番过，圆满光灿君第一②。
……　……

这首诗的意境和用韵多为模仿。他有一首描写舰队的诗颇为有趣：

大船匆匆离岸去，好似海鸥惊日夕。
清风吹动海浪涌，船随波涛高且低。
浪峰一排又一排，就像群偶受拜祭。

① 此处系指亚里士多德和亚历山大大帝两人。——译者

② 文中所有直译部分皆为阿拉伯人所奉的先知圣人、所尊敬的祖先之名。——译者

满腹忧伤心中火，黑夜是油火上滴。
大海纵有干涸日，泪水常流无绝期。
海风纵有停歇时，哀声长叹永不息。
大海长夜伤心事，一桩更比一桩急。
借问何时归去日，海作坟茔水作衣。

即便是这段美丽的描述，也出现在一首赞颂诗中，类似的描述还有很多，但总是与赞颂不能分开。诗人心中只有赞颂，就好像永不枯竭的源泉。这些溢美之词大多出于功利的目的，而非发自内心。即使是对船的描写，本应该写人的创造之力，写其如何克敌制胜，但是还是将所有功劳归于国王了。

伊本·哈尼·安德鲁斯

被称作伊本·哈尼·安德鲁斯（公元936—973年）以示与东部地区的伊本·哈尼相区别，东部的伊本·哈尼就是艾布·努瓦斯。伊本·哈尼于公元936年出生在安德鲁斯塞维利亚的一个小村子里，有人说他是安德鲁斯最好的诗人，说他是西部的穆太奈比。他的家庭属于南阿拉伯人阿兹德部落，所以有人还称他为穆海莱卜·本·艾比·苏夫莱[①]的后人。穆海莱卜也是阿兹德人。伊本·哈尼的诗也被称为也门阿兹德式诗歌。他与塞维利亚国王一见面就受到了款待，住了一段时间后，由于干预朝政遭到一些人

① 穆海莱卜·本·艾比·苏夫莱：曾任巴士拉地方长官，征战哈瓦利及派，并曾任呼罗珊总督，公元702年卒。——译者

反对，这一点反映在诗里。诗中，他宣扬什叶派法蒂玛人的主张，而且加以论证，在当时的背景下这是很敏感的事情。人们都属于倭马亚派，反对他支持法蒂玛人，反对的声浪波及国王。诗人只好请辞，以便人们渐渐淡忘他。他来到马格里布，见到昭海尔[①]，并送上一首赞颂诗，只得到两百枚银币，觉得很失望。后来，他的诗歌才华终于被穆伊兹[②]所了解。穆伊兹慷慨地款待了他，认为如果他在埃及的事业获得成功，太需要一个诗人为他歌功颂德，就像今天的统治者需要报刊杂志来做宣传一样。他款待诗人，送他许多贵重礼物，在凯鲁万为他造了豪宅，而且要他陪伴自己到埃及前线。伊本·哈尼接受了邀请，但要求宽限数日，料理些私事并与家人告别。他回到巴尔盖，在一个亲戚家住下，没想到他们粗暴地对待他，一次酒醉后竟然把他杀害扔进河里。后来有人在巴尔盖的一条小河里发现了他的尸体。其实，是倭马亚人为了阻止他传播法蒂玛人的主张才把他杀死的，那是伊历362年，时年他仅有四十二岁。文学史界一致认为他是一个优秀的诗人，伊本·赫忒布说："伊本·哈尼是一代诗杰，他博学多才，诗艺难有人能匹敌。"伊本·夏莱夫说："他诗兴大发的时间很长，功力雄厚，一气呵成，字字千钧，直达心底。他只有对穆伊兹的赞颂，没有对爱情等情感的抒发，在宗教方面可以说知识浅薄，常会露出破绽，乃至有时损害教义。"伊本·莱西格在评价那个时代的诗人时说："大多数作品闹

① 昭海尔·本·萨克尔：法蒂玛王朝哈里发曼苏尔及穆伊兹的军事统帅。——译者

② 穆伊兹（约公元930—975年）：曼苏尔之子，法蒂玛王朝第四任哈里发，埃及的征服者。——译者

闹嚷嚷，就好像刀对刀枪对枪，比如伊本·哈尼及其追随者的诗。”他的成名之作是这样写的：

道是马蹄声响，原来环佩丁当。

疑是宝剑闪烁，却是珠宝明光。

诗人描写一个带着珠宝首饰的女人，把首饰的声和光比作骑士的马蹄声和宝剑的格斗声，我们发现他描写方面的软弱无力。

他的诗是贾希利亚式的，充满壮志豪情，有点儿像穆太奈比，但是穆氏的诗歌更加细腻，他的则更加刚烈。他有一首诗模仿的是古代悬诗作者昂泰拉，被称为金诗，过去古代悬诗也被称为金诗。德国人冯·克里姆尔说：“他善豪语，多比喻，精于用词，巧于描绘，只有很少的人能与之相比。”他的诗多数赞扬法蒂玛人，宣扬其千秋功业，读他的诗可看到如下特点：

1. 经过努力可以读懂，读后会尝到甜头，感到其诗艺不凡。

2. 诗兴长，一个意象纵笔写去便是洋洋万言，颇有点儿像伊本·鲁米。

3. 喜欢上下联对仗，比如：眼中只有您的形；耳中只有您的声／并非是手均带露；绝非是鼻皆仰慕／长夜降临不出走；报仇时节不松手。

4. 将他的诗与贾希利亚时代的诗歌相比，在力度、结构、遣词、难度等方面颇为相似。

5. 他的诗与宗教关联密切，深受什叶派法蒂玛人的影响，宣扬这个派别的主张，在很多方面刻意模仿穆太奈比。比如穆氏说：“说是君子却无能，妖孽当道怎太平。”伊本·哈尼说：“自称王侯无气度，无德无能怎在位？”穆氏说：“爱到心底心欲醉，有眼自解其中味。”

伊本·哈尼说:“揭秘何需好事者,秋波不断总关情。”穆氏说:“决心既已定,摩拳擦掌声。”哈尼说:“立雄心壮志,看蓄势待发。”等等。

读其诗集,还会发现关于什叶派的教义充斥其中,比如传教的先决条件、伊玛目的免罪性、历代哈里发均为篡权者、只有阿里和法蒂玛的后裔才有资格出任哈里发、阿拔斯人主张的非法性,等等。伊斯玛仪派的种种说法也散见于其间,他赞扬什叶派哈里发,赋予他们某种神圣的意味,比如:

千军万马听号令,只凭眼色不需声。

……　……

为他而造为他生,煌煌天下他为中。

……　……

他宣扬伊玛目的免罪性,称他有神灵附体,说:

信士千千万,伊玛目第一。

……　……

神圣家族神护体,地上基业君承袭。

……　……

君是四海主,天下不再苦。
光芒照大地,基业万年驻。
朗朗太平世,灿烂阳光普。
德行是楷模,公正招人妒。
钱财握手中,骄奢非君属。
群雄如水滴,大海是君图。

他在一首名为《星象》的诗里,对饮酒对歌的场面作了精彩的描写:

黑夜似美女长发披肩，耳环似双子两旁垂悬。
佳酿一杯杯酒家送上，星光明晃晃灯火也闪。
醉眼惺忪歌声仍不断，苍天困乏星星亦眨眼。
东倒西歪身子难把持，劝酒声声舌头也打转。
肥臀美宛若沙丘高耸，腰肢细好似翠竹柔软。
夜深沉全拿酒当被褥，铺天盖地自在又闲散。
酒到醉时人坦坦荡荡，杯中物照出你肝我胆。
喝下去可别随地倾倒，高声劝再来一杯我干。
黎明光芒已划破夜空，夜幕隐没仍兴致不减。
北斗隐没身影已全无，指环退下何处留遗斑？

人们比较称道的诗还有：

爱情遭人谤，污言秽语脏。
心藏怨恨深，口吐叹息长。

*　　　*　　　*

有难挺身行，有求他必应。
好言乐开怀，恶语耳边风。
功高人敬仰，诗美堪称颂。
追随英明主，深藏一个忠。
……　……

*　　　*　　　*

形容战场的诗句有：

长枪银剑千万骑，
也门神王也称奇。
兵家落败平常事，

唯有飞龙跃千里。

*　　　　*　　　　*

是你的目光还是你父亲的剑光？

是杯中的酒还是你的香唇？

一边是刀光剑影，一边是冷眼观阵。

心上人长矛利剑，痴情汉万般皆忍。

倩影婆娑深夜访，懵懵懂懂来出阵。

明目歌喉心慕恋，温柔情谷你我亲。

盼望幽会遭阻拦，亲属多疑夜查巡。

妄称酒醉陷痴迷，铁面无情万不准。

眼窝深凹忧愁困，身形消瘦为情人。

评论家们对伊本·哈尼诗的优缺点作了一个概括，优点是：

1. 善表达，精用词，有感染力；

2. 结构严谨，环环紧扣，知前文可知后文；

3. 有蒙昧诗般的质朴，浑然天成。

缺点是：

1. 用词生僻怪异；

2. 多浮华之辞，少实在意义。

伊本·舒海德与伊本·哈兹姆

这二人是同龄人，一对朋友，都曾任宰相之职，在阿米尔朝中为官，都有倭马亚人情结，又都曾遭人暗算。两人的诗艺平平，言情占主导。伊本·舒海德（公元992—1034年）善散文，诗文略逊。

历史上我们很难看到诗文散文俱佳的人，一般来说，文人总以一个方面为佳，另一个方面稍差。他所撰写的杂文、书信、故事等以《精灵与魔鬼》的名字发表，这一点在散文部分会提及。伊本·舒海德也写赞颂、叙事诗和情诗，还善于调侃打趣。据说，他晚年耳聋，不能继续为官。伊本·哈彦提到他的文采时说："他言简而意赅，令人称奇的是能在诗文和散文表达中自然地表现出他的睿智和深邃。他常常信手拈来，从不刻意斟酌，精挑细选，在留给我们的所有作品中没有一件有雕琢的痕迹，真是奇上加奇。相比之下，他最为擅长的是笑话和奇闻逸事，诗歌在评论家看来也不错。他的作品颇多，主要是幽默笑话之类，这说明他的才思敏捷，机智风趣。他是那个时代的大师，作诗时信马由缰，敢于嘲弄任何权威，令他们感到尴尬和不快。他非常慷慨，乐善好施，这几乎使他陷入贫困无着的境地。"他有诗道：

爱就爱到底，死亦觉甜蜜。
慷慨悲歌壮，只奉爱与义。

他描写爱情：

似曙光乍现，似电光耀眼。
寝后懒梳妆，纱裙披在肩。
睡眼轻轻揉，雄狮岂再酣。
玉色如奶油，洁白不忍沾。
给我一个吻，饥渴盼缠绵。
佳人扭过身，手伸我面前。
一句给一个，话长亲不完。
欲罢不松手，香唇似蜜甜。

爱情水潺潺，滋润全身暖。

他形容电闪雷鸣的景象：

似烟花吞没黑暗，似白羊吸吮黑云。

似狂飙所向披靡，似金戈辉映天宇。

一次他被邀请以一个诗人的半句诗为题作诗，那半句诗是这样的：

眼不能看口无声（形容一个人得了眼病和口吃）

他的诗这样写道：

眼睛红肿口无言，皆为心上人所难。

真情难吐也要吐，句句深情痛心肝。

语多千言无伦次，眼红似醉梦里酣。

羊皮纸上字不同，囫囵读来皆一般。

他还有情诗道：

长空流星飞，明月当头照。

头上珠光闪，脚下书山高。

情弄心飞舞，爱逢风华茂。

上前道平安，欲答斜眼抛。

奴才不识礼，敢来惹我恼。

快取来者头，免遭人言扰。

目光炯炯逼，飞步匆匆逃。

愿妹发慈悲，容哥与你邀。

莫学做暴君，圣人我调教。

他描写一次战役，这样写道：

勇士誓与死神争，战时坚韧记在胸。

他人马下铿锵语，将军赏银赠士兵。
大军匆匆行得快，好似群星走天穹。
暮色正浓天色暗，斗志昂扬目光迥。
拂晓时分刀光闪，挥剑如笔不润锋。
敌血流进小河水，天边朝霞映脸红。
苍天助君破敌胆，难救溃敌浪中行。

*　　*　　*

当他执意离开科尔多瓦的时候，写道：

目光冷如水，妒意隔天涯。
横瞥天地间，友朋成神话。
聪慧遭忌恨，睿智受挤压。
堂堂一男儿，何由鬼子杀[①]。

*　　*　　*

伊本·舒海德伊历 425 年/公元 1034 年瘫痪在床，起初还可以靠拐杖行走或靠别人搀扶，后来不能动弹。去世之前二十天，他像一块石头一样躺在床上，不能起床，不能翻身，但他仍有诗道：

可叹一生求自尊，老来丧志伤透心。
只盼上苍施怜悯，降下裁决我归真。
终日卧床腰腿软，凭杖挣扎苦难申。

*　　*　　*

他在病中给伊本·哈兹姆(公元 994—1064 年)写道：

---

① 鬼子：诗人是阿拉伯人，当时的科尔多瓦回归西班牙人统治，所以诗人贬称统治者为鬼子。——译者

人生飞逝岁月短，死神逼近在眼前。
但愿常居高山顶，八面来风似神仙。
好友可尝死滋味，死去活来五十转。
将死方知时光少，一瞬即逝似雷电。
转告朋友多谢意，危难之中出手援。
临行劝君勿伤心，上有真主保平安。
莫忘每逢祭奠日，坟前共忆少年欢。
回想当年风华盛，惆怅化作乐悠然。
盼主宽恕荒唐事，至慈至悲是心愿。

伊本·哈兹姆由于博学多才，诗艺难达顶峰，理性思维占据了主导地位。虽然优美的意境并不少见，但是在语言上总让人感到有谈经论道的意味，正如伊本·赫勒敦所说："对经文的熟悉使他难以成诗，甚至认为教义学就是诗，例如他说过：

废墟之前疑窦生，昨日今朝何不同。[①]"

伊本·赫勒敦评论说："×××与×××有何不同，这简直就是教法学家的语言。"

伊本·哈兹姆受到过很好的教育，父亲官居宰相，家中来自马格里布的美女如云，还有战争中俘获的女俘。他能背诵《古兰经》还是一个女奴教的。父亲常请教师为他讲课，还请学者前来做客讲经，这培养了他复杂的人格特点。他一方面热爱宗教和教义学，而且信仰虔诚；另一方面，爱与美女周旋，生活放荡，恣行无忌。将

① 吟诵废墟是古代阿拉伯诗歌重要的诗引，几乎所有长篇诗歌都以此开篇。——译者

这二者融合于一身简直就像将水与火相融，但是他似乎融合得很好，当然这也使他倍受煎熬。伊本·哈兹姆流传至今的诗歌大部分来自其著作《斑鸠的项圈》。这本书记录了他的心路历程，他的爱恨情愁，有散文，也有韵文。读其诗会感受到他的创作风格：情感真诚，头脑机智，想象力丰富，但是在语言上略有欠缺，这是令人遗憾之处。他同时著有《关于宗教和教派评判》、《教律规则考》等上百部教法学专著。让他将诗歌艺术也做到顶级是不大现实的。他被认为是安德鲁斯最有学问的人，但不是最好的诗人。伊本·哈彦对他的评价是准确的，称"他的诗是不错的"，而没有使用他一贯用来赞扬其他诗人那样的溢美之词。据说，有两件事情深刻地影响了伊本·哈兹姆的一生，也影响了他的诗歌创作。其一是他的爱情经历，其二是他在阿米尔王朝宫廷任职的时候被指控企图复辟倭马亚朝。当时，阿拉伯西部倭马亚人与阿米尔人之争，与阿拉伯东部地区阿拔斯人与阿拉维人[①]的矛盾一样如火如荼。伊本·哈兹姆因此被逐出宫，流放异乡，受尽羞辱折磨，失去了家，失去了以往的安逸生活。这对他的身心是个极大的打击，但是对他做学问却起到了意想不到的作用。家世的高贵，自我意志的坚强，信仰的虔诚，使他在创作中没有流于俗套，没有一味地去赞颂、调情、饮酒作乐，而是充分释放内心情感，深刻表达自我世界，追求诗艺的完美，抓住稍瞬即逝的感受。他以一首一百四十句的长诗回

① 即阿拉维派人：阿拉维派是伊斯兰教什叶派的伊斯玛仪派分支派别之一，因该派崇拜和神化阿里，故称阿拉维派。——译者

复鲁姆[①]国王威胁恫吓穆斯林的信[②]。

学术根底深厚，使他运用语言自然而娴熟，勤奋好思、阅历丰富，使他的诗常常富有哲理：

秉性天造就，金银斗称量。

桃树何生李，蜂巢怎贮粮？

《斑鸠的项圈》一书充溢着他的爱恨情愁，其中也不乏幽默风趣：

君问爱何物，相劝释心怀。

天下美女多，人瘦春难在。

请君莫啧啧，意决心不改。

纵为爱断肠，凝目千金来。

此段中"意决心不改"意为"我要好好反驳你的责备"，此话显然不是诗歌语言，而最后一句"凝目千金来"意为"我要等，直到证实等待是对的"，都证明诗人的语言带有很浓的教义学者口气。他有诗说：

此身离君去，此心伴君行。

众目皆为证，憔悴访医生。

这几句诗，尤其是"众目皆为证"一句，表现了他的宗教素养。他还说：

休怪不成器，睿智错良机。

狗跃狮之前，面沉麸糠底。

---

① 鲁姆人：指安德鲁斯与阿拉伯人交战的欧洲人。——译者

② 此信请见赛伯基（沙斐仪派学者，公元1380年卒）所著的《沙斐仪派学者之等级》一书，第二卷。——译者

第一句诗文里原文竟有“因为”一词，这显然不是诗歌语言，而是教义学的表述。

女友两人难分身，苦酒滴滴浸我心。
巧笑艳歌皆称爱，一狼一狮如何分。
忍痛割舍一个去，相思伴我度黄昏。
家财一炬不足叹，笑面人生为自尊。

此诗所表现出来的逻辑思维也是学者所为。还有诗道：

悲哀是甲痛为盾，何必铁衣再加身。
曾经多少亲人在，呐喊声中梦成真。
信仰依旧尊严在，千难万险化飞云。
日复一日岁月走，往事如烟何须闻。

此诗更像是学者的述说。

有时候伊本·哈兹姆在诗文中探寻真主安拉的秘密，比如：

是物是人费猜疑，左思右想难破谜。
分明人形方才现，转眼天宇星辰稀。
祝愿造物万能主，光芒万丈普天地。
你是精灵你是神，潜入人心不分离。
说你无形你常在，说你有身无凭依。
众里寻你不知路，原来真主藏心底。

有一首表达爱情的诗道：

夜深人静时，相对酒是客。
无爱难入睡，纵情人生乐。
金银珠宝闪，杯中荡红波。

*　　*　　*

总而言之，伊本·哈兹姆诗歌的内容有很多来自教义学、逻辑学和宗教哲学，因此，很难说他是一个纯粹的诗人，尽管他情感真诚，也有丰富的想象力。

在散文部分，我们还将提到他。

诗歌在倭马亚人和阿米尔人统治时代得到极大的发展，原因一是归于他们都对诗人高度重视，施以丰厚的俸禄，哈里发和将相出征的时候，将诗人带在身边；二是倭马亚人和阿米尔人当权时期社会动荡，战乱频繁，这样的背景可以激发人的诗情。伊本·萨拉姆在其著作《诗人的品级》[①]中谈到某部落时说道："该部落无诗，因为无战事"，这一点也体现于安德鲁斯的诗歌发展，几乎所有文化人，哪怕识字不多，都成了诗人。安德鲁斯诗人在所有诗歌体裁上都模仿着东部诗人，苦行、状物、凭吊、调情，等等。到了列国时期，原来的王朝分为若干个小酋长国，酋长与酋长之间在学术上和建筑等艺术上互相攀比，其中当然少不了诗，使得那里的诗歌得到了更大的发展。因此，诗人的地位不比先行者差，尽管才艺也许并不高超，比如伊本·宰敦、伊本·阿巴德、伊本·赛赫勒等人。他们的成长离不开前辈诗人，因为可以从前辈的创作中受益。他们留下了丰富的作品，在想象能力、比兴手法和题材内容上都表现不俗。应该提及的还有，只要东部出现一个大诗人，其作品很快就传到西部，便有人模仿，速度之快令人称奇。当时，尽管交通不够便

① 《诗人的品级》：阿拉伯最古老的文学评论著作。该书将伊斯兰教问世前和伊斯兰教初期的阿拉伯诗人划分为十个等级，每一级有四个诗人，此外又有"悼亡"、"乡村"、"麦地那"、"麦加"、"塔伊夫"、"巴林"、"犹太"等诸类诗人，共计一百九十四位诗人。——译者

利，但人们之间的交往频繁。每年的朝觐季节是文人聚会的大好时节，诗人无不利用这个机会互相誊抄作品。列国时期虽然安德鲁斯在政治军事上逐渐衰落，但诗歌比过去显得更加成熟。

这一时期，天主教的西班牙人在安德鲁斯逐步占了上风，他们一国一国地攻克，一地一地地收复，每占领一地，当地的居民便背井离乡，踏上逃亡之路。西部诗人用诗来表达亡国之痛，这在东部从未出现过。西班牙人、法兰克人与穆斯林的战争一直没有结束，几乎每年都有令人激奋的战事，但是留下的战争诗并不像想象的那样多。正像十字军东征时期，萨拉丁及其后人反击十字军的战争没有留下什么诗歌作品一样。也许因为前辈诗人关于战争的题材作品较少，而且很古老，很传统，无从借鉴便放弃了。实际上，安德鲁斯的战乱和十字军战争本来可以激发诗人的情感，创作出很多好的作品。

伊本·宰敦（公元1003—1071年）

这是笔者最喜爱、最心仪的安德鲁斯诗人。他曾经精选了阿拔斯·本·艾赫奈夫（公元808年卒）[①]、穆斯林·本·瓦立德（公元823年卒）等人的诗作，学习了布赫图里（公元820—897年）严谨的结构和清丽的修辞，伊本·鲁米（公元836—896年）一泻千里、一气呵成的诗歌风格。他的一生有两件事情激发了他无穷无尽的诗兴，这情感来自内心的冲动，而不是来自大脑。其一是对婉

① 阿拔斯·本·艾赫奈夫：巴格达著名爱情诗人。——译者

拉黛的爱，他坠入情网，尝遍了爱情的甜酸苦辣；其二是嫉妒者如云，屡遭诽谤和陷害，直至被关进监狱，饱受囹圄之苦。他创作能力极强，作品细腻动人，感人至深。当然他未能完全摆脱俗套，写过不少传统的歌功溢美的诗。

他为不少王公贵族写过赞颂诗。他的全名是艾布·瓦立德·艾哈迈德·本·阿卜杜拉·本·艾哈迈德·本·格里布，出自麦赫祖姆部落，该部落随征服大军来到了安德鲁斯。其父是著名的教义学家、文学家，培养他自幼学习做诗。伊本·宰敦公元1003年生于科尔多瓦，公元1071年卒于塞维利亚。如上所述，他从大诗人那里学习创作，同时受周围大环境的熏陶。

他的诗作表明他对东部诗歌及安德鲁斯前辈诗人有广泛的了解，从他们身上获益匪浅。但是他的创作个性十分鲜明。他曾经师从两位安德鲁斯大学者：艾布·贝克尔·穆斯林·本·艾哈迈德·本·莱巴奈和艾布·贝克尔·本·扎克兰，他的作品从年轻的时候起就已引人注目了。

一个偶然的机会他认识了哈里发穆斯泰克菲之女婉拉黛，而且深深地爱上了她。穆斯泰克菲是个荒淫无度的国君，贪婪骄横。他没有足够的财力，却随意许诺，用官爵收买人心，致使人心尽失。他的女儿婉拉黛为西班牙妃子所生，面貌姣好，白皙的皮肤，红色的头发，蓝色的眼睛，从来不戴面纱。她喜欢在家中举行聚会，召集文人墨客切磋学问。她善于作诗，性格倔强，而且严肃率真。伊本·宰敦对她一见钟情，难以割舍。伊本·拜萨姆在他的著作《宝藏》一书里如此描述婉拉黛：“她在时代女性中是个佼佼者，聪明伶俐，秀外慧中，高傲冷峻，出入得体。她在科尔多瓦的家是文人们自由抒发情感的乐园、舞文弄墨的天地。人们慕名而至，渴望与她交往。她虽然出身皇族，血统高贵，纯洁无瑕，但是没有读过书，也不会谈经论道，乃至不拘小节，有些张扬，也常常不戴面纱，素面朝天。据说，她在自己的衣服肩头这样写道：

——我是明月我是花，能歌善舞独一家。

——香腮红唇多艳丽，愿将热吻送予你。”

笔者不认为伊本·拜萨姆所说的纯洁无瑕是真的，伊本·宰敦描写过如何与她幽会：“那晚，坚硬的石榴任我摘，甜美的葡萄[①]任我采。第二天早上她离开的时候，我写诗道：

情作真时难压抑，爱至深处无秘密。

只怨时光似飞箭，转眼清晨道别离。

抬头苦苦唤明月，为何匆匆走得急。

相依相伴夜色短，留下孤身叹冷凄。”

婉拉黛的生活经历颇似东部哈里发麦赫迪之女阿利娅。伊本·宰敦对她的爱始于公元 1030 年，即他二十九岁的时候。当时，后倭马亚王朝覆灭，科尔多瓦落入艾布·哈兹姆·本·贾赫瓦尔的手里。伊本·宰敦和他走得很近，得到了高官厚禄，但是艾布·哈兹姆很快就不再青睐于他，甚至将他打入牢狱，百般折磨。那么，伊本·宰敦的罪名是什么呢？

多数人认为他有谋权篡位之嫌，因为他的才智比起安德鲁斯那些各霸一方的小酋长毫不逊色。他出身名门，精力过人，又是个大文人，和伊本·贾赫瓦尔、伊本·阿巴德、伊本·艾弗斯塔等人

① 在阿拉伯诗歌中，一般坚硬的石榴指乳房，甜美的葡萄指香唇。——译者

不相上下。入狱后，他把主要的心思放在了对婉拉黛的思念和感叹自己的命运之上。特别是当听说伊本·贾赫瓦尔的宰相伊本·阿卜杜斯取代了自己在婉拉黛心目中的位置，而且婉拉黛也委身于他，不再与自己交往的时候，敏感的诗人怒火中烧，将这一腔的愤怒都筑成诗文，时而表达有情人天各一方的悲哀，时而痛斥伊本·贾赫瓦尔的背信弃义。对他来说，牢狱是灾难，但却激发出前所未有的创作激情。他写给婉拉黛：

何时诉别离？悲喜一心系。
长长温情话，何须纸和笔。
苍天鉴真情，你是我唯一。
羹肴难下肚，汲水和泪滴。
秋雁去不还，青春难追忆。
桃花不见面，骄阳暗天地。
天外云层薄，婵娟在哪里？
拨开重重雾，寻你走千里。

另一首道：

一别何时见？相拥诉无眠。
冬日寒风紧，胸中烈火燃。
借问何罪由，高墙铁栅栏。
长夜不到头，忧思常萦伴。
盼主恩泽降，暮宴又朝欢。

*　　　　*　　　　*

说分在眼前，说离常相见。
梦中才幽会，伸手化为烟。

泪水研成墨，情诗千万卷。
长长囹圄路，何日到天边？
无罪遭诬陷，恶人黑心肝。
罪名是脱逃，穆萨逃在先。[①]

*　　*　　*

相伴人易醉，远去心成灰。
真情若毒酒，痴人含恨归。
愁苦无处诉，忧愤知向谁。
猜忌平常事，无奈叹蛾眉。

*　　*　　*

爱情的悲剧给伊本·宰敦的心灵留下了巨大的创伤，令他倍受折磨。他除了写情诗还写凭吊诗，认为凭吊这一题材是宣泄情感最好的办法之一。诗集中有不少力作，如追悼他的老师艾布·贝克尔大法官。艾布·贝克尔是个公正的法官，诗文开头道：

看翠柏常在，观国运兴衰。
沧桑多变化，欢喜换悲哀。

正文中有：

功高难长寿，月满难再圆。
果敢似利刃，法大重于山。
绳束贪心父，孤儿得安全。
人去法安在，悲痛忆从前。

---

① 穆萨：天主教《圣经》译作摩西，以色列人的先祖，曾经率领族人逃离埃及。——译者

悼念伊本·贾赫瓦尔的诗第一句是：

日月同失色，黄土掩风华。

*　　　　*　　　　*

他那首日后被世人广为唱和的爱情绝唱是最好的一首，之后他再也没有超过那个水平：

竹梅相依终离散，两情相悦变冷眼。
清晨听闻乌鸦叫[①]，催人上路是时间。
谁是恶人传凶信？离恨别愁碎心肝。
曾经欢歌笑语声，如今陌路肠欲断。
欢乐少年人人妒，上有天地保平安。
可叹时光空流逝，青春不再暗怆然。
相见已成梦中事，曾道分手是笑谈。
平生从无害人意，如何平白遭人冤？
泪水湿衣相思苦，一掬一捧流不完。
佳人何时能归来？千声万声心中唤。
人约长夜似白昼，人去日下亦觉寒。

他还写了一首彩锦诗，开头为：

天降春雨润旧居，
锦衣玉食一美女，
万花丛中她唯一，
桃花含羞展姿色，良辰美景堪叹息。
惶恐拜倒“暴君”前，

① 乌鸦叫：在阿拉伯地区乌鸦叫表示离别的意思。——译者

艳溢香融长裙边，
未容张口纤腰转，
伤高怀远难一诉，忧长怨短不成眠。
好花吐艳明月圆，
眉目传情秋波远，
腮红妆靓醉人酣，
柔情似水轻轻吐，唇齿飘香绕屋檐。

还有类似散文诗的作品，如：

爱似君王，骄横乖戾。
情像圣人，跪拜皈依。
细呵护，待以贵宾高朋。
旁眼观，怎容污言秽语。
心狂跳，约会时刻已到。
天下事，情人幽会第一。

还有：

情似烈火胸中燃 ，此生不聚心不甘。
目似羚羊金光闪，臀丰乳满腰身纤。
相求热泪淌，诉告春思难。
鲜美樱唇化解相思苦，七尺男儿热泪把衣沾。
痴心妄想飘逸长裙下，花心娇嫩更比花瓣鲜。
怀中热浪暖冰冷酥手，走近前来赏花醉如仙。
光阴飞流逝，柔情不回还。

* * *

人走情依旧，唯君花中秀。

曾经笑语声，转眼变离愁。

但愿时光驻，彼此共白头。

*　　　*　　　*

遥遥东方一痴人，远涉西洋寻爱神。

轻舟难载情意重，殷勤护花献青春。

据说婉拉黛身边有个黑奴，可能是宫中的侍女，伊本·宰敦作诗与其调情，也许为了激起婉拉黛的醋意。这引起婉拉黛的不满，她怒不可遏地写诗道：

曾称天上一轮月，难道撒谎是豪杰？

挑三拣四心肠花，一泻千里泪不迭。

抛下树上甜蜜果，捧起枝头青涩叶。

婉拉黛也许是为了报复伊本·宰敦与其侍女眉来眼去，才与伊本·阿卜杜斯交往的。当伊本·宰敦得知此事，写诗道：

良药毒酒不区分，自贱娇贵佳人身。

竟然狂称是为爱，飞蛾扑火寻自焚。

恶人讥笑春盟负，英豪孤独面风云。

尝过鲜果甜如蜜，丢下果核与鼠孙。

婉拉黛并不像爱伊本·宰敦那样爱伊本·阿卜杜斯，只是受到后者金钱的诱惑，或者纯粹是为了报复伊本·宰敦。

总之，按照伊本·宰敦的说法，他在狱中整整五百日，即大约一年半的时间。其间，他母亲曾去看望他，哭得伤心极了，这勾起了他的伤感，赋诗道：

苍天泪横流，雷电怒不休。

群星亦悲哀，痛失人中优。

诗很长，比如他劝母亲：

失子有古人，悲伤易白头。

穆萨前车鉴，以子换九州。[①]

今朝遭劫难，明日庆功酒。

他曾给伊本·贾赫瓦尔写信，责怪他不该将其收监入狱，但是好像他的罪名的确成立。伊本·贾赫瓦尔把他关在狱里，但是关不住他对婉拉黛的一片思念之情。他曾写下长诗表达自己的心情：

宰赫拉宫曾相伴，大地吐绿天蔚蓝。

微风拂过轻若笑，酥手轻摸妙如仙。

银水绕园潺潺过，婉若玉项配珠链。

*　　　　*　　　　*

念君思君不见君，一朝离去心不甘。

但愿此爱永不绝，往事萦怀忆从前。

贵人多忘昨天事，孤独幽恨一人担。

他把这首诗寄给婉拉黛，未见回音，后求他的老师艾布·贝克尔替他在伊本·贾赫瓦尔那里说情，写下诗一首：

唤声贝克尔尊师，黑暗牢狱传此信。

蒙尘申冤更添土，罪名重过千万斤。

若无恩师巧指点，哪有诗人若星辰？

*　　　　*　　　　*

鲜果佳酿莫独吞，赐予饥肠辘辘人。

① 据说犹太人的先圣穆萨（基督教徒称摩西）的母亲为了不让孩子受到迫害，将他装入一只箱子，放入尼罗河任其漂流，直至找到收养他的人。——译者

文武全才招嫉妒，百般折磨加在身。

红口白牙生谣言，冤情如此无古人。

也许老师的出面发挥了作用，不久之后他回到了宫里，还写诗赞颂过伊本·贾赫瓦尔。但婉拉黛一直没有回到他身边，而且退出了文学聚会活动，留在伊本·阿卜杜斯家中。艾布·瓦立德在父亲伊本·贾赫瓦尔去世后继承了王位，他同情伊本·宰敦的情感经历，遂委任他为使节出使安德鲁斯各小酋长国，以使其渐渐忘记那段感情。

岁月使黑发人变白发人，使少男少女变成垂暮老人，使世间众生由生存走向死亡，岁月也使婉拉黛青春不再，花容无存，她已年逾八十，却未曾出嫁，虽然曾经与这个或者那个男人交往，但只是密友、情人而已。

年轻时的爱情已经如云烟散去，爱过她的人早已离她而去。因为男人只是贪恋她的青春美貌而已，青春既逝，爱情也就不在了。伊本·宰敦也好，伊本·阿卜杜斯也罢，都已经不在意她了，而她也只能活在以往的记忆里。

据说，当年婉拉黛对伊本·宰敦还是有些看法，并向前来说情的人解释过。今天的我们当然无从为他辩护，因为每个人都有缺点，而且必有原因令他们两人分手，必有原因使伊本·宰敦众叛亲离。人们总是喜欢把一些问题混淆，认为当一个人在某一方面出色的时候，其他方面也应该出色。其实，某人也许是伟大的领袖，或者是伟大的诗人，但同时却有许多缺欠。而也许正是由于明显的弱点才造就了他的伟大，就像盲人，眼睛看不见，听力一定非常灵敏。写这段历史的人就犯了这个错误，他们千方百计为伊本·

宰敦的每一个缺点辩护。其实，他的对手攻击他一定是由于他的言行不检点，他的美丽诗文足以让我们感受到诗人的秉性、优点和缺点，古诗里不是常说吗，金无足赤，人无完人。

伊本·宰敦在狱期间也曾经写信给艾布·瓦立德，请求他出面到其父那里说情。艾布·瓦立德也的确这样做了，使伊本·宰敦得到了宽恕。伊本·贾赫瓦尔去世之后，艾布·瓦立德继承了王位，伊本·宰敦得到了重用。但是没过多久，谗言四起，再次将伊本·宰敦置于不利的境地。艾布·瓦立德又想抓他去坐牢，伊本·宰敦非常害怕，匆匆从科尔多瓦逃往塞维利亚。当时的塞维利亚在伊本·阿巴德的统治之下。伊本·宰敦离开科尔多瓦后致信给一些朋友和伊本·阿巴德，希望得到收容。伊本·阿巴德热情地接待了他，那天正值宰牲节，伊本·宰敦因得到收留心潮澎湃，赋诗一首，第一句是：

宰牲佳节人尽欢，劫后逢生更有感。

此后，他一直留在伊本·阿巴德的宫里，倍受款待，直至伊本·阿巴德去世。他为他作诗表示祭奠，开头一句道：

君主当中他最佳，为何上苍选中他？

之后他与伊本·阿巴德之子穆阿台米德的关系甚笃，但是很快便招来更多的反对之声。反对他的人共同举本上奏，编诗中伤，想改变穆阿台米德的想法，但是穆阿台米德并没有把这些放在眼里。那些人感到没趣，随后又出招让穆阿台米德派他率领军队平定叛乱，说“伊本·宰敦年轻又勇敢，人们那样爱戴他……”，穆阿台米德准奏。伊本·宰敦当时虽然有病在身，但也只能服从命令，带病出征。回来后不久便去世了。伊本·宰敦还留下了一些脍炙人口的散文作品，在散文部分我们将详细加以介绍。

伊本·阿巴德

伊本·阿巴德（公元1040—1095年）的家族可以溯至伊斯兰教以前阿拉伯半岛上的希拉王国的末代国王努尔曼。努尔曼曾经因慷慨乐施而被称为“及时雨”，得到许多诗人的赞颂。该家族的人也尝以此感到自豪。阿巴德是安德鲁斯列国时代著名的国王，拥有塞尔维亚和科尔多瓦两个大城市，有诗赞曰：

古成基业努尔曼，今筑新篇阿巴德。

历来名门少贵子，明君功业万人歌。

这个家族善诗文，通教义，勇敢坚定，伊本·阿巴德的父亲就是个诗人，儿子的成就更大。

伊本·阿巴德成为大诗人原因很多，可归纳为以下几点。其一，爱饮酒，酒后激情勃发是重要的原因。其二，对自己的江山的自豪感，在诗人们的吹捧之下，难以抑制对自我的欣赏。其三，在战争中失去了两个风华正茂的儿子，这使他感到切肤之痛。其四，千秋大业一朝覆亡，失去了所有的权力和尊严，高高在上的人沦为阶下之囚，花天酒地的公子哥儿变成了衣不蔽体的穷小子。天壤之别使他难以忘记过去，不断追忆。这一切造就了一个大诗人，一个真诚的诗魂。没有阿谀奉承，没有屈膝献媚，为自己而生，为自己而歌，生活就是诗，诗也就是生活。

诗人的一生可以分成三个阶段：

1. 青年时代：诗人沉浸在无休止的宫廷娱乐之中，酒、女人、亲情、文字游戏，还有出征。他当国王之前，有一次和大诗人伊本·阿玛尔沿河边散步，突发奇想，道出半句诗：

风吹水面涟似甲，

下半句无论如何出不来了，便对伊本·阿玛尔说："接着啊！"伊本·阿玛尔思索片刻也说不行。他们身后跟着个女奴，应声道：

水甲焉能抵万军？

还有一个说法是：

水甲能破敌万军。

伊本·阿巴德回头看那女奴貌若天仙，被其美貌和聪慧深深吸引。据说，那女奴是在战争中俘获的，很可能是个混血儿。伊本·阿巴德问其姓名，答："伊奥蒂玛德"，其主人是鲁米克·本·哈加吉。伊本·阿巴德买下女奴，疼爱有加，终日卿卿我我。女奴为他生下数子，与他同甘共苦。传说有一次，女奴突发奇想，想要像当年当奴隶时那样光脚走在泥地里。伊本·阿巴德为表爱心，便用龙涎香、樟脑精和麝香研制成泥，做成一个泥潭。他落魄以后，有一次她生气道："我简直没和你过上一天舒心的日子。"他回答说："你忘了那泥潭了？"女人无言以对。

总之，这一段是他无忧无虑、锦衣玉食的日子。

2. 国王时代：他当了国王，享尽人间荣华富贵。人们纷纷投奔到他的麾下，他的地盘日益扩大，将科尔多瓦也并入了自己的版图。有人说："到他那儿的诗人比到哪里的都多。"之后，日月颠倒，西班牙国王日益强盛，先命伊本·阿巴德纳贡，后又派使者劝降。伊本·阿巴德气急败坏，打伤来使，杀死随从，说了一句流传千古的话："宁做优素福[①]的牧驼人，不做阿丰索[②]的将军。"

人们当时普遍感到了来自西班牙人的复仇威胁，民间有诗云：

打起背囊去逃生，来到西部错铸成。

沉沉战线穿南北，岛上一片喊杀声。

磨刀霍霍难入睡，人与老虎穴不同。

当安德鲁斯上层听到这样的歌在民间流传，聚到一起商议，发觉原来归属阿拉伯人的城市逐一被法兰克人占领，而阿拉伯各王国之间还在自相残杀，如此下去，法兰克人将迅速占领全境。国王们找到大法官阿卜杜拉·本·穆罕默德共同商议，决定给穆拉比特国王优素福写信求救。大法官会见了伊本·阿巴德，将事情告诉他，对他说："你必须亲自去"，并且修书一封，让他带在身上。优素福见到来信，迅速起兵，穿过赛博塔岛，渡海来到绿岛（安德鲁斯陆地上的城市），派人通知大部队赶上，同时将此决定也告诉伊本·阿巴德。优素福率领的柏柏尔人和阿拉伯人的军队和阿尔丰索率领的西班牙军队展开了决战，这就是著名的扎拉盖战役。经过一番苦战，西班牙人战败，时年公元 1086 年，这一年在阿拉伯人的历史上是辉煌的一年，史称"扎拉盖年"。伊本·阿巴德与优素福并肩作战，多次受伤，还曾数次死里逃生。

人们原以为优素福打完仗后会离开安德鲁斯，回到北非。然而他身边的人看到安德鲁斯山清水秀，财源滚滚，都劝他不要离开。也许并非如此，也许是优素福出于一个穆斯林的良知，认为国

① 优素福：当时北非柏柏尔人所建的伊斯兰国家穆拉比特国国王。

② 阿丰索：西班牙卡斯提尔王国国王。——译者

家分崩离析，群龙无首，无法抵御法兰克人的进犯，必须团结对敌。于是，他下决心留下来，取消小酋长国，总揽大权。无论出于什么考虑，优素福只回去不久便返回安德鲁斯，最终平定了所有小国，包括伊本·阿巴德的王国。

3. 伊本·阿巴德为了捍卫自己的国家与优素福的柏柏尔军队英勇作战。在塞维利亚，百姓们为了反对占领倾巢而出，有的投身大海以示抗议。对此，伊本·阿巴德写道：

强忍泪水，抚平创伤。
谁说投降只是摆模样，
饮食难咽，苦似黄连。
国威丧尽任泪水流淌。

*　　　　*　　　　*

不久，战事又起。柏柏尔人在安德鲁斯赶尽杀绝，伊本·阿巴德的宫殿遭到洗劫，本人被俘，与家人一起被装上大船押往北非。他的两个儿子一个叫穆尔台德·比拉，一个叫拉迪·比拉，分别驻扎在安德鲁斯的两个著名城堡里，他俩如能据堡坚守，便难以被攻下。但是，优素福逼迫伊本·阿巴德诱骗他俩就范，被伊本·阿巴德拒绝了。为此，伊本·阿巴德身陷囹圄，铁链加身，被迫写信让儿子交出城堡。由于父亲的坚持，两个儿子只好投降，后遭人暗杀身亡。伊本·阿巴德写了很多诗追悼儿子：

为何泪如雨，怎能不痛惜？
双子落西天，群星皆唏嘘。
上天曾眷顾，二子能绕膝。
道是人有命，谁知命苦极。

年幼担重任，黑发匆匆离。

早知命如此，不该落下地。

铁镣声尤在，泪遮目光迷。

老母肠寸断，姊妹齐声泣。

泪水如泉涌，百劝不止息。①

“长生”命不长，“胜利”难胜利。②

“阿姆鲁”③才走，又遭此重击。

伊本·阿巴德失败以后，带着属下和家人、财产被押解北非，人们得知后含泪相送，诗人伊本·莱巴奈写下诗一首，第一句是：

苍天恋英雄，泪雨来相送。

其中有：

流放到何处，行囊不可空。

一个叫伊本·哈姆迪斯的诗人也写道：

披露上征程，坚韧是品行。

莫说天国近，山水轮流中。

伊本·阿巴德被赶下了王位，被安置在马拉喀什附近一个叫艾格玛特的小镇子，对此，伊本·莱巴奈有诗道：

万事皆有数，期望有归宿。

光阴变色龙，颜色不常驻。

恰似棋中子，士兵可换主。

*　　　　*　　　　*

① 按照伊斯兰教信仰的规矩，人死为归真，不是坏事，不可大声号哭。——译者

② “长生”和“胜利”是他两个儿子的名字。

③ “阿姆鲁”是他另一个儿子的名字，在平定科尔多瓦动乱时被杀害。

斩断尘世缘，国去亲人故。

赤条无牵挂，来年做他图。

在沦为囚徒的日子里，伊本·阿巴德倍受折磨，生活十分窘迫。一次过节，他浮想联翩，写道：

曾是灯火辉煌日，如今阴冷潮湿时。

小女张开纤细手，为向狱卒讨饭吃。

肮脏泥泞赤足站，谁信当年香风织？

回首玉殿与珠帘，化作噩梦从前事。

*　　　　*　　　　*

沉重的镣铐使他的两条腿伤痕累累，苦不堪言，为此他写道：

奉劝铁链莫心贪，锁中人瘦好可怜。

渴饮鲜血饥食肉，留下骨头予老汉。

骨头坚硬实难啃，黑铁听后心变软。

可怜家中小顽童，不知世事阅历浅。

可叹室内妻和女，苦水当中加黄连。

柔弱无助难活命，泪水涟涟哭瞎眼。

别人不知家中事，唯有老翁心中牵。

奇怪的是有些诗人即使在他陷入如此困境之中还向他求助，他写道：

来求一囚徒，不知谁当助？

羞耻心何在，屈膝面前诉。

*　　　　*　　　　*

每当回忆起过去的日子，他就忍不住要赋诗。他的诗情真意切，无论是年轻时争强好胜，披挂上阵奋勇杀敌，还是后来亡国失子痛断肝肠，身陷牢狱受尽折磨，他均以诗抒情、以诗痛哭、以诗回忆，一切发自内心。人们从他的诗中可以找到他生活的轨迹。如果那诗歌委婉抒情，一定是第一个阶段的作品，比如：

明眸开情窦，相思泪水噙。
目光似利剑，深情如白云。

*　　*　　*

执笔为辞君，心似烈火焚。
纸上无字句，腮上有泪痕。
若非国事重，早已花中巡。

*　　*　　*

酒过三巡天色晚，白昼披上黑衣衫。
一轮圆月当空挂，光华普照暖人间。
星辰搭起八抬轿，金丝万缕路平展。
酒宴摆开赛天堂，歌女酒友如神仙。
长夜若将黑幕降，杯中闪闪是白天。
塔利克琴声未落，竖琴奏起歌声甜。

*　　*　　*

人中一精灵，天上一颗星。
行路细腰摆，顾盼双目明。
园中微风荡，香飘入心胸。
且慢折身返，明目系吾情。
何时到身边？去掉心头病。
饥渴似烈火，樱桃嘴含冰。

如果那诗豪情万丈，或者痛苦万分，应属于第二阶段。而如果

是回忆往事，做今昔对比，那就属于第三阶段了。如：

上苍狠心难诉说，今朝赐予明日夺。
曾经每日将儿唤，如今归西叹命薄。

*　　　*　　　*

沙鸟自由飞，枷笼身相随。
不叹身形美，只妒随意归。

*　　　*　　　*

人盼脚上环佩响，我盼死神早日降。
沙鸟亦能护巢卵，幼子遭劫一日亡。

*　　　*　　　*

伊本·阿巴德的诗与伊本·宰敦的诗有异曲同工之妙。他们是同时代的人，伊本·宰敦曾写诗称赞伊本·阿巴德。如果说伊本·阿巴德的地位更高，诗更桀骜不驯，那伊本·宰敦的诗则内容更加丰富，诗兴也更长。

优素福一伙人十分强大，不管是出于什么原因，是贪图安德鲁斯的财产，还是冠冕堂皇的所谓共同对敌，总之，他清除了各小王国，并把伊本·阿巴德赶出了王宫，囚禁起来，后来又遣送到北非。在北非，伊本·阿巴德没有戴镣铐，也有足够的吃喝，基本的需求得到了满足，这减轻了他一些痛苦。但是，优素福毕竟是个粗鲁的贝都因人，不懂得什么人伦之理。

伊本·阿巴德当国王的时候，有众多诗人伴随左右，赞颂他，和他一起吃喝享乐。在这些人当中，他就像群星中的月亮。其中最有名的诗人当属伊本·阿玛尔（公元1031—1084年）、伊本·宰敦、伊本·莱巴奈、哈索利、伊本·哈姆迪斯（公元1054—1133

年)、阿里·本·希斯尼等。伊本·阿玛尔是个大诗人,科尔多瓦人,家境贫寒,游历过安德鲁斯诸国,到处作诗以讨生活,最后在伊本·阿巴德那里落了脚。伊本·阿巴德视其为密友、伙伴。尽管他一度因出身贫贱,缺乏安全感,对伊本·阿巴德产生过怀疑,但是一直为他作诗,伊本·阿巴德让他写什么,他就写什么。他们二人朝夕相处,亲密无间,伊本·阿玛尔为他写下了许多赞美诗,例如:

遥相将酒煮,风来星辰疏。
夜带檀香去,晨携兰花出。
园中花万朵,美容配珍露。
年少为花狂,醉迷千万株。
河绕花园走,丝绦腰间束。
爱兴疾风起,拔剑强敌缚。

*　　*　　*

伊本·阿巴德从父亲手中接过塞维利亚,当了国王。他终日在伊本·阿玛尔的陪同下饮酒作乐,不思治理国事。父亲得知后,强迫伊本·阿玛尔离开。伊本·阿玛尔离开了塞维利亚,直到伊本·阿巴德父亲死后才又被请回格拉纳达继续当宫廷诗人,后来还当了宰相。伊本·阿玛尔似乎真的有政治上的野心,大有取代伊本·阿巴德而当国王的气势。他英勇果敢,但是树敌过多。有人诬陷他心怀叵测,图谋不轨,其情形如伊本·宰敦所遭受的一样。之后,发生了一系列对他不利的事件,激怒了伊本·阿巴德,最终被杀。伊本·阿玛尔的作品很多,散落在一些文学集萃之中,充分证明了他的创作能力和与伊本·阿巴德相仿的创作风格。

也许伊本·阿巴德并没有错,人们发现伊本·阿玛尔的部分作品激烈地批评伊本·阿巴德及其家人。宫廷的事往往是纷纭复杂的,而且危机四伏。伊本·阿玛尔的灾难如伊本·宰敦的一样。

伊本·莱巴奈也是大诗人,是伊本·宰敦的老师。当他看到伊本·阿巴德一家遭受无妄之灾,成为穆拉比特人的阶下之囚被迫流亡时,心中充满愤懑,写诗道:

一根绳索拴得紧,护好妻子和家人。
灿烂星辰一朝陨,变成牲畜皮鞭伸。
曾经盔甲身上披,如今镣铐压肩沉。
历经大福与大祸,珍珠财宝不当真。
摘去王冠人一个,基业恢宏化作尘。
分别时刻哭声恸,老幼相拥泪沾巾。
船行千里难合眼,哭声宛若赶驼人。[①]
借问大海可泪成?借问礁石可知心?
苍天为何不降雨?曾经甘露润寰尘。

哈索利是著名的《文学集萃》的作者,他被指责在伊本·阿巴德流放期间,在他很困难的情况下向他乞求帮助。伊本·阿巴德是个生性豪放的人,将自己余下的财产几乎都给了他,并写信表示不能多赠的不安和歉意。文学史家对哈索利的行为十分鄙夷,称他"恶习不改,奢求无度"。

伊本·哈姆迪斯是西西里人,公元1056年出生于萨拉戈萨,

① 驼队行进在沙漠里走在最后的人称赶驼人,他的嘴里不时地发出歌哨声,以便保持联络,驱赶行路的寂寞。——译者

自幼才气过人。西西里岛公元1078年陷落于诺曼人之手，诗人逃往安德鲁斯。早在伊本·阿巴德的父亲统治塞维利亚时，他就为宫廷服务。伊本·阿巴德遭难之后，他忠贞不贰，一直追随身边。他留下诗集一部，由艾马利发表，诗集反映了他的生活经历和创作历程，从西西里到塞维利亚的王宫，再到与伊本·阿巴德流亡穆拉比特的岁月。

而阿里·本·希斯尼则代表了安德鲁斯诗人当中注重辞藻、善于比拟的一类，比如他描写一雏鸽：

毛绒小东西，哨声多奇异，
绿脖灰羽毛，好似颜料漆。
眼角珍珠闪，嘴尖玛瑙系，
低头忙觅食，诗人沾墨笔。

这类诗笔者不太喜欢，因为与个人的情怀没有太大的关系，只是一种游戏似的调侃。

总而言之，伊本·阿巴德无论是高高在上当国王，还是背井离乡遭流放，都留下了精美的诗文，而且许多人也因他而写下了不朽的诗篇。

伊本·赛赫勒

全称易卜拉欣·本·赛赫勒·伊斯拉伊里，以色列人，皈依伊斯兰教，早年求学安德鲁斯。当时在不同的宗教信仰——伊斯兰教、天主教和犹太教之间有很多学术交流活动，没有顾忌。比如他的老师中间就有艾布·阿里·沙罗比尼。伊本·赛赫勒（公元

1208—1251 年)为同性恋者,与一个叫穆萨的犹太人共同生活,并且几乎全部作品都是为他而写的。这让我们联想到东部的艾布·努瓦斯,他也曾为男性写情诗。两者相比较,艾布·努瓦斯的诗更加纯正地道,诗兴勃发,题材也更加广泛,有赞有贬,有喜有悲,有异性之爱也有同性之爱,还有苦行清修;伊本·赛赫勒的诗则简易流畅,题材单一,几乎都为穆萨一人所作,但在情感细腻方面可以与伊本·宰敦相比。据说他后来还爱上过一个叫穆罕默德的年轻人,在诗中用双关语暗示:

不爱穆萨爱穆氏,慈悲真主正路指。
此别不为情意尽,只因前法早废止。[①]

*　　　*　　　*

有诗道:

谁带走睡眠?谁带走忧烦?
只为爱一回,春愁理不完。

*　　　*　　　*

为爱热血流,血尽情不休。
世人皆深知,相恋苦作舟。
若问爱何生?目中写春秋。
天赐生命水,来自情人口。

*　　　*　　　*

夜深星为证,缠绵无尽头。

① 穆萨:系犹太人先祖;穆氏:指伊斯兰教先知穆罕默德。此话明指两个情人,暗喻两种宗教。——译者

情深剪不断，星辰亦涕流。
若问何为爱？甜酸苦辣愁。

*　　　　*　　　　*

穆萨腮边痣，白中一点黑。
再添上一笔，美上更加美。
秋波传情意，柔姿着人醉。

*　　　　*　　　　*

暗自泪水滴，水落溅涟漪。
孤身岸边立，不禁问自己。
为何火烧身？晚风送凉意。
长夜难入梦，只为伤别离。

*　　　　*　　　　*

辗转无眠举头问，月识群星可知人。
悠悠情怀何处诉？美酒佳音怎释襟？
秀色百般美若花，娇情万种含羞吟。
走近惊似小羚羊，怀中柔若月遮云。

*　　　　*　　　　*

伊本·赛赫勒还创作了一些彩锦诗，下面我们将提到。他于伊历 649 年/公元 1251 年，即安德鲁斯陷落前不久[①]，溺水而亡。他的诗证明安德鲁斯当时在政治上已经分崩离析，但是文学仍然处于兴盛的时期。

① 原文如此。安德鲁斯陷落的时间应为公元 1492 年 1 月 2 日。是日，西班牙卡斯提尔人进入格拉纳达，奈斯尔王朝最后一任素丹带着他的妻子和随从泣别红宫，去过隐居生活。阿拉伯人从此退出西班牙。——译者

伊本·古兹曼

他是一个另类的诗人，以往的诗人一般为哈里发、王公大臣及学者们作诗，或者为自己作诗，但是伊本·古兹曼(公元1160年卒)则是一个关注民生的人。他看到人们喜欢写民谣和彩锦诗，便决意从事创作。他游历四方，去过塞尔维亚、科尔多瓦、巴伦西亚等地。有些编年史中称他为宰相，其实他只是一个平民，也许，叫伊本·古兹曼的不止一个人。他的诗集用的是方言。安德鲁斯的方言与阿拉伯其他地区的方言不同，读懂他的诗是一件很难的事。此外，民谣、彩锦诗以及其他民间文学创作与古典诗歌有很大的不同，他的诗就属于民间文学范围，其中很多方言我们无从理解，因为当地方言与我们所说的阿拉伯语不一样。用方言创作笔者一贯持反对态度，因为如果用标准阿拉伯语，所有操这一语言的人都能够理解，而使用方言，非本地居民便无从理解了。他的诗集呈现出一段游戏般的人生，就像伊本·哈加吉、伊本·萨克拉等诗人一样，充满了色情、调侃和荒诞。一些与他志趣相投的人喜欢他的诗，但是有文化品位的人往往嗤之以鼻。

民间文学用耳朵欣赏而不是用眼睛。因此，他的诗文大多难以理解。但是一些东方学家非常关注他的诗，因为他的诗更多地反映了百姓的生活状况。他一般使用科尔多瓦方言创作，这种方言对于喜欢民谣和彩锦诗的人来说是一个很大的课题。诗集说明了他当时的生活如何贫困，和哪些人生活在一起，如何谋生，经过勘误和评点而发表的诗集已经成为很多问题研究的参考资料。民谣和彩锦诗在他的手上得到发扬光大。诗集还证明他有很高的文学造诣，因为其中提到很多诗人的名字，甚至提到埃及民歌的作者，如纳捷尔和古绥等人。

他有诗道：

骑士手中剑一柄，文人案头笔一管。

二人皆是英雄汉，挥笔拔剑写诗篇。

一个朋友邀请他聚会，他写诗道：

生本清高名誉先，人山之顶由我攀。

放歌纵舞百般艺，万事通达众人瞻。

满座宾客皆惊诧，明晨已成街巷谈。

良宵一去可再复，美梦完结无日还。[1]

*　　　*　　　*

人生在世须谨慎，切莫不存防人心。

豺狗常扮狮子相，遇到真狮才现身。

他常常将各种诗歌题材混在一起，赞颂、调情、央求、打趣互相交叉，在谈到民谣和彩锦诗的时候我们还会提到他。

*　　　*　　　*

以上是职业诗人的情况，还有大量的诗歌作品是非职业诗人所作，应该提及。

有一首描写渠水灌溉花园的诗写道：

潺潺细水天上来，滋润园中百花开。

鸟闻花香哨声起，流水弯弯巧徘徊。

① 最后一句是阿拔斯朝大诗人谢里夫·拉迪所作。

鸟水合鸣柔情洒，宛若病人盼医来。

泪流满脸眼眶浅，转眼黄土水漫盖。

有人描写一个黑酒瓶子：

大话一酒瓶，黑衣墨色浓。

倒出醇香酿，暮色入三更。

奈何琼浆少？嫉妒在其中。

有人描写一颗美人痣：

求君莫相劝，情思割不断。

唇上一颗痣，美女入画卷。

园中多疑惑，梅菊两费难。

有人写情感：

道是美人不足，说是优雅无度。

赞是圆月下凡，婵娟摇首叹服。

腮边一颗黑痣，恰似妩媚点珠。

深夜相依相偎，心如烈火明烛。

紧紧拥抱在怀，唯恐又陷孤独。

双手紧缠不放，害怕美人夺路。

羞涩难捺激情，强忍不敢碰触。

饥渴何须矜持，难道悔不当初。

*　　　　*　　　　*

许多非职业的诗人写下了大量的作品，有的描写自然景色，有的描写欢乐场面，有的描写情感，等等。其中赞颂诗几乎没有，都留给了职业诗人，因此，这部分诗更加富有诗意。总之，这是安德鲁斯诗歌的重要组成部分。

彩锦诗与民谣

安德鲁斯的诗歌一直追寻着古典诗歌的路子发展，后来产生出一种新鲜的形式，这就是彩锦诗和民谣。这种艺术不仅仅局限于精英阶层，百姓也十分喜爱。对于这种诗歌产生的研究持续至今。是阿拉伯人的独创，还是受到了周边文化的影响？无论如何，彩锦诗独特的音律、韵脚和韵步与古代阿拉伯诗歌迥然不同。伊本·赫勒敦在《历史绪论》中对于这一诗歌形式进行了详细的论述，可以概括如下："他们创作出一首又一首彩锦诗，追忆部落的功业，赞扬国王的功德，就像阿拉伯古诗一样，由于创作容易，可以信手拈来，得到人们的广泛喜爱，包括学者与普通的百姓。安德鲁斯首创这一艺术形式之人当属穆格达姆·本·迈阿非，他是王室成员阿卜杜拉·本·穆罕默德的诗人。还有《罕世璎珞》的作者伊本·阿卜杜·莱比也学了这一创作手法。继他二人之后的佼佼者是穆阿泰绥姆·本·苏玛迪赫的诗人奥巴达·盖扎兹以及在穆拉比特王朝时期的哈勒拜，他们都有佳作传世。"

这里我们举一些例子：

伊本·祖赫尔：

高声呼唤叫酒家，请听客官把话拉。

酒醉看人一个样，

酒水顺着指头洒，

醒来方知闹笑话。

拉过酒坛凭桌坐，四碗四碗连着喝。

眼前恍惚分不清，
太阳月亮竟认错。
想听故事听我说，
眼疾皆为常流涕，泪水涟涟苦自己。
自幼青梅伴竹马，
两小无猜不分离。
人随爱长盼婚期，
临到结婚消息断，恸哭哀号好凄惨。
亲朋好友来相劝，
连称此举太荒唐。
责骂男儿志气短，
失恋不痛何时痛？好比大业成泡影。
肝肠寸断泪飞溅，
泪水流尽心不甘。
众人拿来作笑谈，
曾经心中只有她，如今向谁诉衷情？

*　　　*　　　*

伊本·赛赫勒：

羚羊可知山野里，有颗痴心恋着你。
心儿似火熊熊烧，风儿一吹火势急。
分别那晚月高悬，爱萌心中未留意。
爱本无罪天地见，君子美女心相仪。
人去楼空不知路，留下相思千万里。
每道情深佳人乐，仿佛荒山落秋雨。

此方悲哀如送灵，那里欢笑似新喜。

*　　　　*　　　　*

里萨努丁·本·赫忒布：

盼春雨滋润大地，盼时光斗转星移。
曾经幽会心还跳，如今一切在梦里。

岁月曾有情，星星眨眼睛。
一个两个仨，恰似人朝圣。
花香遍原野，花开笑盈盈。
天上幸福水长流，地上欢笑遍五洲。
人逢喜事笑开颜，宛若天空星光灿。

*　　　　*　　　　*

艾布·贝克尔·艾比耶德道：

花园芬芳吐，酒甜心中苦。
清晨空落泪，皆为小人出。

说起伤心事，疑心多费时。
眼里怒火冒，红口白牙齿。
约人黄昏后，见面嫌太迟。
张嘴问为何？一掌面颊赤。

扭身人走远，香风送温暖。
杨柳般细腰，想摸不敢摸。

欲火心中燃，忧闷思成病。

千次万次求，摇头不答应。

无论劝或说，别想再见我。

约会是昨天，日后心相隔。

彩锦诗和民谣从安德鲁斯传到了东部地区，无论何种方言，在作彩锦诗的时候都使用安德鲁斯的某些习惯用语。伊本·古兹曼的民谣和安德鲁斯的彩锦诗一时间成为阿拉伯各地的时尚，伊本·赛义德说："我见到伊本·古兹曼的民谣流行于巴格达，其热度超过了西部的城市。"在突尼斯有个叫麦德格里斯的人，写民谣道：

小雨轻轻下，太阳金光洒，

水落泛白银，金线当中插。

滋润万物生，枝条舞轻纱，

多想同欢笑，羞涩红面颊。

埃及的伊本·西那作彩锦诗道：

爱人啊，请揭开你闪亮的面纱，

就像那，檀香树把香风挥洒。

白云啊！请降下你甘甜的雨水，

她回身，脚环响似溪流直下。

*　　　*　　　*

在民谣的基础上巴格达诗人又创造出一种艺术形式，称之为"麦瓦利亚"，很快又在埃及开罗等地流行。有麦瓦利亚道：

恋上美女发已白，给个香吻快过来。

心急道她怎发话，棉花胡子怎分开？

还有：

曾经明亮眼一双，如今难辨星月光。

过去多少欢乐事，今朝月下话凄凉。

关于彩锦诗和民谣我们可以概括出以下几个特点：

1. 彩锦诗与民谣的特点决定了这类诗是供吟唱的，换句话说就是一种听的艺术，而不是供阅读的。因此，这类诗常常为了照顾韵律将单词进行变化，缩短或者延长，乃至改变其发音的规律。

2. 彩锦诗与民谣具有地方特色。阿拉伯各地都有其方言，与民族通用的标准语言不同。古代诗歌不分地域，使用同一语言，但是民谣因地域不同使用的语言也不同。因此，我们理解伊本·古兹曼的作品有一定难度，他使用的语言与埃及土语差别很大。

3. 上层的文人学者因为彩锦诗是老百姓的俗物而鄙夷这种艺术形式，横加指责，极力反对，甚至问："为什么将这种低俗的东西纳入了阿拉伯高雅的诗歌艺术？有什么必要提到它呢？最好是将其弃置不顾。"对此的回答很明确：是为了愉悦身心，是对高雅艺术的补充，有诗为证：

说笑化悲苦，孺子亦痴狂。

彩锦诗与民谣之中也有修辞现象，比如比喻、比拟等，与普通诗歌不相上下，其中有积极向上的，并不全是低俗之物，少数作品除外。我们对麦盖里和伊本·赫勒敦将这类作品作为文学记载下来应该充分肯定，应该批评那些对彩锦诗和民谣只字不提的历史学家。贵族有贵族的享受，平民有平民所喜爱的彩锦诗和民谣，文学史家不可忽视这一点，因为这些作品中含有大量的时代信息。

有些诗歌选编者认为只有严肃的诗才是诗，才是真正的文学，这种看法是不对的。

实际上，文学的内涵十分丰富，伊本·赫勒敦的《历史绪论》是文学，塔尔吐什的《宫廷夜语》是文学，彩锦诗与民谣是文学，苦行和清修的诗也是文学。过去，由于诗人的题材多为抒情和赞颂，而且都是用标准的阿拉伯语创作的，人们以为只有这样才算文学。其实，一旦诗人的题材超越这个范围，人们会发现文学原来如此博大。

民间文学也需要纳入史册。民间文学的种类很多，比如笑话、格言、谚语等，应该研究这类文学是怎样产生、如何传播的，还有各地的民谣、彩锦诗及其特点都要研究。但是，遗憾的是对此尚无全面、系统的著述。①

4. 彩锦诗与民谣的区别。彩锦诗大多数是用标准语写的，民谣用的则是方言。安德鲁斯人使用的方言十分独特，阿拉伯语、柏柏尔语和西班牙语相混杂，甚至还有拉丁语。民谣是无拘无束的，特别是伊本·古兹曼写的民谣，没有任何粉饰与矜持，其中有些对娱乐场面的描写过于直白暴露，甚至不堪入目。他的民谣流传甚广，人们十分熟悉，常常在街头人们聚会的地方，或者休闲娱乐场所伴着六弦琴、四弦琴和手鼓集体吟唱。他创作的民谣和民歌因为用的是方言，较难理解，但是我们通过夹杂其间的阿拉伯语单词和西班牙语单词可以略知一二。

总之，安德鲁斯人在欧洲大陆创作出彩锦诗和民谣，而且，这种文

① 见笔者艾哈迈德·爱敏《埃及习俗、传统、方言大辞典》中有关笑话、民间文学、拜哈……祖赫尔和伊本·达尼亚勒生平的相关条目。

学形式影响了欧洲。其产生的原因可以说是因为感到阿拉伯古典诗歌在韵律、语法等方面太过严格的束缚，起来反叛，就像艾布·努瓦斯不喜欢吟诵废墟，穆瓦希德人不喜欢研习语言学、语法学一样。

但是，当艾布·努瓦斯发现自己的努力被否定之后便回过头来写废墟，重新拾起贾希利亚时期的古老题材，穆瓦希德人也放弃了哲学，又回到了语言学领域。而彩锦诗却成功了，因为得到了多数人的热烈附和。人们摆脱了创作的枷锁，不再受一诗一韵制的约束，可以使用风趣幽默的方言，不用顾及语法的对错。这就使创作之风日盛。

此外，彩锦诗遵循着一定的音乐节奏和旋律，并不是过去的诗律，为了音乐的需要，他们自创词汇，或者改变原有的单词结构……他们把诗、歌、舞三者相结合，将诗歌带回到创作的本源。

伊本·赛纳·姆鲁克（公元1150—1212年）在《新体诗》一书中说："彩锦诗有曲调和格律，无韵脚但有节奏，不用太多乐器伴奏，只需要弦琴，最多加上大风琴即可。彩锦诗从传统的十六格律解放出来，甚至有人说，诗人们想怎样就怎样，音乐是唯一的标准，而不是格律。"他还说，他试图归纳彩锦诗的格律，但是失败了。"我试着为彩锦诗找韵脚，以便今后照着创作、演奏，但是，仿佛那一切都是信手拈来、脱口而出的。"

一首彩锦诗的韵脚往往很复杂，有的多达十几个。他们认为一个韵脚枯燥乏味，令人厌烦，就像一个曲调反复演唱一样，便打破了这种程式。正如《宝藏》的作者伊本·拜萨姆所说："多数彩锦诗没有格律，没有句数和联数的限制，而且有些还使用早已废弃的格律。有的创作者使用方言或者外语，创作的东西既没有熟悉的内容,也没有熟悉的方式。”彩锦诗的特点是简单,因为简单容易被接受,要想将其复杂化是很荒谬的。伊本·赫勒敦说:“彩锦诗并没有披锦,是光着身子,不加遮掩的。”当时,上层人物也积极参与了这类诗歌的创作,如医生伊本·祖赫尔、哲学家伊本·巴哲、宰相利萨努丁等。伊本·赫勒敦在研究中还说:“安德鲁斯人的诗歌创作丰富起来,各种诗歌艺术形式得到发展,造诣越来越高,后来的诗人创造出一种诗歌形式,他们称之为彩锦诗。”

在穆格达姆和伊本·阿卜杜·莱比开创了这门艺术之后,最杰出的当属欧巴戴·盖扎兹。他说过:

月儿落下太阳升,柳条轻拂花色浓。

后来,在穆拉比特王朝时期出现了剧场,演出了很多精彩的戏剧片段,这一时期的杰出人物是盲人诗人图忒里,他有诗道:

愁思千万缕,何必要坚毅?

据说一群彩锦诗作者汇聚塞尔维亚,每人带一首自己认为最满意的作品,图忒里一举夺魁。那首著名的彩锦诗的开头是:

石榴开口笑,圆月面纱撩。

岁月催人老,诗心盼阿娇。

其他诗人听了这一首后,当场撕碎了自己的诗文。伊本·巴基也有精彩的彩锦诗,开头道:

艾哈迈德雄心大,盛名远播震四方。

彩锦诗在安德鲁斯民众中传播,因其简易平实、用词儒雅、长短对称,百姓也参与创作。其他地区的百姓看到这种情况,也竞相模仿。他们用标准的语言创作,但是不重视语法规则,这类诗被称为“短律诗”。艾布·贝克尔·本·古兹曼是第一个创作短律诗的，是这种艺术的鼻祖[①]。据说一日他与好友一同来到一个游览胜地，众人坐在一个凉亭之下，见到一个大理石的狮子嘴里喷吐着泉水，吟道：

幽幽长廊一凉亭，
雄狮衔蛇在嘴中，
蛇大塞满雄狮嘴，
一股清泉夺路冲。

继他之后，还有很多人写短律诗，这种诗与彩锦诗不同，并不使用方言。关于彩锦诗和民谣我们已经举了很多例子，说明其形式和韵律的规律了。

以上所介绍的古典派诗人、彩锦诗和民谣作者可以确切地证明我们所说过的话：安德鲁斯诗歌的题材比如赞颂、贬损、抒情、凭吊等是对东部诗歌的模仿，正像东部诗人一直沿着贾希利亚时期诗人的足迹亦步亦趋，在内容和风格上秉承着前辈的规则一样。只是安德鲁斯人在模仿东部的时候每个诗人自己有独特的选择，有人模仿艾布·努瓦斯，有人模仿穆太奈比，如此等等。诗歌的形式无论在安德鲁斯还是在东部都沿袭着贾希利亚的基本形式，以爱情开始，然后进入旅程，然后是赞颂的主题，爱情的主题也可能变成咏酒的诗句。古代诗人、伊斯兰时期的诗人，直至安德鲁斯的诗人都是如此。诗人的主旨是获得赞颂对象的奖赏。每个诗人采用的方法不同，主要的不同之处在于如何从对旅程的描写过渡到赞颂，在安德鲁斯有一首以“努奈”（NU）为韵脚的诗，赞颂易德里

① 伊本·古兹曼有短律诗集，一些东方学者对他的诗集进行过深入的研究。

斯·本·叶海亚·本·哈姆德，首句为：

早上天不亮，细雨润山冈。

遍地洒甘露，秃岭换绿装。

然后从对这荒山秃岭的描写直接进入主题：

太阳东方起，大地现曙光。

王者威风逞，光芒似太阳。

也许公正地说，安德鲁斯人在描写自然景色方面超过了东部，或者说在描写能力上总体超过了东部，这是安德鲁斯自然环境优美使然。但是，在哲理和苦行这两个方面比东部逊色许多。

另外还有一个方面安德鲁斯人超过了东部，这就是对亡国之痛的描写。当一个王国覆灭了，或者濒临灭亡时，诗人为之叹息写下悲愤感人的诗篇。其中最好的例子也许是伊本·阿布顿的那首：

人泪未干天落泪，幽魂鬼影去不回。

诗中描述时代的灾难，感叹命运的轮回和帝王将相所遭遇的不幸，成为历史的记录，许多后来的诗人起而仿效。伊本·拜德伦对此诗作了详细的注释。

此类题材还有艾布·拜卡·伦迪的悼念安德鲁斯被天主教徒击败的诗：

月亮有盈亏，乐极定生悲。

这一首不如前一首气势磅礴，其中还有呼吁穆斯林团结一心，力挽狂澜的词句。但是只手难遮天，这无力的呼唤丝毫没有起到作用，安德鲁斯的衰亡就像后来的巴勒斯坦一样难以挽回。

此外，安德鲁斯还有些风趣幽默的小诗段子，前面提到过一些。在列述了安德鲁斯诗歌的这些特点之后，还应该强调的是，传统的东西一直是主导，因为那是衡量诗歌优劣的尺度，在比兴手法上东部诗人与安德鲁斯诗人是一致的，只是安德鲁斯人更善此技，但是原则是一个，那就是古老的手法。

艺术散文

阿拉伯东部的散文已有了很大的发展。其发展可概括为五个阶段，各阶段的代表人物分别为：第一阶段是四大正统哈里发和倭马亚王朝诸哈里发及众埃米尔；第二阶段是阿卜杜·哈米德（公元？—750年）；第三阶段是阿卜杜拉·本·穆格法（公元724—759年）；第四阶段是贾希兹（公元775—868年）；第五阶段是伊本·阿米德（公元？—970年）。每个阶段各有其特点，但总体上讲，阿拉伯人讲究散文的韵脚，尤其崇尚自然流畅。阿拉伯人乐感极强，听觉敏锐，句子倘若不能合辙押韵，也要工整对仗，各个时代都盛行此风。散文的风格如诗歌一样，不同的时代也有变化，如：贾希利亚时期的诗歌使用的修辞手法多出自诗人的本能，自艾布·泰玛姆（公元788—864年）等人之后，浑然天成的修辞手法变成了刻意的雕琢。散文的情形也是一样，早期的散文韵律和对偶来的委婉自然，自伊本·阿米德起，韵律变成了程式，变成了刻意的雕饰。

以哈里发及埃米尔言论为代表的第一阶段，其特点是韵脚时有时无，并非刻意，有时用对偶，有时也很随意。这一时期的散文句与句之间、段与段之间无紧密的连接，每一句或每一段都仿佛意

犹未尽，有发人深省的暗示，使人难以确定其实在意义，尽管语句十分优美。

这源自阿拉伯人的本性，阿拉伯人喜爱华丽，并痴迷于此，他们的情诗、凭吊废墟、恋乡情结皆源于此。因而，他们喜爱修辞，认为修辞是一种超能力，以善于修辞而自豪，对好的表达由衷地赞赏。也正因为如此，伊斯兰教所带来的最大的奇迹便是艺术的奇迹，即《古兰经》的修辞奇迹。

当时的散文深受《古兰经》的影响，《古兰经》是众散文家模仿的对象，也是装点他们作品的饰物。其散文的基本风格就是韵脚与对偶，句子短小而规整，有上句必有与之相仿佛的下句相应和。这种情形一直延续到阿卜杜·哈米德（公元750年卒）时期。阿卜杜·哈米德是一个波斯人，善表述，会铺陈，对所写的题目娓娓道来，耐心解释，不断从老题目中衍生出新的内容，从一个话题转入另一个话题。他在哈里发的授意下，确定了官府王室的书牍文体的写作格式。但是，他并不注重尾韵，韵脚在他的文章里出现只是偶然，他对写作的看法从他写给书记官们的信中可以清楚地看到，并直接地影响了后来的散文家。伊本·穆格法（公元724—759年）又开一代新风。他重视的是内容的表述和文字的准确，注重同一意义用不同的方式加以阐述。他善于心理分析和伦理训诫，他的行文中尾韵自然天成，没有任何矫揉造作。此外，他在使用阿拉伯语来表达全新的内容和广泛的城市生活方面做出了极大的贡献。之后的贾希兹（公元775—868年）文笔如行云流水，题材琳琅满目，使生活中的一切皆成为文学，工匠、女奴、强盗、小肚鸡肠的嫉妒者等都成为文学人物，信手拈来皆成文章，使文学有了更加广

泛的内容。而且,他诙谐幽默的风格令读者心驰神往。然后是伊本·阿米德(公元?—970年)及其所代表的流派,他们言必有韵,专攻此道,使所有的句子都有韵律,整个文章修辞手法极其复杂,就像一座雕梁画柱的大厦,精美而华丽。

东部所发生的一切都反映到西部的安德鲁斯,东部的艺术形式一个紧随着一个来到这里,并且演绎了整个东部的发展历程。人们发现,后倭马亚王朝早期哈里发及埃米尔发表的文告与东部倭马亚朝哈里发颁布的文告极其相似。后来,伊本·哈兹姆写的文章颇似伊本·穆格法的风格,内容丰富,且有心理描写。其后,那些从东方来到安德鲁斯的学者的写作风格与贾希兹的手笔也有几分相似之处,如萨伊德·本·哈桑·巴格达迪的文章,其内容之丰富,用词之准确,韵脚之随意,都很像贾希兹的风格。这在他写给艾布·加法尔大臣,请他在哈里发面前为遭受不白之冤的阿卜杜拉·本·迈斯莱麦大臣的求情信中可窥见一斑:"当你享受着荣华富贵,接受着八方的恭维,摆脱了生活的劳顿,人心在为你跳动,希望在你头顶飞翔之时,伊本·迈斯来麦则万箭穿心、寝食难安、万念俱灰、走投无路地来到你面前。请可怜这位行乞之人吧!幸运时想一想厄运降临,安逸时想一想无家可归,命运之箭谁能预测何时到来,所以,死亡既是'宏愿'又是'偶遇'[①]……"白迪耳·宰曼(公元969—1008年)和哈里里(公元1054—1122年)等人走红时,安德鲁斯的学者便仿效他们,按照他们的模式写信札,创作玛卡梅韵文

① 阿拉伯语中表示死亡的词很多,其中有两个词很常用,一个来自"愿望",一个来自"偶然巧遇"。文中正是指这两个词。——译者

故事。比如伊本·舒海德在《精灵与魔鬼》就使用的这种风格。当伊本·阿米德及其流派的华丽、矫饰之风吹到安德鲁斯时，当地文人趋之若鹜，将各种修辞手法大量运用于自己的创作。于是，便有了伊本·拜萨姆（公元1087—1134年）的《宝藏》、伊本·哈彦（公元987—1076年）的《安德鲁斯史》、伊本·汉高尼（公元1087—1134年）的《金项链》、《安德鲁斯名人趣谈》等作品。如拜读这些作品，就会发现多是带韵脚的文字，作者是在模仿伊玛德·艾斯法哈尼[①]的《耶路撒冷攻陷记》等书的写作风格。当然，安德鲁斯人也有自己的创造，也有胜过东部之处，在谈到散文家时再详评。

很多安德鲁斯文学家集诗歌和散文创作于一身，既是诗人，又是散文家。他们有一种直觉，一种本能，当作诗的即作诗，当撰文的即撰文，当情感勃发，急于倾诉时便作诗，当需要表达趋于理性的内容时便撰文。安德鲁斯的文学家普遍擅长于描写国王和贵族的内心世界，擅长思辨性的题材，比如作品《剑与笔》、《安德鲁斯各地优劣之辨》等，还擅长写宗教仪式。他们的文字充满想象力，有极强的韵律感，散文也像是诗歌一样。他们喜欢铺陈，东部作家注重洗练。这些特色在下面的介绍中都将一一呈现。

伊本·阿卜杜·莱比

如前所说，伊本·阿卜杜·莱比是文学巨著《罕世璎珞》的作

① 伊玛德·艾斯法哈尼（公元1125—1200年）：著名书记官出身的历史学家，曾为萨拉丁效力，主要著作有《耶路撒冷攻陷记》、《诗集》、《书法集》、《萨拉丁传》等。——译者

者，前面介绍了他的诗歌。其实，他还是一位大散文家。他的散文功力在《罕世瓔珞》各章的序言中均有表现。其高超的写作技艺，或精雕细刻，或激情四溢，有韵脚时不矫揉造作，无韵脚时定有对偶令人拍板叫绝，就像一个绅士在庄重的场合总是身着正装，从不口出俗言。他的语言总是十分讲究规格排场，比如在书中的《翡翠章》开头谈到学问与文学的关系，他说："在与国王交谈时，我以优美的言辞赞颂他们的统治，以得体的方式拉近同他们的距离，歌颂他们的英明和睿智。赞美真主，让我们谈谈'学问与文学'这个话题。文学与科学是宗教与世俗所有学问的两个极点。人类与动物的区别、人性与兽性的区别，在于理性、肢体、意志和灵魂。真主以其至高无上的权力和万能之手，让世上一些事物相互依存，相互转化。凭感觉产生的疑问会引起联想，联想会令人深思，深思会激发欲望，欲望会导致行动。学问有两种：一种会背记，一种会应用，背记者有害，应用者有益，点滴应用强于满腹经纶。"在《谚语章》里，他说："谚语是文章之装饰，语言之精粹，意义之瑰宝，是阿拉伯人之选择，非阿拉伯人之贡献。人人都会说谚语，时时都有人讲谚语。谚语比诗歌更有生命力，比演讲更高雅，任何话语都没有像它那样覆盖整个寰宇，乃至有人说：'某某事就像谚语传得家喻户晓。'有诗云：'你就像脍炙人口的谚语，老幼妇孺皆知。'真主在经书中使用谚语，真主的使者在圣训中也使用谚语。"这段文字使我们了解了伊本·阿卜杜·莱比的写作风格及其丰富的内容、他时而运用对偶，时而运用骈韵，很像贾希兹的风范。

伊本·布尔德

安德鲁斯最著名的书记官之一，人称艾布·哈福斯，在安德鲁斯有两个叫伊本·布尔德的人，一个大伊本·布尔德（公元 1027 年卒），一个小伊本·布尔德。有关小伊本·布尔德的材料很少，而大伊本·布尔德作为一代散文宗师，才华横溢，官及高位，其孙自豪地吟诗道：

我本伊本·布尔德，刀光闪处真英雄。

祖父伟业已筑就，犹如珍宝照苍穹。

挥笔泼墨成珠玑，击退敌人剑不灵。

他的成名也许归于曾经担任哈里发穆斯泰克菲的首席书记官，他的作品中有很多是对于从事文书这一职业的人提出的忠告。很遗憾，我们没有找到他的私人信函，只找到了他写的官方文书。伊本·布尔德生性温和，对哈里发俯首帖耳，让他写什么他就写什么，就像东部为萨拉丁效力的法迪勒法官一样。他晚年出任伊本·艾比·阿米尔及其子孙的书记官，据穆扎法尔·本·艾比·阿米尔说，伊本·布尔德曾说过这样的话："奇闻，天大的奇闻，千辛万苦换来的却是背信弃义。只因为我的宽容和忍让，如今陷入了痛苦的深渊。然而，那是我的天赋秉性啊。"

伊本·拜萨姆在《宝藏》一书中引述了他的一些文字，即伊本·布尔德为希沙姆·穆艾伊德撰写的将王位让给阿卜杜·拉赫曼·本·曼苏尔的誓约，其中写道："在摒弃了偏见并经过考察之后，发现没有人比他更适合出任王储而继任哈里发之职。他心灵高尚，生性慷慨。他出身高贵，地位显赫。此外，还有他的虔诚、清廉、博学、刚毅、纯真令万民敬仰，让万众放心，他，就是阿卜杜·拉赫曼·本·曼苏尔！”

伊本·布尔德逝世于伊历 418 年/公元 1027 年，享年约八十岁。

从此可以看出，他的情形就如同埃及的宫廷书记官一样，流传下来的作品大多为官方文书，就像盖勒盖山迪[①]在其《夜盲者的曙光》等著作中所提到的那样。

伊本·舒海德与伊本·哈兹姆

前面谈到伊本·哈兹姆是个宗教学者兼诗人，伊本·舒海德是个单纯的诗人，这里要谈的是二人在散文方面的成就。伊本·舒海德一位出身名门的大书记官，但是失聪使他无法在官场继续任职。从他的作品来看，他是个极富创造力的写作高手。他所留存下来的书信数量很多，都证明了他的写作才能和想象力，其中一些很像是玛卡梅[②]体的韵文故事，其中最著名的是《精灵与魔鬼》（泰瓦比阿与宰瓦比阿）。《精灵与魔鬼》是一部流传很广的作品，泰瓦比阿是指伴随在人左右，教人行善的“精灵”，宰瓦比阿意为“风暴”，亦指唆人作恶的精灵——魔鬼。此书取这个名字是作者

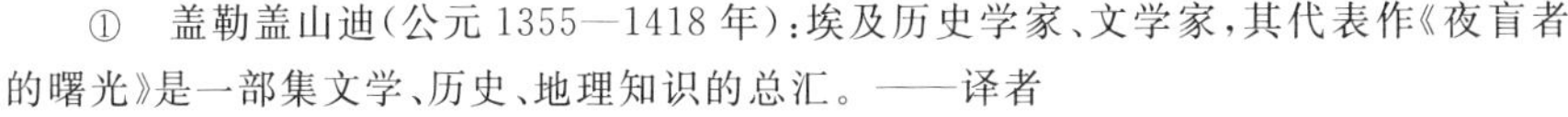

① 盖勒盖山迪（公元 1355—1418 年）：埃及历史学家、文学家，其代表作《夜盲者的曙光》是一部集文学、历史、地理知识的总汇。——译者

② 玛卡梅：一种产生于阿拉伯中世纪晚期的文学形式，是小说和戏剧的雏形，是一种带有故事情节的骈文，或者是一段带有调侃的对话。——译者

想要借精灵的口，表明自己对书记官、文学家以及文学问题的一些看法，就像艾布·阿拉·麦阿里写《宽恕书》一样。

有人认为《精灵与魔鬼》是对《宽恕书》的模仿，但是有些东方学家认为：事实正好相反，是艾布·阿拉模仿了伊本·舒海德，因为可以肯定的是《精灵与魔鬼》一书早于《宽恕书》大约二十年。伊本·舒海德书中内容可以证明，此书完成于穆斯泰因哈里发时期，即苏莱曼·本·哈克姆·本·苏莱曼·本·阿卜杜·拉赫曼·纳绥尔时期（伊历 400—407 年/公元 1009—1016 年）。而我们已知艾布·阿拉（公元 973—1057 年）的《宽恕书》是为答复伊本·卡利赫而作，创作时作家已约七十岁。书中还提到创作的时间为伊历 422/公元 1030 年[①]。因此，《精灵与魔鬼》一书早于《宽恕书》大约二十年。艾布·阿拉借鉴了伊本·舒海德的思想，巧妙地加以发挥，走出了一条与伊本·舒海德不同的道路，尽管阿布·阿拉、伊本·舒海德以及后来的但丁（意大利诗人，公元 1265—1321 年）的基本构思是一致的。

伊本·拜萨姆在其《宝藏》中引述了《精灵与魔鬼》的大部分内容。伊本·舒海德在书中记录了许多奇闻轶事，使用了许多风趣的表达。比如说，精灵将他带到一个水池旁，池中有一只鹅，伊本·舒海德写道："一只碧眼白鹅，身形巨大似鸵鸟，羽毛闪烁好似披着水晶，又仿佛被丝绸包裹，那闪光的脊背，低垂的长颈，凝眸入水的姿态简直就是美的化身，让人流连忘返。"

伊本·舒海德在《精灵与魔鬼》借精灵之口道出了他对文学

① 此年代有误，原文如此，似应该为伊历 433 年/公元 1041 年。——译者

家、诗人，对朋友、敌人的看法，表达了他对文学、对韵律等问题的见解。比如他以精灵之口责骂敌人道：

国无识字人，愚昧遍地生。

那精灵高声呐喊："主啊，阿拉伯人已不再会说话，让他们跟着祭司[①]祷告吧，也许那对您还有点儿用处，至少让您的威名永存。我深知您走向他们是多么步履艰难，您来到他们中间是多么不心甘情愿。"伊本·舒海德有时也自我标榜，比如精灵对他说："你的文章占据了人的心灵，你把你坦荡的性情、生花的妙笔、生动的描述都给了人，可他仍然不能摆脱无知和愚昧，不是吗，我曾经告诉你，你在同类中无与伦比，所以你也永远是众矢之的。"

从流传下来的作品来看，伊本·舒海德是一个学识渊博、词语丰富、极富想象力的人，但是如果同白迪耳·宰曼的创作相比较，后者的性格显得更加开朗，文字更加优美，意境也更加明快。

伊本·舒海德还有一些修辞和批评方面的著述，表明了他的审美取向。这里仅举几例，他认为：修辞是一种天赋，只有具备这种天赋的人才能成为文学家，如果没有这种天赋，无论是语法、词法，还是修辞，都无法使他成为文学家。他在两位青年人身上做了一个实验，一个是穆斯林，一个是犹太教徒。经过训练，那个犹太教青年几乎成了文学家，而另一个穆斯林则一无所获，皆因前者有修辞的潜质而后者不具备。他说："演说家、写作家都有精灵指引，他在精灵的世界遇到过曾附在贾希兹、白迪耳·宰曼和阿卜杜·

① 祭司：文中的特定含义是伊斯兰以前的拜物教教长，或者占星人、算卦的，是伊斯兰教摒弃的东西。——译者

哈米德身上的精灵。”他借精灵之口指责固守韵律的倾向，精灵对他说：“假如你不醉心于骈文与韵脚，你就是一个好演说家、一个编织词语的大师，否则，你既不是诗人，也不是散文家。”据说，他晚年非常怕死，一次与兄弟亲友告别说：

兄弟朋友终一别，世人皆盼临高顶。

他嘱咐人们在他的墓碑上刻上如下字迹：“以大慈大悲的真主的名义，请说：那是一个天大的事情，而你们却不肯走近，这是罪人艾哈迈德·本·阿卜杜·麦立克·本·舒海德之墓，他死后仍作证：万物非主唯有真主，穆罕默德是真主的仆人和使者，天堂的确有之，火狱的确有之，复活的确有之，复活的时刻一定来临，那时真主将使坟墓里的人复活。”

*　　*　　*

至于作为散文家的伊本·哈兹姆，他的主要散文著作就是《斑鸠的项圈》，这是一本独特的书，书中他为自己作传，描写自己的内心，从而说明自己是一个有血有肉的人，一个情感细腻的散文家。他的父亲官居大臣，他本人也曾是一位显赫的大臣。他自幼在宫廷里长大，生活在女人的荫庇之下，是她们教他读《古兰经》。在他弱冠之年便爱上了女人，饱尝了相思之苦，并将这些经历记录在《斑鸠的项圈》一书中。他在书中描写了他的初恋，他写道：“小时候我爱上了一个金发女奴，便对黑发女人——不管她多漂亮——不感兴趣。我对金发情有独钟，我父亲（愿真主喜欢他）也有这种偏好。”伊本·哈兹姆告诉我们：麦尔旺家族的哈里发都喜欢皮肤洁白红润的女子，所以他们的子女大多是金发碧眼，与他们的母亲相像。他还向人们倾诉了他的爱情悲剧：他最钟爱的一个女子去世之后，他受到极大的打击，痛不欲生，那痛苦的感觉很久都无法摆脱，甚至觉得活下去没有什么意义。他的痛苦最终以一首至真至纯的诗歌表达了出来。他写道：心爱的女人死后，一连七个月他目光呆滞，终日以泪洗面，夜晚和衣而眠，十五年后才渐渐淡忘，但再也没有了往日的欢乐，每逢祭日都要祭奠。

书中还提到一段没有结果的爱情。有一个女子他曾经苦苦追求了许多年，但那女子并不爱他。多年之后再度见到她时，见她姿容不再才冷了下来。除了爱情，伊本·哈兹姆还记述了自己与家人所遭遇的不幸：他与父亲都是倾向于倭马亚人的，曼苏尔·本·艾比·阿米尔当政后，为了消除倭马亚人的影响，令他受尽了侮辱、迫害和折磨。他在书中这样写道："我们遭到拘捕、流放、被罚以重金、秘密囚禁。后来，战事吃紧，烽烟不断，民不聊生，我等状况尤为堪怜，被赶出家门，离开了科尔多瓦，暂时住到阿尔梅里亚城。被囚禁数月后，有一个从科尔多瓦来的人告诉我说，他看到我的家已经面目皆非，连断井颓垣都没有留下。曾经的繁荣变成了荒芜，曾经的温馨变成了凄凉，曾经的心旷神怡变成了满目疮痍，曾经的平坦开阔变成了泥泞崎岖。我的家啊，已经成了魔鬼之窟、虎狼之穴、精灵的栖息地、野兽的游乐场，就仿佛昨日那辉映着太阳的亭台楼阁预示着悲凉的命运，预示着盛世的衰落，预示着主人的结局。我的家见证了发生在那里的一切，我曾经执意离开那里，现在，却又在苦苦地寻觅。"

总之，在《斑鸠的项圈》一书中，作者倾注了全部的情感，记下了一段段爱情往事，讲述了经历的事件和遭受的迫害与磨难，其中有诗，有散文。其诗歌我们前面已经作了评介，其散文的价值在于

情感和丰富的内涵，而不在于艺术手法。在描写爱情和如何克制自己的感情这方面，伊本·哈兹姆可以说是先行者之一。的确，在他之前有穆罕默德·本·达乌德·扎希里[1]的《文学精粹》一书有过类似的描写，但是，伊本·哈兹姆要比他强得多，可以说，《鸽子的项圈》更为精彩，更有价值，也更丰富。

关于对爱的苦苦追求，对于心上人约会的殷殷期盼，他有这样的描述："我品尝过爱的甘甜，亲历过情的变迁，深知：无论是侍奉在国王身边，还是万贯家财失而复得，无论是一日暴富，还是离家初还，甚至恐惧之后的释然，都比不上有情人相见，特别是在被阻隔、相分别之后。那爱情、那思恋、那希望就像一团火，迅速点燃，炙热旺盛，火光冲天。那情形就像是枯蔫的草逢甘霖，鲜花沐浴阳光，田园流进溪水，白色的宫殿四周有葱绿的林苑。然而这一切都比不上两情相悦的美好和甘甜。那一刻，人的道德与欲望达到最完美的和谐，那一刻，蕴含着人生所有美好的心愿。"

从这一番话中我们可以发觉，伊本·哈兹姆在很长一段时间里曾经坠入到精神恋爱之中，他对爱的描写优雅纯真，表达的是一种纯洁的情感，有时只满足于所爱之人幸福美满，满足于对爱人遗物的深吻，满足于独自重走他与爱人共同走过的林间小径。

伊本·哈兹姆的才华是多方面的，他在宗教、教义、教法原理、诗歌以及爱情描述等方面的创作，远在散文之上。

① 穆罕默德·本·达乌德·扎希里（公元910年卒）：直解学派的著名文学家、诗人、教法学家，直解学派创始人达乌德之子。以《文学精粹》一书著名。该书收录了一些爱情诗，并对精神恋爱作了阐释。——译者

伊本·宰敦

伊本·宰敦除了写诗之外也写散文，其中最著名的有两篇。一篇为《谐书》，一篇为《庄书》。《谐书》是为嘲讽情敌而做，这情敌就是与他同时爱上婉拉黛的伊本·阿卜杜斯。在嘲弄的时候，他常常利用许多历史人物与事件做笑料。比如："你这个笨蛋、蠢货、无耻之人、下流胚子、翘尾巴、睁眼瞎，你讨厌得像掉在饮水里的苍蝇，贪婪得像扑向星光的飞蛾。你的表现全是假象。人贵在自知之明，你想诋毁我，却用的是同你一样的无耻之辈早已用过的诡计，你想挑战我，却不知有多少人为此身败名裂。你派你的女友来看我，让你的女友来气我，说什么把她让给我……她说什么：你是真正的男人，你是美好人性的化身，你最英俊、最完美。你自以为连先圣优素福[①]都要讨好你；连阿齐兹的女人都会背离丈夫追随你；巨富可拉[②]的财富有你一半。是你发现了大地的水源；波斯皇帝手中握的是你的宝剑；罗马皇帝身下是你的坐骑；马利克·本·努维拉[③]追随你左右；奥尔沃·本·贾法尔

---

① 优素福：《古兰经》中记载的古代先知，阿拉伯语音译。《旧约》称"约瑟"，先知叶耳孤卜之子。以聪明、英俊、坚韧、宽容等品质著称。详见《古兰经》以其人作为篇名的第12章。——译者

② 可拉：位于小亚细亚西部的吕底亚王国（公元前670—前546年）的末代国王克罗伊斯的阿拉伯语称谓，该国王以巨富著称，有谚语曰："比可拉还富有"。——译者

③ 马利克·本·努维拉（公元634年卒）：阿拉伯蒙昧时期骑士诗人。——译者

投奔你而来；伊亚斯·本·穆阿维叶[①]受你的启发才有了智慧；赛赫班[②]有了你的语言才会辩论；哈加吉[③]靠你的威严统治伊拉克；古太白[④]靠你的洪福挥师河外[⑤]；穆海莱卜[⑥]因你的将才击溃了艾兹莱格人[⑦]；柏拉图传授给亚里士多德的是你教给他的学问；托勒密制作的星盘出自你的教诲；绘制的地图是根据你的想象……”

在这篇《谐书》让我们想到了贾希兹的《方圆书》，贾希兹用来讽刺他同时代的书记官艾哈迈德·本·阿卜杜勒·瓦哈卜，书中对那人的外形进行挖苦，并嘲笑他是万事通。比较而言，伊本·宰敦的《谐书》比贾希兹的《方圆书》写得更准确、更丰富、更辛辣，说明了伊本·宰敦有着广博的历史知识和超人的嘲讽能力。

《庄书》是伊本·宰敦在狱中写给伊本·哲赫瓦尔[⑧]的一封信。信中表达了他的不满和哀怨，有极强的表现力。这让我们想

① 伊亚斯·本·穆阿维叶(公元739年卒)：曾任巴士拉法官，以判案公正而著称。——译者

② 赛赫班·瓦伊勒(公元674年卒)：著名演说家，深受倭马亚王朝首任哈里发穆阿维叶的赏识。——译者

③ 哈加吉·本·优素福(公元661—714年)：倭马亚王朝著名将领，曾任伊拉克总督。——译者

④ 古太白·本·穆斯林(约公元670—715年)：倭马亚王朝著名将领，中亚地区征服者。中国史籍称屈底波·孤特拔。——译者

⑤ 河外：河外地区指阿姆河以东。

⑥ 穆海莱卜(公元628—702年)：倭马亚王朝著名将领，因镇压哈瓦立及派支系阿扎里加派人起义有功，于公元698年被任命为呼罗珊地区总督。——译者

⑦ 纳菲尔·本·艾兹莱格(公元685年卒)：阿扎里加派的首领。该派是伊斯兰教哈瓦立及派的一个支系，人数最多，政治主张最极端。因阿拉伯语中艾兹莱格的复数音译为阿扎里加，故名。7世纪末被穆海莱卜的军队消灭。——译者

⑧ 哲赫瓦尔是哲赫瓦尔家族一员，该家族是安德鲁斯列国时代的一个阿拉伯家族，于公元1031—1069年为科尔多瓦的统治家族。——译者

到阿里·本·哲赫姆的不幸[1]，他曾受囹圄之苦，也曾写信忏悔、辩解、道歉。伊本·宰敦在《庄书》中说："我的国王，我的主人，那个我热爱、我仰仗、我引以为自豪的主人，主让您成为意志坚强之人、充满希望之人，我这样称呼您，即使您今天脱去恩惠于我的外衣，剥夺了曾经给我的温情，不再允许我伴在您的身旁，不再将我放在您的羽翼下保存。现在，连瞎子都能看见我期望的眼神，连聋子都能听到我呼唤的声音，您如果还不能答应，那么一个干渴之人因饮水而亡，一个患病之人因治疗而死，一个胆小之人因涉险而毙命，一个充满希望之人因绝望而归西也就不足为奇了。有诗云：

千难万险无所惧，唯有骂名实难抵。

难道我戴手镯却被手镯勒得出了血，戴花冠却被花冠刺破了头，但愿这责罚会有好的结局，这挫折像烟云很快消散，这灾难像夏天的阴霾不久会放晴，我还要说：我到底做错了什么让您不肯原谅，让您不再垂青，有诗云：

纵有千万错，慈悲大于天。

发发慈悲吧！您的激流已经漫过了我的山顶，您对我的惩罚已经足够。我简直就是拒绝主的命令不向阿丹（亚当）跪拜的恶魔，就是拒绝登上诺亚方舟而偏要到山上去躲避洪水的叛逆，就是明令建造高塔遥望摩西却执意不肯，反而跪拜金牛的恶徒。我好像在安息日出征而惨遭失败，好像非要喝那毒死塔卢特大军的河水而死于非命，好像是我指挥了艾布莱实的象军而一败涂地，在白

① 阿里·本·哲赫姆（公元863年卒）：巴格达诗人，饱受流放监禁之苦，并遭受赤身被钉在十字架上一整天的刑罚，有诗集传世。——译者

德尔战役中投奔了麦加的商旅，在吴侯德战役中擅自带领三百名穆斯林临阵脱逃。”

总之，不论是《谐书》还是《庄书》，都说明伊本·宰敦散文创作的深厚功力、高超的修辞技艺和丰富的词汇积累。如果将他的散文天赋与诗歌天赋加在一起，我们面前便出现了一位难得一见的集散文与诗歌才能于一身的文学家。

伊本·艾比·希萨勒

我们不应该忽略一个安德鲁斯晚期的大书记官——伊本·艾比·希萨勒。他出生于吉亚尼[①]附近的一个村庄，曾被冠以安德鲁斯第一大书记官的称号，是伊本·阿卜敦和伊本·拜萨姆的朋友。《马格里布历史珍闻录》一书的作者对他的评价是：“他是安德鲁斯最后一位写作家，他的文学素养空前绝后，此外，他对《古兰经》、《圣训》、历史等有很深的研究和理解。”有人说他著有《文学之光》一书，很遗憾该书没有流传下来，盖勒盖山迪在《夜盲者的曙光》一书中多次引用他的作品，有兴趣者可以查证。

伊本·赫忒布

即里萨努·丁·本·赫忒布，著名大臣，历史学家麦盖里（公元1631年卒）正是为他写就了名著《安德鲁斯历史的芬芳》，全书共四卷，详述了安德鲁斯的始末、伊本·赫忒布的生平和作品。伊

① 吉亚尼：位于西班牙南部的一个城市。——译者

本·赫忒布于伊历713年/公历1313年生于格拉纳达，其父在艾哈迈尔人（即奈斯尔人[①]）的宫廷里供职，精心培养伊本·赫忒布，教他医学、哲学、文学、教义学、经注学和圣训学，使他成为一名文学家型的学者。伊本·赫忒布对此有过记述。据说他患有失眠症，深夜无法入睡，便以著述写作对之。他的历史知识极为丰富，曾经为格拉纳达的学者作传，称为《格拉纳达志》。他有很多文学作品和政治论著，非常善于铺陈并功于用韵，用韵不厌其烦。他和同时代的安德鲁斯学者一样历经坎坷，受到过政敌的嫉妒乃至陷害，直至被诬陷叛教，说他书中有违背宗教的内容。从政多年最终为政治所害，叛教成为致他死命的借口。

对他的裁决是由教义学家们做出的，被绞死于狱中。他留下许多作品，一度是伊本·赫勒敦的朋友，后来二人断绝了交往。其作品描写细腻入微，词汇极为丰富。有一段鼓动战士前往救援，参加圣战的文字充分表现出这一点："人们啊！让至高无上的真主怜悯你们。安德鲁斯的穆斯林兄弟已经落入敌手，土地遭到践踏，人民遭到涂炭，魔鬼的军队正在前进，十字[②]已经张开了臂膀。你们有真主的护佑，比他们更强大；你们是正直、虔诚的信士，宗教是你们的，请捍卫它；邻居是你们的同胞，请不要置若罔闻；正路清晰可辨，请看准！圣战啊圣战，圣战就在眼前。邻居啊邻居！他们有法定的权利。真主啊真主，请站在穆斯林一边！真主啊真主！请帮

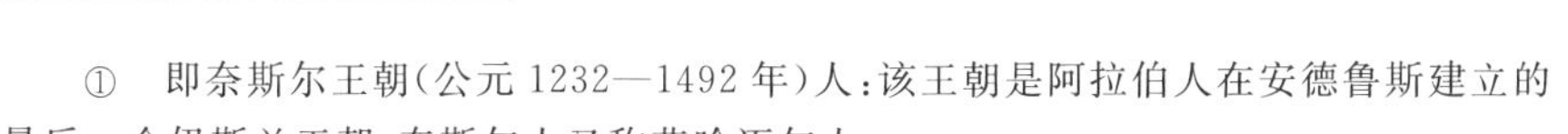

① 即奈斯尔王朝（公元1232—1492年）人：该王朝是阿拉伯人在安德鲁斯建立的最后一个伊斯兰王朝，奈斯尔人又称艾哈迈尔人。

② 这里的十字是指基督教徒。——译者

助穆罕默德的民族！真主啊真主！请保护为您礼拜的寺院！真主啊真主！请支持为您而战的斗士！人们啊！是宗教在求救，去援救他们吧！真主的许诺是确实的，除非你们违背诺言！尽力援助你们的兄弟吧！真主会在危难时刻保佑你！再做些善事义举吧！真主有最好的报偿！践行吧，用你们的心灵，你们的财产，去援助、安抚穆斯林的大军！《古兰经》在你们手中，圣训在你们心中，经文呼唤你们前行，真主说过：'信道的人们啊！我将指示你们一种生意，它能拯救你们脱离痛苦的刑罚，好吗？'(61：10)

圣人呼唤请回应，前面路途不太平。
若问路人何事大，万千同胞陷敌营。
既知末日火狱苦，何不挺身换前程？

真主啊！怜恤、怜恤我们这些奴仆的心吧！真主啊！在我们的心中点燃对祖国的热情吧！真主啊！派您的信徒和至亲帮助我们吧！您是最伟大的援助者。"

伊本·赫忒布在介绍《罕世璎珞》的作者伊本·阿卜杜·莱比的生平时写道："他是一个学者，学养深厚，学识渊博，头脑聪慧，闻名于安德鲁斯甚至整个阿拉伯东部地区。于学问他求实严谨，言之有物；于文学他思如泉涌，口出天成；于宗教他敬畏谦恭，悉心揣摸。他的散文大作名《罕世璎珞》，蜚声文坛。这书好似一柄宝剑，无比锋利，光亮耀眼，令整个文坛望而却步，他的诗歌造诣登峰造极，成为时代的顶点。"

对政治题材，他有一则与哈里里的玛卡梅类似的作品，其中说："一日，哈里发哈伦·拉希德胸中郁闷，着人寻找野外贤人。一行人被带入宫内，其中有一个人相貌怪异。拉希德问其出身何地？

有何技艺？答曰：‘波斯族，善哲理格言。’问其为政之道为何物？来人侃侃而谈直至夜半，然后请人拿来一把弦琴，边拉边唱。等所有人都入睡以后，他径自离去，再也没有人见到过他。”

在这则玛卡梅中，他谈到百姓、国王、大臣、军士、工匠、奴仆、佣人、女人，等等。谈及百姓时，他说：“百姓是真主放在你那里的寄存之物，是考验你是否公正的镜子，没有真主的支持并赐予便无以为政。若想做好的君王，须请求真主保佑你的子民，使他们丰衣足食，安居乐业。要想正人须先正己，要想让你的百姓睡得香，自己就要日夜操劳，对老者和弱小者不可弃之不顾，让各个不同的阶层各安其分，各尽其责，各得其所。让上层的人感受你的宽宏，中层的人感谢你的恩惠，下层的人惧怕你的威严。警告你的富人不要为非作歹，不要对宗教夸夸其谈。对富有者要刻薄，对赤贫者要慷慨。”

谈及国王时，伊本·赫忒布写道：“信士们的首领啊，你可知晓，真主将你这支箭射向哈里发的靶心，保佑你有一个安宁的朝代。你身为仲裁之人，国中大小事情集于一身，你的能力取决于你的公正和贤明。公平执法，谨言慎行，不要因仁慈之心而优柔寡断，也不要因草率从事而匆忙判定，多听取劝谏，哪怕是反对之声。说服胜于压服，事实不应回避，珍惜每一次理政，珍惜每一寸时光，让你的功德与日俱增，最终得到末日的奖赏。钱是真主对你的恩惠，不要让它成为玷污真主的借口，聚敛钱财是对自己的毁灭，也是对真主的亵渎。”

谈到大臣时，他写道：“好的大臣是你的利剑，你的靠山。让你的臣子忠于君主，热爱国家。他们应依你的意愿行事却不能贪图你的钱财；他们应爱你所爱，意志坚定；他们应家世显赫，忠于职守，胸襟坦荡，精明干练，知识渊博，公正进取，熟谙兵法。他们应在你嬉戏之时保持严肃、你疏忽之时保持清醒。”

这一切都来自他丰富的阅历，他曾当过大臣，熟读史书，对格拉纳达的历史了解得尤为详细。他在《格拉纳达志》一书中为《历史绪论》的作者伊本·赫勒敦——他的朋友写传时，谈完他的家世写道：“他是一个高尚的人，有良好的品质，集许多优点于一身。他光明磊落，才华横溢，略显腼腆，出身名门。他是社交常客，每逢场合总是衣着得体，气宇不凡，说出话来唇枪舌剑，不甘下风，而且总是独来独去，我行我素。他沉稳持重，衣着独特。他志存高远，疾恶如仇，胸怀坦荡，不甘人下。他雄图大略，博学多才，知识多，善钻研，强记忆，能推断，会联想。他好运不断，喜爱交往，慷慨大方，从不吝啬，为此他曾陷入拮据的窘境。但是他从不介意，不乞讨，有时竟不得不卖掉自己心爱的书籍。他在城里安居后，我们常有书信来往，不是谈经论道，就是嗜谈风雅。例如，有一次，伊本·赫勒敦纳了个小妾，罗马人，名叫辛德·萨比哈。为此，我给他写了一封信。”伊本·赫忒布根据自己的想象，在信中详细而直白地描述了伊本·赫勒敦纳妾的喜悦以及如何度过了一个新婚之夜。伊本·赫忒布还写道：“伊本·赫勒敦对颂圣诗《斗篷颂》[①]做了精彩的阐释，说明他有广博的知识和超凡的记忆。他还摘编了伊本·鲁世德的许多著作，编写了法赫鲁丁·拉齐教长（公元1210年卒）[②]《古今思想集成》一书的概要。此外，伊本·赫勒敦还著有一

① 《斗篷颂》：蒲绥里（公元1212—1296年）所作长篇颂诗，是最早被翻译为中文的阿拉伯诗歌作品，中文译名为《歌颂先知功德的天方诗经》。——译者

② 法赫鲁丁·拉齐教长（公元1210年卒）：著名经济学家、教义学家和哲学家，著有《经注大全》、《宗教原理》、《古今思想集成》等数十部阿拉伯语、波斯语著作。——译者

部关于算学的书。”

看来，伊本·赫忒布在写这个传记的时候，伊本·赫勒敦还没有撰写他的成名作《历史绪论》[①]。在其他的书里他也提到伊本·赫勒敦，比如在《宗教学》一书里，除了赞扬伊本·赫勒敦以外，还说：“当他在安德鲁斯，受到艾布·阿卜杜拉国王宠信之时，已从伊本·赫忒布那里嗅到了衰败的气味，便不想久留，打起行囊凭着命运之手的指引，到达了穆伊兹统治下的开罗，并将那里作为自己最好的归宿。”

伊本·赫忒布的散文中还有一些他亲眼所见，或者从伊本·哈兹姆等人那里听来的有关埃米尔等王公显贵多舛命运的记述，比如：“但见朱门人流熙熙攘攘，商旅络绎不绝，门前侍卫高声吆喝，远来使者喜讯频传。人事一片祥和，世家光宗耀祖，臣民俯首帖耳，边疆战事平息，库房日进斗金。忽然间，门庭冷落，杳无生机，命运之手将乾坤扭转，仿佛这里从没有过故事，没有过王公显贵，没有过灯红酒绿，没有过菜肴飘香。啊，人生啊，红尘，一切都如过眼烟云，就好像是从天上降下的雨水，让草木旺盛之后变凋零，然后风将干枯的草吹散四野。”

在描写爱情方面，他使用苏菲派式的方法，说：“爱先是做奴隶，后是做主人，接下来是了却思恋的品尝，之后是倦怠和无奈，然后便是离散，有诗云：

行囊随身无定所，自由自在走四方。

情爱是脆弱，是生死相许，是常流的泪水，是无尽的思恋，是不离不

---

① 《历史绪论》的成书时间在公元 1373—1378 年。——译者

弃，是无法释然的怅惘。有诗云：

问君为何狂，唯爱断肝肠。

爱似大海，想要闯海吗？你就爱。闯海需要耐心，闯海不能怕死。爱是一条路，敢于跋涉者甚多，干粮就是藏在人心里的秘密和一颗真诚的心。有诗云：

行行都有状元在，宫中不乏弄墨人。

爱是另一种朝觐，朝觐者一旦下定决心，便要只身长途跋涉，心中默默祈祷，环绕行走是相识，结队而行是结束，'你们从阿赖法特结队而行的时候，当在禁标附近纪念真主，你们当纪念他，因为他曾教导你们，从前你们确是迷误的。'[①]爱往往不如人意，没有尊重的前提做爱是不道德的，爱来得容易便失去也容易，'你的主，创造他所意欲的，选择他所意欲的'[②]，爱的路看上去平坦，但很少有人不会迷失。有诗云：

年少不从主指引，灾祸连连难脱身。

还有不少作品也用了苏菲派的手法，比如《演讲录》一书搜集了许多苏菲派名人的语录，其中很多格言警句。此外，有些文学类的书也是如此。正如麦盖里所说：'他的书在西部令求学者求知若渴，他的话常常被用来做羊皮书上的装饰之物，特别是那本《文学集萃》，该书由多卷构成，但关于如何作文谈得很少。'"

伊本·赫忒布的散文优秀，诗文也很突出，作品十分丰富。诗作中有有趣的彩锦诗和民谣，其价值不亚于散文。由于他的涉猎

① 马坚译：《古兰经》，2：198。——译者

② 同上书，28：68。——译者

面广，知识渊博，著作很多，我们手头的安德鲁斯文化遗产几乎从头到脚都是由他整理和记述的。这也许就是麦盖里早已意识到，并为此写下《安德鲁斯的芳香》的原因，书中包含了安德鲁斯所有时期的文化遗产，并且以他的名字命名，好像他就代表了安德鲁斯的文化。

伊本·赫勒敦

尽管伊本·赫勒敦（公元 1332—1406 年）大部分时间是在马格里布和埃及度过的，我们仍然把他算作安德鲁斯的大写作家，因为他的家在安德鲁斯的塞维利亚，祖上是也门人，出生于突尼斯，在安德鲁斯受过教育并待过一段时间。在那里曾经与伊本·赫忒布一起成为安德鲁斯文化界的佼佼者，均以学识广博、阅历丰富而著名。但是伊本·赫勒敦长于对政治和社会问题的深入研究，而伊本·赫忒布则长于文学创作。伊本·赫勒敦于伊历 764 年/公元 1362 年前往塞维利亚彼德罗国王宫，其才智深受彼德罗国王赏识。国王劝他留下，并以发还其家族被抄财产相许，但是他婉言拒绝了。如前所述，他与伊本·赫忒布结交了大约两年的时间，之后二人之间发生了隔阂。伊本·赫勒敦是穆斯林学者中靠独立思索而不是靠模仿前人的少数学者之一，他以自己的《历史绪论》奠定了社会学的基础，尽管此后的完善工作是由西方学者而不是阿拉伯人完成的。他在书中探讨了人类的本性、本性改变的原因、国家的建立、国家的寿命（与人类的寿命一样）等问题，十分深入。在他的诸多观点中最新颖的观点是对历史的看法：他认为历史是由事

件以及发生事件的背景构成的。事件的产生有其前因后果，如果不靠理性分析只是传述事件，那历史便不能成立。历史学家需要有丰富的知识，敏锐的洞察力，能够透过现象看到本质，以免在记录历史的时候发生疏漏或错误。《历史绪论》有一章就是以一个专家学者的立场记述了伊斯兰教的各门学问。他的写作风格稳健，不求韵脚、修饰和喋喋不休的铺陈。修辞学家有三绝：比喻、夸张和对偶，而伊本·赫勒敦只重对偶，而且用词十分准确。他多次担任过使节、法官，看上去善于谈吐，语言富有感染力，因此一到彼德罗国王处便得到欢迎和信任。有一次，他到大马士革帖木儿[①]皇帝那里。帖木儿是个残暴的家伙，但是却与伊本·赫勒敦很投缘，邀请他住下。伊本·赫勒敦见无法回绝就推说要去接家眷，去去就回，这一走便没有再回去。此外，他好像很会猜度别人的心思，连异族人也不例外。与他交谈，只要你一开口，他便知道你的意图，很快掌握谈话的主动权。还有一点，伊本·赫勒敦不愿当官，当官后均被革职，不善交友，常与朋友反目为仇，伊本·赫忒布就是一例。他在突尼斯曾担任多种要职，后均被革职；在开罗曾六次出任大法官，一次次被任命，一次次被罢免。对此有两种解释：一是说他固执己见，刚愎自用；二是说他才华过人，招人嫉妒。如果说他真的性格太直率，或者太自负，就难免不招人忌恨。他的确很直率，只要认为对就直抒己见，纵然出口伤人也毫无顾忌，比如他

① 帖木儿（公元1336—1405年）：中亚帖木儿帝国的缔造者，在位三十多年，建立了西起幼发拉底河，东至锡尔河和印度德里，北抵高加索，南临波斯湾的庞大帝国。1399年侵入了小亚细亚，1400年进攻叙利亚，占领大马士革。1405年，病死于远征中国的途中。——译者

说:“阿拉伯人每到一地,很快便把那里变成废墟。很多学者来自释奴,而不是阿拉伯人”,等等。在当法官的时候,他秉公执法,不怕得罪王室权贵。我们不想为他的偏执和易于冲动开脱,也不为他不讲人情世故而辩解,因为他的妻子和孩子都葬身大海,而他却几乎没有为他们悲伤、流泪。

他的《历史绪论》完美而精湛,但是正文——《阿拉伯人、波斯人、柏柏尔人历史殷鉴》却显得杂乱粗糙,并没有按照他在绪论中提出的原则进行建构,看上去也许是时间没有允许他从容不迫地实现自己的人生目标。他的写作风格和构思可从其论述游牧阿拉伯人与定居阿拉伯人的差异时略见一斑,他说:“定居的阿拉伯人过着舒适而安宁的生活,沉浸在享乐与奢华之中,将保护自己财产的事情交给了地方官员和军队。他们安然地熟睡在有围墙环绕与外界隔绝的城堡之中,既没有能引起他们冲动的呐喊,也不见惊逃四散的猎物,他们是一群丢下武器,过着安逸生活的人,他们就这样繁衍生息,最终沦为女人、孩子一样懦弱的人,直到这成为他们的天性。”

“游牧的阿拉伯人,即贝都因人因远离社会在野外生存,没有军队保护,也没有城墙和大门,唯有自己保护自己,唯有自己才能相信,因此,他们总是随身携带武器在道路上巡查,他们无法安静地入睡,只能在座位上、驼背上、马鞍上打上几个盹儿。他们机警地倾听着周围的动静,打探着大大小小的消息,靠着自己的勇敢和自信,独自在荒漠里行走。所以,涉险是他们之所爱,勇敢是他们与生俱来的秉性,只要有人求救,他们便奋起,只要有人呐喊,他们便响应。”

是的，《历史绪论》在阿拉伯的古籍中，如塔尔图希（公元1126年卒）的《帝王通鉴》，还有译自希腊文的一些书籍吸取了一些观点和原则，但是，如果那些著述与伊本·赫勒敦的著作进行比较，就会发现后者不仅增添了新的内容，而且还有自己的创造。他闯进了一个新的领域，当然他的观点不无错误，如果我们用现代社会科学的眼光看待，有什么人会不犯错误呢？有什么思想不是经过反复验证才被确立的呢？何况，那是伊本·赫勒敦几百年前说的话。足以令他感到欣慰的是：他在那个时代就已经认识到人们在几百年之后才认识到的很多东西。而且，他的《历史绪论》及其《阿拉伯人、波斯人、柏柏尔人历史殷鉴》无疑是伊斯兰文明史比较完整的记录。

伊本·赫勒敦在教义学和苏菲派的研究方面还有一些著作，但都没有达到其《历史绪论》的水平。总而言之，伊本·赫忒布和伊本·赫勒敦集阿拉伯学术研究之大成，在消化吸收之后，根据各自的特点与主张，把阿拉伯学术充分展示了出来。伊本·赫忒布的成就在文学、苏菲主义和历史，伊本·赫勒敦的贡献则在历史学和社会学。阿拉伯各个学术领域很少有未被这二人或多或少涉足过，所以，几乎可以这样说，在他们二位之后，阿拉伯科学、文学、历史学的发展几至停息，直至近代复兴运动到来之后才又重新起步。

妇女对文学的影响

妇女对安德鲁斯文学有很大影响，这表现在以下两个方面：

1. 美丽而迷人的外貌激发出文学家的灵感，使他们写出很多情诗、恋歌。

2. 安德鲁斯的妇女中涌现出一批文学家，她们以自己的作品为安德鲁斯文学的发展作出了贡献。

这情形与东部相差无几。在东部，美女作家多是波斯人、柏柏尔人、突厥人，在西部，则为西班牙人或作为战俘的欧洲人。她们居住在哈里发、埃米尔和达官显贵的宫殿里，受到文学的教育和熏陶，从中出现了一批文学家。最早有记载的一批女文学家来自东部，她们是后倭马亚王朝哈里发从东部带来、用来装点宫廷的侍女。他们认为宫廷必须要有诗人、语言学家和歌女来装点，便从东部带来了这些女人。此后，她们就像种子，在安德鲁斯的土地上生根、发芽。就像他们从东部请来了艾布·阿里·高利和萨伊德两个语言学家一样，也招来了一批女奴，为他们吟诗、弹唱。一批来自麦地那和巴格达的经过调教的女奴来到安德鲁斯，就像是如今埃及歌舞团到叙利亚和伊拉克演出一样。最早到达安德鲁斯的女奴中有一个叫阿伊达的，来自麦地那，肤色棕黑。还有一个叫法蒂尔，也来自麦地那，原是哈伦·拉希德女儿的仆人，歌声迷人。阿卜杜·拉赫曼一世买下了她。有一个叫盖玛尔的是个女才子，会作词曲，既有美貌，又有才学，而且举止优雅。在这里，我们不应忘记前面提到过的那些受过吉尔亚布调教的女奴。这些女奴连同其他经过训练的女奴将技艺传授给安德鲁斯人，教她们如何作曲，如何吹拉弹唱，从中成长起既能唱歌，又会作诗的一代新人，就像伊本·宰敦的相好婉拉黛。据说婉拉黛有一个女友叫穆哈杰，科尔多瓦人，美貌绝伦，婉拉黛喜欢她，着她做伴并传授诗文。那是个非常风趣幽默的女性，后来两人之间发生了美丽女人之间常常发生的那种事情。著名的女文学家还有伊厄蒂玛德——哈里发穆耳

台米德的女奴、布赛娜——穆耳台米德的女儿、哈福莎——哈姆敦的女儿、阿亚图姆娜、纳兹胡努、格拉纳娅，等等。她们在给文坛带来诗文的同时，也引发了无尽的恋情、幽怨和争斗。

总之，女文学家的出现是安德鲁斯文学繁荣的一个原因，另一个原因是各地埃米尔的慷慨解囊，以及他们对于赞美之词的渴望。这两者无论在东部还是在西部都是文学繁荣的两大支柱。总而言之，安德鲁斯文学的发展脉络与东部文学的发展脉络别无二致，无论是题材、韵律，还是诗人的创作动机都完全一样。东部无论出现什么，西部必有反响。东部的赛阿里比写下了《时代的宝石》，以韵文的方式记录了诗人们的小传，西部的伊本·拜萨姆便写出了《宝藏》。安德鲁斯的盖扎勒模仿东部的艾布·努瓦斯，伊本·宰敦模仿布赫图里，伊本·哈尼模仿穆太奈比，萨伊德模仿贾希兹，伊本·赫忒布模仿伊本·阿米德，就连安德鲁斯的女奴也在模仿麦地那和巴格达的女奴，如此这般，不一而足。因此，我们说：除了在少数细节上可以看出一丝安德鲁斯的印记之外，东部与西部文学发展的主线几乎是一致的。如果说阿拉伯文学是一条奔涌的江河，安德鲁斯只是其中的一个支流，而不是一条独立的、与之并行的河流。或者说，安德鲁斯人只是拓宽了这条河，而没有开凿出新的河道。

如果说阿拉伯东部文学印有贾希利亚的文学印记的话，那安德鲁斯文学则被打上了东部文学的烙印。有人以为西班牙和法兰西文学没有像波斯文学和古希腊文学在东部那样对当地文学产生影响。其实不仅如此，基于语言和宗教的原因，安德鲁斯人所受到的东部影响远远超过所受到的西班牙和法兰西的影响。简单地说，安德鲁斯人拓宽了阿拉伯文学的范围，但是没有创造出新的品种，没有在东部的基础上带来新的东西，而是将同样的主题、韵律拿来。好像他们在东部的文学家面前有一种自卑感，希望能够赶上并超过他们。实际上，他们并没有超过东部，东部的文学主流是强劲的，随在与西部文学的竞争中占了上风，西部文学无法偏离东部文学的航道，文学是这样，教法学、语言学、哲学及苏菲主义等其他学科也是如此。这一结论是我们在阅读了大量的安德鲁斯人的著作，并对之进行深入研究之后做出的。我们原以为会找到一些新的创造，而我们面对的却是一笔巨大的因袭东部的财富。同样的现象我们在研究埃及文学的时候也出现过。我们原以为埃及的个性和特色会清晰地显现在文学及其他学术领域，原以为展现在我们面前的是与伊拉克文学不同的新题材，但在进行深入研究之后，我们没有看到这一结果。真主啊，我们看到的只是一些细微的差别，就像我们在安德鲁斯看到的一样。也许时间将向我们的后人揭示更多的东西。

第五章　哲学和学术活动

安德鲁斯哲学的产生走的是阿拉伯东方哲学同样的道路。东方哲学源于医学与星相学。由于哈里发需要这两门学问的帮助，故给予了特别的重视，当时的医生与星相学家属于正式的政府官员。安德鲁斯后倭马亚王朝早期的几位哈里发因生活奢华无度、饕餮成性而损伤了身体，需要医生为其治病；有的哈里发则迷恋于星相学，对宇宙将要发生的事情表示极大的关注。

在希腊人那里，医学与星相学如同物理学与神学一样，同属哲学的分支学科，安德鲁斯也是如此。行医与观察星相必然要导致对哲学的研究。众所周知，医学需要对各种草药进行研究，了解它们的特性，这就是所谓的药理学。研究药理学，就要掌握逻辑学，以便在治病时能做出正确的诊断，开出合适剂量的药品。而研究逻辑学，也就不能不请教盖伦、柏拉图和亚里士多德，这就与希腊哲学发生了联系。研究星相学的人也是如此，他必须向托勒密请教，研读托勒密的著作，这样就会发现自己缺少精密数学和深奥几何学的知识，于是又要求教于欧几里得和毕达格拉斯，最终还要研究柏拉图与亚里士多德。因此，我们看到安德鲁斯早期的几位哲学家不是医生，就是星相学家，前者如克尔马尼、艾布・加法尔・艾哈迈德・本・胡麦斯、哈米丁・本・艾巴尼等人；后者如伊本・

苏麦伊奈、穆斯里麦·本·艾哈迈德·麦吉里推和宰赫拉维等人。

促使医生和星相学家研究哲学,有如下几个原因:

第一,阿拉伯人征服安德鲁斯不久,便有一些巴格达医生来到安德鲁斯,向安德鲁斯人传授医学知识,如伊斯哈格·本·欧姆兰便是其中的一位。他是巴格达人,是当时的一位知名度颇高的著名医生。

第二,如前所述,哈克木二世(公元961—976年在位)将大批图书,其中包括由希腊文翻译成阿拉伯文的哲学著作运到安德鲁斯。可以这样说,任何一本有价值的哲学著作,只要在东方一问世,很快就会传布到安德鲁斯。正如伊本·艾比·乌索伊拜阿所说,科尔多瓦的学者克尔马尼到东方游学,返回家园时,便带回了精诚兄弟社的论文集。

第三,安德鲁斯倭马亚王朝哈里发与君士坦丁堡有一段时期保持着良好的关系,后者送给前者不少哲学和文学等著作。对此,伊本·久勒久勒曾作过有趣的描述:狄奥克勒斯的《植物志》一书,于穆台瓦基勒哈里发在位期间(公元847—861年),曾在巴格达被翻译成阿拉伯文,译者是伊斯塔芬·本·巴希勒,侯奈因·本·伊斯哈格对译文作了译校。伊斯塔芬在翻译时,将他所认识的植物的希腊名称给予了相应的阿拉伯文的命名,而对他所不知道的植物则弃而不译。后来,《植物志》的阿拉伯文译本于阿卜杜·拉赫曼·纳绥尔在位时(公元912—961年)传至安德鲁斯,安德鲁斯人从中颇受教益。阿卜杜·拉赫曼·纳绥尔于伊历338年/公元949年与拜占庭皇帝君士坦丁七世(公元912—959年在位)交往时,君士坦丁七世向阿卜杜·拉赫曼·纳绥尔赠送了很多礼物,其中就有一本带有插图的古希腊文版的《植物志》一书；此外，还赠送了一本希罗多德写的故事和历史书。赠书时，君士坦丁七世对阿卜杜·拉赫曼·纳绥尔说：狄奥克勒斯的书只有既懂希腊语，又了解药物学的人才能从中获益，至于希罗多德的书，贵国境内懂拉丁语的拉丁人可将该书译成阿拉伯文。阿卜杜·拉赫曼·纳绥尔答道：他那里没人懂古希腊语，请皇帝陛下派一名讲希腊语的人教他的仆人学习古希腊语。于是，君士坦丁七世便派了一位名叫尼古拉的修道士于伊历 340 年/公元 951 年来到科尔多瓦，向人们讲解狄奥克勒斯在《植物志》中提到的那些陌生的药材的名称。尼古拉受到阿卜杜·拉赫曼·纳绥尔的信任。他向人们讲解药材的性能和用法，很多医生拜他为师。

上述三个原因为安德鲁斯造就了一批从事医学和星相学的人。随着对希腊人著作的深入研究，后来的几代人便对哲学产生了兴趣。安德鲁斯确实有人掌握了医学和星相学，但是他们却没有很好地钻研教义学，而只对教法学、经注学和圣训学等学科感兴趣。因此，凡是从医学或星相学转而研究哲学的哲学家，无一不受到叛教和异端的指控，甚至有人要求要将他们处以死刑。安德鲁斯哲学家的历史几乎就是一部不断受到指控的历史，如伊本·巴哲、伊本·鲁世德，还有伊本·赫忒布等人都有过这种遭遇。

从研究医学、星相学到研究哲学只有几年的时间，却出现了一批真正的哲学家，对于其中最著名的几位哲学家我们将在下面逐一加以介绍。

当时，研究哲学的人可以分成两派：一派是研究苏菲派的神秘主义，对纯哲学不感兴趣，这些人是普罗提诺的信徒和追随者。该派早期的代表人物当推伊本·麦赛莱。本书在宗教活动一章中对苏菲派已有过介绍，请参看有关部分。该派中的伊本·赛伯阿伊奈[①]在研究哲学时，依靠更多的是感觉、天启和对欲望的克制，而不是理性、逻辑和类比。

另一派则是像亚里士多德那样进行纯哲学研究的人。在这批人当中，伊本·巴哲(公元1082—1138年)是当之无愧的先行者之一，伊本·巴哲又名伊本·索伊厄。伊本·图菲勒(公元1110—1185年)在对其家乡的哲学及哲学家伊本·索伊厄作过权威的描述："哲学这门学问比红色的硫黄还要稀罕。在我们所在的安德鲁斯这片土地上更是如此，因为哲学的奇特之处在于只有经过一个个的个人努力才能取得一点点成绩，而取得某些成功的人能够告诉人们的只是一种符号和象征。哈乃斐教法学派和穆罕默德的教法都阻止人们涉猎哲学，并对哲学处处提防戒备……不要以为安德鲁斯有人写了一些有关哲学的东西就了不起了。在安德鲁斯长大的，并有着很高天赋的一些人，早在逻辑学和哲学进入安德鲁斯之前，就长期从事宗教学和数学的研究，且达到了很高的水准，但是他们难以取得更大的成就……继这些人之后的一代新人有了逻辑学，但也没能使他们达到完美的境界，正如他们之中有人说：

天下学问数两门，
吃力难获新与奇。
真难至真无从找，
荒诞既荒求无益。

① 伊本·赛伯阿伊奈(公元1216—1270年)：出生在塞维利亚，安德鲁斯苏菲派哲学家，在麦加自杀身亡。其代表作为《西西里问题的答案》。——译者

在这之后,伊本·巴哲出现了,他比前人的见解更精辟,也更接近真理;没有人比他的领悟更透彻、观察更准确、思考更真诚。但是,伊本·巴哲饱受世间的磨难,还没来得及充分展示其学术才能和哲思的奥秘就过早地陨灭了。伊本·巴哲的大部分著作可分为两类:一类是残缺不全的作品,如《论灵魂》、《索居指南》,以及有关逻辑学、物理学的著作;另一类是完整的著作,多是些简本和论文。"[1]

从伊本·图斐勒的评价中,我们可以看出伊本·巴哲是当时最伟大的思想家之一,但是很遗憾,他的大部分著作没有流传下来。据说,他有关逻辑学的一些尚未完成的手稿被保存在埃斯科里亚尔[2]的图书馆里。流传至今的伊本·巴哲的最重要著作当属《告别书》和《索居指南》。他在《告别书》中阐释了科学知识与哲学思考的作用。他认为只有科学知识与哲学思考才能使人了解自然,并帮助人了解自己,进而达到能动理性的境界。此外,他在书中还谈到人的灵魂及其归宿的问题。

《索居指南》一书中的索居者系指"自生自长、有独居倾向的生物"。该书讲述的是一个按照柏拉图《理想国》的形式建立起来的城市,在城中没有医生,也没有法官,因为城市居民吃的都是健康无害的食物,故不生病;又因人们行为举止平和而无须诉讼;人人体魄健壮,个个奉公守法,每个人都能得到他想要的东西。

---

① 这段话引自伊本·图斐勒的《哈义·本·叶格赞》一书,因原文不清楚,个别词句略有改动。

② 埃斯科里亚尔(Escorial):位于马德里附近的西班牙城镇,16 世纪下半叶菲利普二世在该地建有宫殿和修道院,后成为西班牙王室的墓地,该地的图书馆藏有大批阿拉伯文著作的手抄本。——译者

伊本·巴哲将人的行为分成被动行为和人特有的行为。物体从高处落下或触火燃烧，均属被动行为；其中有些行为是与植物共有的，有些行为则与动物共有。人类特有行为系指由人的意志而产生的行为；动物的少数行为具有人的行为特征。

伊本·巴哲选用《索居指南》这一书名，是劝人要远离人群，认为索居者即使被迫生活在人群中间，最好也要独自生活，因为作为一个完人的最终目的是会运用理性思维。理性思维只有通过学习与思考才能得到；而学习与思考只有在离群索居时才能完成。他认为世上有一个总体的理性，每个人都要从中获取或大或小的份额。他的这一思想也许是存在单一论的一个基础。

《告别书》被翻译成了希伯来文。伊本·巴哲在书中对第一理性作了阐释，研究了人类存在的真正目的及科学的目标，即接近真主，并与从真主那里溢流出来的能动理性发生联系。书中还谈到了伊本·巴哲对灵魂的见解，这些见解后被伊本·鲁世德采用。《告别书》是伊本·巴哲外出游学前写给他朋友的一封信，因担心今后没有机会见面，故取名《告别书》。该书中有关知识的价值的论述与伊本·西那在《治疗论》中的提法颇为相似。

伊本·巴哲于伊历五世纪末出生在穆拉比特王朝统治下的萨拉戈萨。当时大多数人都是坚定的圣训派人，哲学家成为遭受迫害和杀戮的对象，只是某些时候有的埃米尔对哲学发生兴趣，而结交一些哲学家，恰巧当时伊本·巴哲出生地萨拉戈萨的统治者喜好哲学，于是伊本·巴哲便成为他的座上客，后来还出任了大臣职务。

伊本·巴哲学识渊博，精通数学、天文学、音乐与医学，却因此而受到正统派的攻击和迫害，被诬称为异端、叛教。当时，阿拉伯东方的哲学著作，尤其是法拉比、伊本·西那和安萨里等人的著作已传入安德鲁斯，伊本·巴哲从中获益匪浅。他的哲学思想像任何事物一样，开始时并不完善，也不成体系，但在逻辑学、物理学，以及形而上学等领域，他的观点与法拉比的观点一致。伊本·巴哲认为第一物质不能脱离形式而单独存在，而形式可以离开第一物质。人是有等级差别的，人的发展与完善是逐级完成的，最高可以达到神的境界，最高境界的实现靠的是理性——自由的、不受任何限制的理性——的成长与开发。自主的行为是经过深思熟虑的行为，是行为者有目的的行为。小孩子可能会无目的地打碎某件物品，但是有理性的人则能够做他想做的事……

伊本·巴哲的一些诗也染上了哲学色彩，如：

亲人已故莫哭泣，灵肉早晚是分离。
神光召唤人归土，功业成就穿尸衣。
曾经相守今不在，化作清风得安息。
主若不约故人往，苟延残生何意义。

这首诗的内容与伊本·西那的一首诗有几分相似，该诗云：

鼻嗅辨何类？当能分五味。
劳心治人者，天生为权贵。
芸芸众生灵，浑浑不识岁。
做人莫强求，生来各有位。

安德鲁斯各地的学者纷纷向伊本·巴哲求教。《马格里布奇闻录》的作者阿卜杜勒·瓦希德·马拉喀什写道：伊本·巴哲就是那位有着伊本·鲁世德那样的才干并引起人们关注的人，从此，他名声大噪。

伊本·巴哲认为人经过修炼可以升华到与真主发生联系，并能发现真理的境界，由此得到的愉悦是最大的愉悦，人只有在进入“出神”、“忘我”的状态时才会有这种感受。这也是普罗提诺宣扬的理论。中世纪时，很多天主教徒及穆斯林，如伊本·图斐勒、伊本·鲁世德、安萨里、伊本·阿拉比等人都信奉这一理论。伊本·图斐勒在其《哈义·本·叶格赞》一书中将这一理论发展到极致，他说，开始时，他要经过很长时间才能有出神、忘我、与神合一的感受，后来就不需要那么长时间了。

伊本·巴哲谙熟医学、数学和哲学，他那宏博的学识远远胜于他的发明创造。据说，伊本·巴哲曾出任穆拉比特王朝埃米尔阿里·本·优素福·本·塔什芬的女婿艾布·伯克尔·本·伊卜拉欣的大臣，长达二十年之久。伊本·巴哲晚年赴非斯，成为其敌人的猎物，于伊历533年/公元1138年中毒身亡。医生兼哲学家伊本·祖赫尔参与了这一阴谋。一位哲学家遭到另一位哲学家的暗算，确是一件令人称奇的事。叛教和背离宗教是套在伊本·巴哲头上的两项主要罪名。

《纯金项链》一书的作者法塔赫·本·哈甘（公元1087—1134年）不喜欢伊本·巴哲。因此，他在《纯金项链》中介绍伊本·巴哲时，讲到的都是伊本·巴哲的缺点。书中写道：“他是宗教眼中的炎症，是得正道者心中的悲伤；他愚蠢、弱智，他呆痴、疯狂；他遭人唾弃，流落他乡，这是命中注定，罪有应得。他的言论，他的作为，只能使人迷失方向，误入歧途；他恶行多于善举，他的兽性大于人性。他研究的是世俗的学问，思考的是天上的星辰和地上的国度，他拒绝全知、全聪的真主的经典，而埋首于天文；他否认他要回归真主，以为人能决定天体运行；他竟敢冒犯全知的真主，一生嬉戏作乐，追求浮夸虚妄；他举办音乐会，喜听赶驼者的吟唱，终日沉溺在音律之中。”法塔赫·本·哈甘的话代表了安德鲁斯普通百姓对哲学家的看法。与上述看法相反，阿里·阿卜杜·阿齐兹是这样评价伊本·巴哲的：“他思想敏锐、见解深刻，是他所在时代的一位奇才，一颗罕见的星辰。”总之，法塔赫·本·哈甘对伊本·巴哲的诋毁完全是出于个人之间的恩怨，他说的都是一些不实之词。正是这个法塔赫·本·哈甘在此之前还曾对伊本·巴哲称赞不已。关于这些情况，我们在以后谈到法塔赫·本·哈甘的生平时再加以说明。

伊本·艾比·乌索伊拜阿（公元1203—1270年）在其《医学家传记》中写道：“如果用研究哲学的方法来衡量一下伊本·巴哲和塞维利亚的马立克·本·瓦希布，人们会发现他俩虽是同时代的人，但马立克讲起哲学来，口无遮拦，很少有所顾忌；而伊本·巴哲则因有人欲索其性命却要回避某些问题，不能畅所欲言。伊本·巴哲研究教法学，遂成为教法学的权威；他对几何学和天文学的评论，说明他在这些领域也极有天赋；至于说到神学，伊本·巴哲除了在《告别书》中能读到他的一些看法之外，他没有发表过什么专论。”

伊本·艾比·乌索伊拜阿还说，艾布·瓦立德·本·鲁世德是伊本·巴哲众多弟子中的一个。他还对伊本·巴哲早已散失的著作做了统计，这些著作包括：对亚里士多德《物理学》一书的注释，对其《论天》、《论植物》、《动物志》等著作部分章节的注释，主要注释思维与人的关系，等等。此外，还有《论灵魂》一书，是对法拉比的《论思想》一书的评论，以及关于城邦政治的章节。真主是全知的！

祖赫尔家族

祖赫尔家族涌现出许多安德鲁斯著名的哲学家、学者和医生。该家族连续六代都有学者，他们是：

第一代，艾布·伯克尔·穆罕默德·本·麦尔旺·本·祖赫尔，他以教法学和文学著称，卒于伊历422年/公元1030年。

第二代，艾布·伯克尔的儿子艾布·麦尔旺·阿卜杜·麦立克·本·穆罕默德·本·祖赫尔。他是一位著名的医生，来往于开罗与安德鲁斯之间，与德尼亚[①]的埃米尔穆加希德的宫廷关系密切，曾是穆加希德的御医，死后留下巨额财产。法官萨伊德在谈到他时说：他曾到东方游学，去过凯鲁万和埃及，在那里行医多年，后回到安德鲁斯，他在医学上有很多独到的见解。

第三代，艾布·麦尔旺的儿子艾布·阿莱。他子承父业，也是一位医生，据说他治愈了许多疑难病症，令人称奇。他与阿巴德家族的好几位埃米尔有过交往，后投奔优素福·本·塔什芬。

第四代，艾布·麦尔旺·本·艾比·阿莱，习惯上称他为艾布·麦尔旺·本·祖赫尔。他约生于伊历485年/公元1092年，从其父学得医术，他在药理学方面有过不少发明创造。他是伊

① 德尼亚：西班牙巴伦西亚南部的一座港口城市。在列国时代，穆加希德执政时曾一度繁荣。——译者

本·鲁世德的朋友,伊本·鲁世德在撰写《医学概论》一书时,曾要求他的这位朋友编写一本有关医学各科专论的书,以便相互补充,使之成为一套完整的著作。由于某种不明的原因,伊本·祖赫尔受到埃米尔阿里·本·优素福·本·塔什芬的迫害,被抛入狱中。阿里·本·优素福·本·塔什芬之所以这样做,可能是对他从事哲学研究的一种惩罚,并以此取悦于老百姓。伊本·祖赫尔著有《灵魂与肉体矫正便览》一书。欧洲的医学在很大程度上是建立在他的医学理论上的,对纵隔腔肿瘤的描述,以及通过咽喉进食法都是他的创造发明。

第五代,伊本·祖赫尔的儿子艾布·伯克尔·穆罕默德·本·阿卜杜·麦立克。他写有一篇关于眼科的论文留传至今。他曾任叶耳孤卜·本·优素福的御医,备受宠信。

第六代,阿卜杜·麦立克的儿子艾布·穆罕默德·阿卜杜拉。他也是一位医术高明的医生,与穆瓦希德王朝的宫廷有过交往。他也像他的父亲一样,年纪轻轻就被人毒死,死时还不满二十五岁。

祖赫尔家族,正如读者所看到的,是一个医术高明并以研究哲学著称的家族。令人遗憾的是,关于他们在哲学方面的成就我们知之甚少。下面,我们将要谈到伊本·图斐勒。

伊本·图斐勒

伊本·图斐勒(公元1100—1185年)曾是穆瓦希德王朝的宫廷御医。他比伊本·鲁世德年长,是他把伊本·鲁世德引荐给王朝宫廷，同时，也正是伊本·图斐勒使伊本·鲁世德愿意满足穆瓦希德王朝埃米尔的愿望，对亚里士多德的著作做出注释。伊本·图斐勒上了年纪以后，伊本·鲁世德便取代他而成为埃米尔御医。伊本·图斐勒于伊历 581 年/公元 1185 年去世。

对伊本·图斐勒，人们除了知道他对天文学有些见解之外，《哈义·本·叶格赞》这篇哲学故事并不为人所知。该故事的名字及思想都是从伊本·西那那里借用过来的，但是伊本·图斐勒的《哈义·本·叶格赞》比伊本·西那写的同名故事更为精彩，而且还受到新柏拉图主义的影响。

伊本·图斐勒对《哈义·本·叶格赞》设计的故事情节是这样的：在一个荒无人烟的偏远小岛上，有一个名叫哈义·本·叶格赞的弃婴，被一只母羚羊哺乳长大。这个哈义天赋极高，善于思考，在成长的过程中，依靠理性思维逐渐认识了宇宙；通过解剖母羚羊的尸体，了解了身体的奥秘；在与大自然的接触中，发现了火及其用途；最后，他领悟了真主。当哈义与另一岛上的一个信奉天启宗教的男人相遇时，彼此竟能相互沟通理解。二人分别向对方讲述了自己的遭遇，他们还发现彼此在宗教原理问题上观点完全一致，都认为宗教与理性并不相悖。

哈义依靠理性的力量学会了生活，一天天成长起来。他学会了用鹰皮换掉原来用以遮身的树叶；当哺育他长大的母羚羊死去时，他懂得了什么是死亡。此外，哈义还学会织毛衣、制作缝衣针、建造住所，同时还学会了狩猎、饲养家禽。他从观察水的蒸发现象得出了物质与形式的概念，并知道形式可以相互转换。他还发现了火的用处及其危害。此外，他对天、地都做过深入的观察探究。

伊本·图斐勒观察及描述事物十分仔细，请看他是这样描述哈义发现火的过程的："干枯的芦苇因摩擦偶尔会发出火花，当哈义看到烈火在燃烧时，他被这一从未见过的景象惊呆了，好奇地驻足观望，然后一步步地靠近火焰，发现火光冲天、威力无比，任何东西触到它便立即被吞噬。好奇心和真主赋予的勇气与力量使他伸出手去抓火，结果手被灼伤，而火却没被抓住。后来他发现有一根一头在燃烧的木柴，他马上握住未燃的一端，轻而易举地将火带到他自己的住处——一个适合居住的石洞。他不断地往火中添加柴草，又惊又喜地日夜守护。每当夜幕降临，对火更感亲切，因为火像太阳一样给他带来光明和温暖。他对火的喜爱与日俱增，把火看作他身边最美好的东西。他经常看到火焰往高处飞蹿，便认为火是他所见到的天上奇珍之一。

为了试验火力，他把各种各样的东西抛入火中，其中有的易燃，有的不易燃，或快或慢，火总能把一切都化为灰烬。

在他进行的各种试验中，有一次，他把被大海抛上海岸的海洋生物投入火中，火把它们烤熟后散发出阵阵肉香，勾起了他的食欲，他尝了一口，果然味美无比，从此，他便习惯吃烤肉。后来，他又学会了捕鱼狩猎，技术渐臻熟练。"

在此，我们要说，伊本·图斐勒和以前的穆斯林及希腊哲学家都曾认为，由星辰和天空组成的天体是透明的、纯洁的，这比人间的人类高尚。天体存在于真主与人类之间，天体中的人为人间的人提供了仿效的榜样。他们还认为天体共分十层，一层比一层高，被称为十大智慧，每一层负责治理下面的一层，并接受上面一层的治理，最后一层治理的便是地球及其人类的事物。对此，图斐勒写道：

“哈义・本・叶格赞从三个方面来认识、模仿天体：

第一个方面：认识与这个发展和消亡的世界有关的性质，即通过加热、制冷，或通过光照，或温和或强烈地影响这个世界；

第二个方面：有关天体自身的性质，如天体是透明的、光亮的、洁净的，没有任何污秽与肮脏，按照圆周进行运动，其中有的在自转，有的围绕其他星体运动；

第三个方面：与必要的天体自身存在有关的性质，如其他实体永远感到它的存在，仰慕它、追随它，从不分离，按照它的判断行事，根据它的意愿行动。”

哈义・本・叶格赞是这样模仿天体的：只要他看见某种植物被某种物体遮住了阳光，或被另一种植物缠绕而受到损害，或焦渴枯萎，他就要清除障碍、排除缠绕、细心浇灌。如果他发现某个动物被野兽追杀，或陷进罗网，或扎进棘刺，或有异物落入眼内、耳内，或饥渴难耐，他都要尽力解救，或喂以食物，或饮以清水。每当他看到供给植物灌溉或动物饮用的水源被落下的石块或流水带下的物体阻塞时，他都要一一加以清除。哈义・本・叶格赞就是这样不断模仿天体的行为，并享受由此带来的快乐，直至达到完美的境界。

《哈义・本・叶格赞》一书中有一些有趣的段落，如人的品位如果得到提升，可与真主产生交流，能看到肉眼所看不见的东西，听到耳朵听不到的声音，而这些对人体无害。伊本・巴哲也讲过有关与真主产生交流的话语。

总而言之，《哈义・本・叶格赞》讲述的是一个离奇而又有趣的故事。富有深刻的哲理和引人入胜的故事情节，优美洗练的文字，成为阿拉伯东西方世界不少人仿效的摹本。

伊本·图斐勒这盏明灯熄灭之后，伊本·鲁世德继承了他的事业。此时，哲学已经成熟，研究哲学的手段也日渐丰富，伊本·巴哲和伊本·图斐勒的哲学也已流传开来，开始被人们理解。此外，精诚兄弟社的论文集、法拉比和伊本·西那的哲学著作，以及安萨里批驳哲学家的专著《哲学家的矛盾》也传入安德鲁斯，所有这一切都为伊本·鲁世德登上历史舞台铺平了道路。伊本·鲁世德作为一个成熟的哲学家举起了安德鲁斯及其邻近国家的哲学大旗，无可争议地成为名副其实的安德鲁斯的哲学家。

伊本·鲁世德

与伊本·祖赫尔一样，伊本·鲁世德（公元 1126—1198 年）也出身于一个学者世家。他的祖父是一位教法学家，他认为教法是研究哲学的入门之学，其理由有二：

第一，教法本身，以及从事教法研究和作出教法裁决的工作，可以使人的思想变得深刻，而哲学就是一门深奥的学问。

第二，在安德鲁斯，哲学是不受普通百姓欢迎的，因此，哲学家只好以教法为幌子来保护自己不被人诬陷为伪信、异端。

伊本·鲁世德的祖父艾布·瓦立德·穆罕默德·本·鲁世德曾任科尔多瓦马立克教法学派的法官，他所作的一批教法裁决的手稿被保存至今。他曾为当权者出使马格里布，协商为防止闹事将数千名安德鲁斯天主教徒迁往的黎波里的事宜，并圆满完成使命。艾布·瓦立德生有一子，名叫艾哈迈德——我们这位大哲学家伊本·鲁世德的父亲。

伊本·鲁世德于伊历520年/公元1126年出生在科尔多瓦，他先学习教法、宗教原理和教义学，后又学习医学，精通医术。

伊本·艾比·乌索伊拜阿写道："伊本·鲁世德拜伊本·巴哲为师，向他学习医术和哲学，很快就弃医而专攻哲学，但他并不想靠哲学出人头地，以免有人怀疑他的信仰。"

后来，伊本·鲁世德受到穆瓦希德王朝的哈里发优素福（公元1163—1184年在位）的重用和庇护。伊本·鲁世德记述了他与优素福首次见面的情景，他写道："当我走近信士们的长官（对哈里发的称谓）时，发现伊本·图斐勒也在座，他先向哈里发介绍了我家族的光荣而又悠久的历史，然后对我倍加称赞，使我受之有愧。哈里发听罢，问了我的名字、我父亲的名字和我家族的名字，然后向我提了一个问题：哲学家是怎样认识宇宙的？宇宙是无始的、自古就有的，还是后来才有的？这个问题令我惶恐不安，忙找借口加以回避，谎称自己对哲学并无研究。当时我并不知道这是伊本·图斐勒与信士们的长官在考验我。他见我过于紧张，便转向伊本·图斐勒，与他探讨这个问题。他还引述了亚里士多德、柏拉图等哲学家对该问题的论述，然后又讲述了教义学家反驳的意见。这时我悬着的一颗心才放了下来，但我对信士们的长官的聪颖和记忆力惊讶不已，他的记忆力之强，对于那些专门从事这些问题研究的学者来说也是罕见的。他讲完之后鼓励我发表意见，以了解我的学识水平，于是，我便斗胆畅谈起来。当我离开时，他送给我一笔钱、一件华丽礼袍和一匹坐骑。"从此，伊本·鲁世德成为哈里发优

素福最喜欢的宠臣之一。

据说，是优素福要求伊本·鲁世德对亚里士多德的哲学作出诠释的，因为他认为亚里士多德的原文有些费解。伊历565年/公元1169年，哈里发优素福任命伊本·鲁世德出任塞维利亚法官，任职期间伊本·鲁世德完成了对亚里士多德的哲学著作《动物志》的诠释工作。伊历567年/公元1171年，伊本·鲁世德对亚里士多德的著作做了更多的注释。他对法官工作常有怨言，因为这使他无法专心从事著述。后来，伊本·鲁世德又接替伊本·图斐勒担任哈里发的御医，并被委以科尔多瓦大法官一职。如果说，伊本·西那当年因政治使他不能一心从事哲学研究的话，那影响伊本·鲁世德的则是担任法官和哈里发的御医。

优素福死后，曼苏尔（公元1184—1199年在位）继任哈里发，继续重用伊本·鲁世德。但是，一些进谗言的小人和竞争对手开始诬陷伊本·鲁世德为异端，诬告他称《古兰经》为虚妄之言，并嘲讽哈里发。如有一次，伊本·鲁世德在写给哈里发曼苏尔的奏折上，称曼苏尔为阿拉伯东方和西方的埃米尔，而那些小人将其篡改为“柏柏尔人的埃米尔”。哈里发曼苏尔起初并不相信这些不实之词，但在群情激奋和任用伊本·鲁世德之间，后者的运气要差一些。曼苏尔召见伊本·鲁世德，在对他进行考察之后，让他离去。在宫外等候消息的伊本·鲁世德的众弟子纷纷向他表示祝贺，祝贺他逃过劫难，因为哈里发没有听信谗言，仍然相信他。伊本·鲁世德答道：“说真的，这没有什么值得祝贺的，只不过这次他对我的信任超过了我原来的想象。”在此之后，人们仍不断地诬陷他。

更不幸的是，在老百姓当中不时地流传着一种说法：即将有一股强风刮起，摧毁所有的庄稼和人畜，其风力犹如当年灭掉阿德部落[①]的大风一样。于是，有人称伊本·鲁世德说过："凭真主发誓，有阿德部落存在之说尚不可靠，何言其消灭之原因呢?"即使伊本·鲁世德确实是说过此话，那也是表示他认为阿德部落及其传说只是一种神话。但是老百姓却对他群起而攻之，说他否认《古兰经》的经文。更有甚者，人们还检查了他的哲学著作，从中找出了与宗教相悖的文字。哈里发曼苏尔便下令对伊本·鲁世德进行审判，对此，伊本·鲁世德坦然相对，没有向哈里发求情。他出席了审判大会，法官们在判决书上写道："伊本·鲁世德背叛宗教，应受到真主对背离宗教者和有违穆民信仰者那样的诅咒。"尽管如此，哈里发没有判处伊本·鲁世德死刑，而是将他放逐到离科尔多瓦不远的一个犹太人居住的村庄。

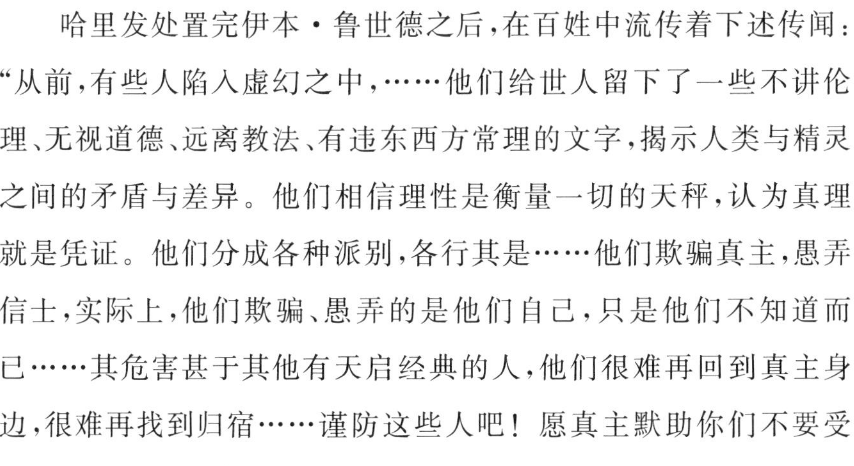

哈里发处置完伊本·鲁世德之后，在百姓中流传着下述传闻："从前，有些人陷入虚幻之中，……他们给世人留下了一些不讲伦理、无视道德、远离教法、有违东西方常理的文字，揭示人类与精灵之间的矛盾与差异。他们相信理性是衡量一切的天秤，认为真理就是凭证。他们分成各种派别，各行其是……他们欺骗真主，愚弄信士，实际上，他们欺骗、愚弄的是他们自己，只是他们不知道而已……其危害甚于其他有天启经典的人，他们很难再回到真主身边，很难再找到归宿……谨防这些人吧！愿真主默助你们不要受这一小撮人的蛊惑，谨防毒素缠身。"

① 阿德部落：早已消亡的阿拉伯古代部落，《古兰经》及蒙昧时代的诗歌均有提及。——译者

艾布·加法尔·扎海比等人与伊本·鲁世德一起受到指控和诬蔑，伊本·鲁世德的弟子见他受到迫害，纷纷离去。据说，伊本·鲁世德对他的处境曾说过："在我身遭不测之时，最令我痛心的是：当我与儿子阿卜杜拉走进科尔多瓦一家清真寺作晡礼时，一群下等平民围攻起哄，将我们赶出清真寺。"后来，哈里发曼苏尔待百姓的情绪平息之后，将伊本·鲁世德宽赦召回马拉喀什复职，但没过多久，伊本·鲁世德便于伊历595年/公元1198年去世，享年七十五岁，后移葬在科尔多瓦的家族墓地。

阿卜杜·麦立克·本·祖赫尔、伊本·比塔尔和伊本·鲁世德等人相继去世，使安德鲁斯蒙受巨大损失。他们都是伟大的学者和哲学家，没有他们，安德鲁斯便成了荒蛮之地。他们，以及先于他们的伊本·祖赫尔和伊本·图斐勒的逝去，宣告了哲学太阳的陨落。

伊本·鲁世德最重要的工作是对亚里士多德几乎所有的哲学著作进行诠释。这既是穆瓦希德王朝的哈里发委以他的重任，也是他自愿从事的工作。他对亚里士多德的哲学著作作了三种不同的注释：简释、中释和详释。

伊本·鲁世德对亚里士多德推崇备至、钦佩不已，视他为人类的理想和楷模。例如，他在亚里士多德的《物理学》一书的序言中写道："本书的作者为亚里士多德，他是希腊人中最富有理性和智慧的人，他是逻辑学、物理学和形而上学等学科的缔造者和使其完备者。称他为缔造者，是因为在他之前撰写的所有有关这些学科的著作与他的著作相比相形见绌、不值一提；说他是使其完备者，是因为在他之后的一千五百年间，没有一个哲学家能在他的著作中增添新的内容，也没有人能指出他写作中的错误。一个人能掌握这么多学问不能不令人称奇，应该称他为天神，而不是人，因此，古人称他为天神亚里士多德。”

伊本·鲁世德在该书另一处还写道：“我们赞美真主，因为真主将完美给了这个人（亚里士多德），使他达到了任何时代的其他人都无法企及的境界，也许真主在《古兰经》中说的‘他所意欲的人’指的就是他。经文说：‘你说：恩惠确是由真主掌握，他把它赏赐他所意欲的人。’”[①]

伊本·鲁世德又写道：“亚里士多德就是真理的化身，我们可以这样说：派他传授学问乃是神灵对我们的眷顾。”

上述文字说明伊本·鲁世德非常推崇亚里士多德，他比伊本·西那更忠实于亚里士多德的原著，极少有见解相左之处。伊本·西那对亚里士多德的逻辑学的论述持有异议，指出过其中的错误，还撰写了阿拉伯东方学者的逻辑学。伊本·鲁世德如果与亚里士多德有歧见，便会引述他的原文备查。

伊本·鲁世德注释亚里士多德的著作时，深受注释《古兰经》和圣训方法的影响：首先引述一段原文，然后加以注释。注释时，注意采用当时人们通用的讲授方法，即伊本·赫勒敦在《历史绪论》中提到的方法：教师先向学生简要介绍讲授的内容，然后通读一遍，最后逐字加以讲解。伊本·艾比·乌索伊拜阿说，伊本·鲁世德注释了亚里士多德的大部分著作，如关于逻辑、自然、超自然、植物、动物，等等。

①　参看马坚译：《古兰经》，3：73。——译者

为了推崇、神化亚里士多德，伊本·鲁世德反驳了伊本·西那、法拉比和安萨里等人批评亚里士多德的言论，他用了很大篇幅批驳伊本·西那的《治疗论》和安萨里的《哲学家的矛盾》。伊本·鲁世德深入研究了伊斯兰教义学家提出的一些重要问题，同时也深入研究了亚里士多德学派的哲学家的某些观点，发现他们看问题的角度有所不同，其区别在于穆阿台及勒派和逊尼派的教义学家是信奉伊斯兰教的信士，他们宣传的是伊斯兰教，他们要将希腊各个学派的哲学纳入伊斯兰教的轨道；而哲学家尊崇的是哲学，研究的是哲学命题，因此，对教义学家的做法不感兴趣。

宇宙的存在是教义学家和哲学家研究的最重要的问题：宇宙的存在是无始的、永恒的，还是有始的、新生的？多重的宇宙空间怎么只有一个神祇？真主与宇宙是什么关系？其次，对于因果关系问题的研究，教义学家认为物质是有始的、新生的，不是无始的、永恒的，认为实体及其偶性都是真主创造的，永恒的、无始的这样的字词只能用来形容真主，是真主从无中创造了宇宙，这几乎是所有的宗教的一致看法。教义学家在此基础上分成两派：一派是盖德里耶派[①]，即穆阿台及勒派，该派认为造物主为宇宙规定了秩序，并在万物中存放了某种力量，这些力量通过诱发或因果关系而得已展现。为了人类的利益和发展，真主制定了一系列的规则，因此，人们便不再相信使死人复活、让哑巴说话、令麻风病患者痊愈

① 盖德里耶派：亦称反宿命论派、意志自由派，为伊斯兰教早期教义学派之一。该派认为人具有自由意志，并有自由选择善恶的能力，人应当对自己的善恶行为及其后果负责。——译者

之类的奇迹，因为这与规则相悖。另一派教义学家认为原因并不能导致某种结果的产生，结果是由真主决定的，例如，吃食物并不使人有饱的感觉，是真主通过吃食物使人得到饱感。又如火不会燃烧，而是由真主让火燃烧。他们这样说是为了否认除真主之外，别人也会有创造性。他们称：一定的原因必然会导致一定的结果，但是造成结果，令存在处于完整状态的是至高无上的真主。

根据上述的解释，人们对发生奇迹就容易理解了，如先知易卜拉欣虽身陷烈火之中，却安然无恙，这是因为真主没有令火燃烧[①]。真主让谁痊愈谁就痊愈，让谁生病谁就生病，虽有原因存在，但是否有结果，要取决于真主的意志。总之，这些教义学家否认事物之间存在必然的因果关系，而哲学家则与穆阿台及勒派持相同的观点，认为原因与结果是连在一起的，有什么样的原因就会产生什么样的结果。

伊本·鲁世德认为有超脱一切物质存在的存在，他遵从亚里士多德的从物质中抽象出来的理性存在，即十大理性的观点：第一理性即真主创造的第一普遍存在，由此产生第九层天体；第二理性产生第八层天体；他们称第十理性为能动理性或宇宙的流溢理性；每个理性的存在影响其下层的天体，以此类推，一直到能动理性。伊本·鲁世德等人认为，真主的本质是一，存在中最完美的也是一。由真主一产生出来的一就是理性，每个理性作用于下面的天体。原因与结果是相互联系的，是在真主掌握之中的，因果关系的发生是根据真主的安排决定的。……

① 参看马坚译：《古兰经》，21：68—70，37：97—99。——译者

伊本·鲁世德继承了亚里士多德的哲学思想，认为人的灵魂，即会说话的灵魂是非物质的、非肉体的，而且也不是肉体状态的本体，但灵魂与肉体有一定的关系，灵魂可以支配肉体，就好像城里的国王在城外也可以实施统治一样。人的灵魂分为4个等级，并可以得到逐级升华。所谓升华，系指灵魂通过自己的力量提高抵御自然的迫害、奔向更高境界的能力，而知识可以帮助人的灵魂得到升华。

伊本·鲁世德一生都在捍卫自己的主张，如对安萨里在《哲学家的矛盾》一书中提出的批评予以反驳。他对亚里士多德的逻辑学的偏爱达到了痴迷的程度，他认为人只有通过逻辑学才能掌握真理，人的升华取决于对逻辑学的认识程度。与对待教义学家的教义学相比，伊本·鲁世德更推崇亚里士多德的哲学，他在如下三个方面被认为是背离了伊斯兰的教义：

1. 他认为世界是无始的，并提出了十大理性依次排列的主张；

2. 因果关系密切，因而人们想象中的奇迹不会发生。

3. 只有人类统一的、普遍的东西才是永恒的，个体的、局部的东西是会消失的。据此，个人的灵魂是要毁灭的，而永存不灭的是人类的灵魂。一个人如果死了，其肉体进入实体世界，其灵魂则与人类的灵魂连在一起。这使对个人的奖惩的理解产生困难，因为个体的灵魂是不存在的。

的确，伊本·鲁世德也说过个体的灵魂不灭的话，但那是为了迎合群众，而不是他的真实主张，他的哲学主张与他向群众讲的话并不一致。他说的下面这句话有助于理解“人类的灵魂”的含义：理性不是因人而异的，对于苏格拉底和柏拉图来说，理性只有一个。因为理性不存在个性特征。个性源于感性，是感性器官，而不是理性决定个体的存在，因为理性是不可分的。总之，伊本·鲁世德认为，人死了，个人生活不复存在，但人类的生活却将继续。根据他的观点，就很难理解宗教上所说的复活、惩罚之类的话了。

从伊本·鲁世德的著作中可以看出，他认为宗教对普通人群和特殊人群都是适用的，而哲学却只是特殊人群的事情。因为普通人只有通过相信奖惩、复活，以及在来世要对自己的行为负责的办法才能使他们扬善避恶；而哲学家则能主动为之。哲学研究表明，只有人类的灵魂而不是个体的灵魂才是永恒的。

关于这个问题，伊本·鲁世德的弟子哲马鲁丁在《哲学家传记》一书中有一段有趣的记载："我是伊本·耶呼扎的好友，有一天，我对他说：'如果灵魂离开肉体之后依然存在，并能知道外界发生的事情，请你给我一个诚实的许诺：如果你先于我死去，请你告诉我后世的情况；而我也向你保证，如果我先于你死去，我将告诉你那里发生的事情。'伊本·耶呼扎答应了我的请求。后来，他先去世了，然而过了好几年，他都没有出现在我眼前。但是，有一天，我在夜梦中看见了他，我对他说：你不是答应我，死后来找我，告诉我你死后发生的一切吗？听罢，他笑了，转过脸去不理睬我，我又对他说：你不告诉我，我是不会放过你的。他说：整体归整体，个体归个体。我明白了他的这句话的含义，即灵魂的本质是整体的，他的灵魂实现了人类灵魂的回归；肉体则是个人的，坟墓就是肉体的归宿。他的话使我感佩，令我肃然。"①

① 法莱赫·安东尼：《伊本·鲁世德及其哲学》。

伊本·鲁世德的哲学注重调和宗教与哲学的关系，认为宗教与哲学并不矛盾，为此，他写了两本书：《哲学与宗教的联系》和《宗教信仰中证明方法揭示》，书中对信天命与前定持中庸态度。但是他在《哲学家矛盾的矛盾》一书中却对安萨里进行了攻击，称安萨里是迎合群众的诡辩论者。此前，伊本·鲁世德也批评过伊本·西那和法拉比，称他俩的观点论据不足、阐述不清。

在宗教与哲学的关系问题上，穆斯林哲学家分成三派，其中大多数人，如精诚兄弟社、伊本·西那和伊本·鲁世德等人主张应调和二者之间的关系，如果一旦发现一段经文的字面含义与哲学理论有矛盾，他们就会想方设法作出解释。有些哲学家，如安萨里等人则认为教法代表的是真理，而哲学中有悖教法的内容，如物质是永恒的、否认肉体复活等观点则是谬论，安萨里在《哲学家的矛盾》一书中称哲学家为异端。第三派哲学家认为：哲学理论是正确的，宗教教导也是对的，但调和二者之间的关系则是愚蠢的，因为哲学与教法各有自己的势力范围，如宗教关注的是创世、死后的生活、奖惩和世界末日，等等；而哲学理论则研究物理、化学、逻辑学等等。宗教与哲学都不应超越自己的范围而进入对方的领地。逻辑学家艾布·苏莱曼是该派最著名的代表人物，艾布·哈彦·陶希迪在《慰藉与温馨》一书中对他有所论述。笔者更倾向第三派哲学家的观点：一个穆斯林在清真寺履行完宗教仪式之后，去作坊做工，体验对物质及科学理论的感受，这并无尴尬之处，虔诚的天主教哲学家也是这样做的……

穆哈义丁·本·阿拉比（公元 1240 年卒）在《麦加的启示》中写了另一件与伊本·鲁世德及其哲学有关的趣事："某日，我到科

尔多瓦去见法官伊本·鲁世德。他听说我聪颖过人，颇为惊讶，故欲与我晤面；而我去见他是因家父有事相求，家父是他的朋友，当时我还是一个乳臭未干的少年。当我走向他时，他礼貌而友好地站起来拥抱了我，并问我说：'是吗？'我答曰：'是的。'他见我明白了他的用意而更加兴奋，当我觉察后便改口说：'不。'他听罢有些沮丧，脸色也变了，充满了疑惑，说道：'你们是怎样看待神智说[①]的？它与通过感官和理性获得的知识是一样的吗？'我回答说：'既一样，也不一样，一字之差，性命攸关。'听我这么说，他的脸色变得蜡黄，坐在那里不停地说：'别无办法，只靠真主。'他明白了我的意思。"

有些朋友因年代的原因对上述的这次会见的真实性表示怀疑，但我们知道，伊本·阿拉比生于伊历 560 年/公元 1164 年，而伊本·鲁世德卒于伊历 595 年/公元 1198 年，即在伊本·鲁世德去世前三十五年就出生了，因此，伊本·阿拉比可能是在三十岁或二十五岁，或者更早的时候见到伊本·鲁世德的。伊本·阿拉比在《麦加的启示》一书中还特别提到在他与伊本·鲁世德见面时，他的小胡须尚未长出。但是，他们之间的问答有些奇怪："不"和"是"究竟是什么意思？他俩是怎样用这样的符号相互沟通的呢？伊木·鲁世德的第一个问题"是吗？"，可能是想问：哲学、理性分析和逻辑学能得到真理吗？其实，这就是伊本·鲁世德的观点，所以，当他听到伊本·阿拉比给以肯定的答复时，兴奋异常；而令伊

① 神智说：为著名苏菲派教义学家祖奴（约公元 796—860 年）所创。他认为神智既不是天启，也不是理性思维，而是源自真主的知识，其核心是真主的精神之光与人的心灵的交融，是通过精神修炼而被真主赐予的知识。——译者

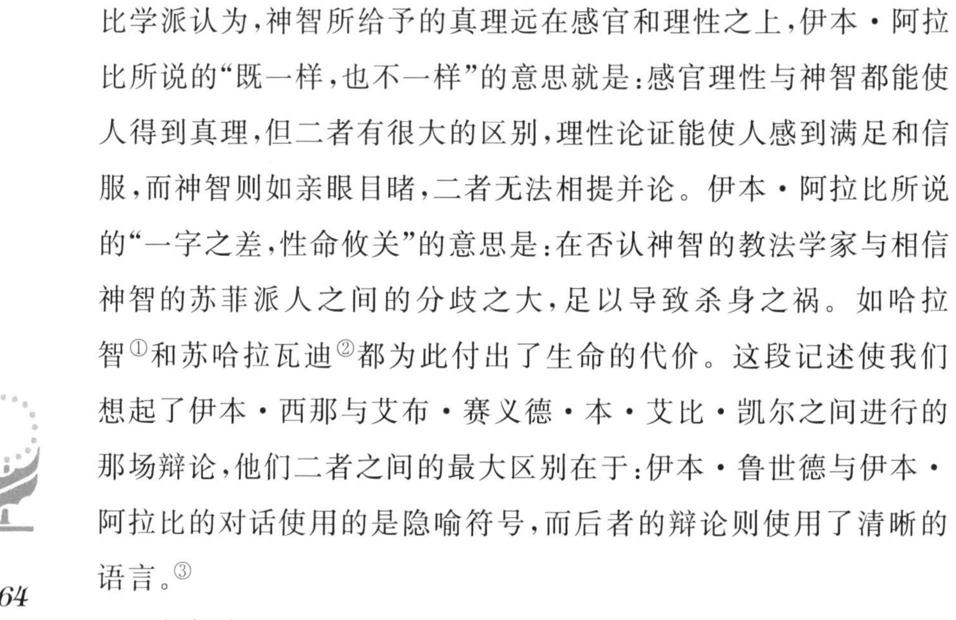

本·鲁世德一脸沮丧的否定回答，可能是表示：理性并非是认识真理的最好方法，精神修炼才是发现真理的最佳途径。伊本·阿拉比学派认为，神智所给予的真理远在感官和理性之上，伊本·阿拉比所说的“既一样，也不一样”的意思就是：感官理性与神智都能使人得到真理，但二者有很大的区别，理性论证能使人感到满足和信服，而神智则如亲眼目睹，二者无法相提并论。伊本·阿拉比所说的“一字之差，性命攸关”的意思是：在否认神智的教法学家与相信神智的苏菲派人之间的分歧之大，足以导致杀身之祸。如哈拉智[①]和苏哈拉瓦迪[②]都为此付出了生命的代价。这段记述使我们想起了伊本·西那与艾布·赛义德·本·艾比·凯尔之间进行的那场辩论，他们二者之间的最大区别在于：伊本·鲁世德与伊本·阿拉比的对话使用的是隐喻符号，而后者的辩论则使用了清晰的语言。[③]

与伊本·鲁世德所处时代不远的阿卜杜·瓦希德·马拉喀西（公元1185—1250年）曾会晤过伊本·鲁世德的部分弟子，因此，他对伊本·鲁世德的记述要更加真实可信。阿卜杜·瓦希德·马拉喀西写道：穆瓦希德王朝的哈里发对伊本·鲁世德产生不满的

---

① 哈拉智（公元857—922年）：伊斯兰教苏菲派著名代表人物。因宣扬人主合一的“入化说”而触犯了正统派教义，受到拘禁，并被判刑，后被处死。——译者

② 苏哈拉瓦迪（公元1153—1191年）：波斯伊斯兰教苏菲派哲学家，因宣传“真理之光”等神秘主义理论被指控为“异端”，后被阿勒颇总督处死。——译者

③ 该故事的梗概是这样的：伊本·西那与艾布·赛义德·本·艾比·凯尔晤面数日，两人的众弟子都在等候各自的老师，以了解他俩之间发生的事情。当弟子们问及伊本·西那对艾布·赛义德的看法时，伊本·西那答道：我不知道他看见了什么。当问艾布·赛义德对伊本·西那的看法时，艾布·赛义德答道：我没看见他认识它。“看见”与“认识”的不同在于：“看见”系指苏菲派的神智，而“认识”则指哲学观点。

原因有二，表面上的原因，即最大的原因是：伊本·鲁世德在给亚里士多德的《动物志》一书作注释时，依照通常的做法，在提及有关长颈鹿如何出生，在什么地方生长时写道："我在柏柏尔国王那里见过长颈鹿。"伊本·鲁世德没想到这句话引起了哈里发身边的侍从和心怀叵测的书记官们对他的仇恨与不满，但他们并没有表露出来，而是埋在心中，伊本·鲁世德对此全然不知。此外，科尔多瓦有一批仇视伊本·鲁世德的人，他们发现伊本·鲁世德仿效古代哲学家的作法，亲笔写了"金星是美神和爱神"的字样，便向哈里发告发了此事，哈里发问他："这是你写的字吗？"伊本·鲁世德予以否认。哈里发随后即将他逐出宫去，并疏远了那些研究哲学的人。这是表面上的原因……

后来，哈里发返回马拉喀什之后，对哲学再次产生兴趣，遂宽赦了伊本·鲁世德，并将他召回马拉喀什复职。但不久，伊本·鲁世德便卧病不起，于伊历 594 年/公元 1198 年死去，享年约八十岁。[①]

其实，伊本·鲁世德失宠的真正原因是：穆瓦希德王朝的哈里发曼苏尔（公元 1184—1199 年在位）为了击败西班牙人发动收复失地运动，必须要得到王朝普通百姓的支持，为了讨好百姓，曼苏尔下令打击那些令百姓厌恶的哲学及哲学家。而在击败了西班牙人的进攻之后，不再需要迎合百姓了，曼苏尔便又与哲学家重修旧好。

希腊哲学，尤其是柏拉图的《理想国》涉及很多科学和社会问

① 参看阿卜杜勒·瓦希德·马拉喀什：《马格里布奇闻录》，第 304 页及以下。

题，伊本·鲁世德也涉及这些问题，如他在其著作中表达了对军事专制和军事割据的厌恶。他还认为男女之间在本质上并无差异，不同的只是量上的区别，也就是说，妇女与男人虽无质的不同，但妇女在干活能力上要比男人逊色。例如，妇女也像男人一样能从事打仗、研究哲学等各种工作，但是妇女没有男人干得好，达不到男人所能达到的程度。伊本·鲁世德最有趣的见解之一是，他认为在音乐领域，作调谱曲的是男人，而悦声演唱的却是女人。伊本·鲁世德以母狗为例证明他的说法不谬：母狗能与公狗一样护守羊群。他还暗示东方的妇女因没有充分显示她们的力量而处境恶劣，好像她们只是为了生孩子、抚养孩子而来到这个世界……

总之，伊本·鲁世德对亚里士多德十分忠诚，即使有时与之意见相左，那也只是由于宗教的原因，或者因时代环境的不同而引起的想法上的差异。

伊本·鲁世德的弟子中有些是犹太人，他们听过他的讲学。伊本·鲁世德去世后，这些犹太弟子开始传播他的哲学，将他的大部分著作翻译成了希伯来文。伊本·鲁世德的哲学在学校里得到广泛传播，但是与此同时也受到犹太教和天主教人士的反对。这些弟子受到迫害，纷纷逃到法国……伊本·鲁世德的犹太弟子为数众多，他们参与了安德鲁斯的文化建设。

早在阿拉伯人征服安德鲁斯之前，犹太人就生活在西哥特人中间，西哥特人让他们管理财物。阿拉伯人征服安德鲁斯之后，犹太人又受到阿拉伯人的重用，阿卜杜·拉赫曼三世的御医哈斯达伊·本·沙布鲁特就是一位犹太人。有的犹太人，如易司马仪·本·奈厄拉莱在格拉纳达还担任过哈布斯埃米尔的大臣。犹太人在安德鲁斯除了传播阿拉伯文化之外，也宣传犹太文化。他们学习了伊本·鲁世德的哲学之后，便将它带到欧洲各地，并将经伊本·鲁世德注释过的亚里士多德的著作翻译成拉丁文，其中以米哈伊尔·伊斯凯特兰迪公元1230年的译本最为著名。犹太人和天主教徒将伊本·鲁世德的哲学及其对亚里士多德著作的注释译成拉丁文的活动，为欧洲打开了希腊哲学的大门。

在精通哲学的犹太人当中，穆萨·本·麦蒙是其中的佼佼者，尽管他比伊本·鲁世德大近十岁，但他俩也算是同时代的人。伊本·麦蒙于公元1135年生于科尔多瓦。犹太人当时在科尔多瓦颇有影响，老一辈的上层犹太人曾奉行阿谀穆斯林的政策，但后来的犹太人不再讨好穆斯林，遂引起穆斯林对犹太人的不满，一位名叫艾布·易司哈格·伊利比里的犹太人的一首诗激怒了穆斯林，诗中写道：

勿卸肩头担，贼子钱囊满。
解开友谊锁，夺走不文钱。
杀敌不是过，弃义他在先。
不顾性与义，怎怨他人反。
望他身显赫，我自昏昏然。

在这种情况下，穆斯林杀了一批犹太人，并命其余的犹太人在皈依伊斯兰教和离开安德鲁斯之间作出选择。

穆萨·本·麦蒙十三岁时遇到了这场灾难，他和他的家人作出了离开安德鲁斯的选择，他们先来到巴勒斯坦，住在阿卡，后来又搬到耶路撒冷，最后定居在埃及的弗斯塔特。穆萨·本·麦蒙的父亲是犹太教法庭的法官，也是伊本·麦蒙的启蒙老师。穆萨·本·麦蒙不愿靠宗教谋生，便开始学医，成为著名的医生。通过行医，他结识了萨拉丁的大臣法都勒法官。他医术高明，受到各界人士的欢迎。

穆萨·本·麦蒙写有大量的著作，不仅写了大量的有关哲学、医学的著作，而且还写了很多有关犹太教的宗教典故和传说。他的著作大部分是用阿拉伯文撰写的，少数是用希伯来文撰写的。犹太人和穆斯林都学习他的哲学和医学著作，他的著作因被译成拉丁文而在欧洲得到广泛传播。《迷途指津》是穆萨·本·麦蒙的最重要的著述，迷途者指的是那些在理性与宗教之间徘徊的人。理性与宗教的关系是很多穆斯林哲学家，如伊本·鲁世德、伊本·西那、伊本·巴哲等人都研究过的问题。穆萨·本·麦蒙认为只要用宽容的态度和开阔的视野来看待科学和宗教，就会发现二者之间并不矛盾，他认为，对宗教是可以作出解释的。

穆萨·本·麦蒙在科尔多瓦时，因害怕遭到杀害曾一度皈依了伊斯兰教，来到埃及之后，安全有了保障，便再次信奉犹太教。此举激怒了埃及的穆斯林，称他背叛了伊斯兰教。但是，法都勒法官为他开脱说：当时他是被迫改奉伊斯兰教的，故不能算是真正的穆斯林，因此也称不上是叛教。这句话使穆萨·本·麦蒙逃过一劫。

穆萨·本·麦蒙用阿拉伯文给他的朋友写了很多信，信中涉及很多哲学、宗教和个人问题，这些信函在犹太人中间广为流传。如果不是人们争相向他求医问药使他无法专心著述，他肯定会有更多的著作问世。总而言之，穆萨·本·麦蒙是犹太人在欧洲传播伊斯兰哲学的一面旗帜。

由于哲学家们将伊本·鲁世德和亚里士多德的哲学译成拉丁文，引起了教会对哲学家的不满，公元十三世纪时，教会甚至禁止人们从事哲学理论研究。在教会和自由派人士之间爆发的这场激烈的运动，是造成有些人反对教会的原因之一，并促成欧洲的近代复兴，使得像培根（公元 1561—1626 年）这样的哲学家站出来批评古典哲学，尤其是亚里士多德的哲学。培根号召人们不要完全听信亚里士多德的主张，鼓吹要把亚里士多德从圣坛上拉下来；主张用理性判断一切，除了经过观察和实验证明之外，不要相信任何结论，不管其结论来自何方神圣。从此，人类的理性就按照这一新的模式进行思考。

神圣罗马帝国皇帝腓特烈二世（公元 1194—1250 年）是伊本·鲁世德的支持者，他不仅通晓阿拉伯文，而且是欧洲翻译伊本·鲁世德哲学的人的后盾。他的阿拉伯语是向西西里岛的一位阿拉伯人学的。在他的宫中有一批犹太人，努力从事翻译阿拉伯哲学著作，尤其是伊本·鲁世德的哲学著作的工作。同时宫内也有一批天文学家，身穿巴格达服装进行天文观测，腓特烈二世支持天文学家的观点，反对教会的责难。尽管如此，腓特烈二世也参加了反对阿拉伯人的十字军战争，因为他认为学术是学术，政治是政治，互不相干。腓特烈二世受到天主教人士的指责，称他为反对天主教的江湖骗子。不管怎么说，当时的确涌现出一批像腓特烈二世这样的伟大人物，他们号召人们解放思想，摆脱教会的统治，他们与众多的追随者一起取得了胜利……

说了这么多有关伊本·鲁世德的事，人们不禁要问：伊本·鲁

世德是信士吗？他有信仰吗？有些东方学家对此表示怀疑。我们认为，伊本·鲁世德是一个具有哲学家信仰的信士，因为圣训学家有圣训学家的信仰；教义学家有教义学家的信仰；哲学家也有哲学家的信仰。圣训学家相信有关经训的一切传说，对此不会产生任何怀疑，也不会运用理性作出批判；教义学家，尤其是穆阿台及勒派人则相信对有关经训的传说应做出符合理性的解释。

笔者前些天在艾布·哈彦·陶希迪的《见识与宝藏》一书中读到一段有趣的传说，其大意是：先知穆萨（祝他平安）一直对亚当不满，多次指责他不该犯下过错，使他自己连同后人都被逐出伊甸园。亚当对穆萨说：难道你不知道，我犯下过错和被逐出伊甸园都是天命吗？你怎么指责我呢？艾布·哈彦·陶希迪评论道：教义学家如果读了类似这样的传说，他们会气得发抖，因为他们认为：人应当对自己的行为负责，因此，亚当应承担被逐出天堂的责任。然而，这段传说给人的感觉是亚当的行为是被迫的，不应追究什么责任。接着，艾布·哈彦·陶希迪写道：有关宗教的三分之二的传说，无须依靠理性就可接受，这就是圣训学家的信仰。

至于哲学家其信仰则是另外一种类型。笔者认为，伊本·鲁世德和法拉比、伊本·西那、伊本·图斐勒等人是相信真主的，就像他们的老师亚里士多德相信上帝一样，他们也同时相信先知。但是，他们与普通百姓有所不同，他们认为宗教是为普通人群设立的，至于像哲学家这样的特殊群体，理性比宗教更能令他们折服。对此，伊本·图斐勒在《哈义·本·叶格赞》一书中已作了明白细致的表述：当哈义遇见了学习先知教导、遵循先知教义的艾卜萨勒时，对艾卜萨勒向他所讲述的有关先知的教导、对宗教上的许多规定——晨礼、晌礼、缴纳天课等——惊讶不已。哈义是通过理性思考、无须按时履行教律、无须真主的帮助就可以达到很高的境界，同时理性还使他能清心寡欲、不图钱财，安于维持起码的生存。哈义想去艾卜萨勒居住的岛屿，用他自己的思想去劝诫当地居民，但他的到来引起居民的愤怒，这也说明先知的教导深入人心，同时也表明宗教不仅仅只是为人类少数的精英创立的。

《哈义·本·叶格赞》这个故事说明哲学家给他们的理性以思考的自由，把宗教的戒条用理性加以检验、评判，凡是可以诠释的地方都加以诠释。也许，他们认为，用他们的理性和创制，先知的预言是可以实现的，或者是能够接近实现的。因此，他们不像众人那样把许多事情看得那么神圣，有的哲学家还公开宣称他们没有必要像普通百姓那样遵循宗教戒条。伊本·鲁世德和伊本·西那都有这类的论述，只是因怕受到群众的伤害而采取了自我保护的策略而已。

据说，普通百姓拒绝接受伊本·鲁世德的某些言论，例如，他说：虽然《古兰经》中提到阿德人，但他们是否存在过，尚难确定。伊本·鲁世德之所以这样说，也许是想说明经文意在警示后人，经文说阿德人已为怒吼的暴风所毁灭[①]。人们的口耳相传的这个有关阿德人被暴风毁灭的故事，不管是否确有其事，哪怕只是一个传说，只要能起到劝诫警世的作用，也就达到目的了，也就是说规谏和训告才是故事的首要和最终的目的。但是普通的信士们对伊本·鲁世德的这一说法是不满意的。又据说，伊本·鲁世德还说

① 参看马坚译：《古兰经》，69：2—8。——译者

过“金星是美神和爱神”之类的话，对此容易解释，因为这是他在传述希腊人的观点，算不上是他的什么见解。

不管怎么说，我们认为，伊本·鲁世德是信仰真主、信仰真主的使者穆罕默德的，这种信仰是理性的，而不是盲目的。有些东方学家认为伊本·鲁世德不信仰真主的说法是不能令人信服的，对此，真主是全知的。

总而言之，当年阿拉伯人在巴格达等地从事哲学研究，是促成像伊本·鲁世德和伊本·图斐勒等安德鲁斯人研究哲学的一个原因……继而是在欧洲人复兴和掌握希腊古典哲学之前，希腊哲学从安德鲁斯传入欧洲。

由此，我们看到这样一个时间顺序，先是阿拉伯人研究希腊哲学，并涌现出肯迪等哲学家。伊斯兰教问世大约两个世纪之后，伊拉克成为哲学家荟萃之地和翻译希腊哲学的中心。他们先将希腊哲学译成古叙利亚文，然后再从古叙利亚文译成阿拉伯文。安德鲁斯哲学的出现则是伊历四世纪下半叶的事，当时哲学在东方已经死亡，因为安萨里之流已使哲学变得无声无息。但是，安德鲁斯的哲学家使哲学复活，他们向安萨里之流发起反击，使哲学在东方已近死亡的情况下得以在安德鲁斯继续生存。如果我们把阿拉伯哲学比作一盏灯，那么它首先是在东方点燃，尔后从中采集火种，又点燃了安德鲁斯的哲学之灯，继之，从安德鲁斯的灯中采集的火种又点燃了欧洲的哲学之灯。

伊本·鲁世德在欧洲的声誉远在伊本·西那和法拉比之上，其原因有三：

1. 伊本·鲁世德的人格力量；

2. 伊本·鲁世德的犹太人弟子为传播其学说所做的努力；

3. 在宗教人士过分压制教法自由之后，天主教和犹太教需要并做好了接纳哲学的准备，伊本·鲁世德的活动是对宗教顽固分子的有力反击。

若干年前，即大约在公元1902年，埃及发生了一场分别以法莱赫·安东尼教授和穆罕默德·阿卜笃[①]教授、长老为领袖的有关哲学与宗教的大讨论。法莱赫·安东尼在他主编的《综合》杂志上发表了伊本·鲁世德哲学的主要观点，并讲述了安德鲁斯的穆斯林对伊本·鲁世德的迫害。对此，穆罕默德·阿布笃站出来阐明伊斯兰教是极力呼唤思想自由的，并不压制哲学；天主教徒对哲学和哲学家的迫害远远超过穆斯林，普通的穆斯林群众与普通的天主教人都不喜欢哲学，都反对和压迫哲学家，至于谁反对的更厉害并不重要。说实在的，伊斯兰教和天主教本身都是清白的，它们不能承担迫害哲学和哲学家的责任，应当承担责任的是穆斯林而不是伊斯兰教，是天主教徒而不是天主教。算历史旧账是没有益处的，真正有益的是让人们变得宽容，使得对真理的研究及追求能在平和、真诚、没有迫害、没有压制的氛围中进行。

*　　　*　　　*

安德鲁斯还有另外一种哲学，一种由伊本·哈兹姆创立的伦理哲学。伊本·哈兹姆的伦理学不同于亚里士多德的《尼各马可伦理学》[②]，他的伦理观念来自于他本人的经验。

① 穆罕默德·阿卜笃(公元1849—1905年)：近代埃及伊斯兰教著名学者、宗教和社会改革家、现代伊斯兰主义的倡导者。曾在艾资哈尔大学和贝鲁特伊斯兰学院任教。——译者

② 《尼各马可伦理学》：亚里士多德的主要伦理学著作，相传该书由亚里士多德之子尼各马可编订，故名。该书论述的道德在于合乎理性的活动，至善就是幸福等观点，成为西方伦理思想的渊源之一。——译者

伊本·哈兹姆出身于官宦家庭，其父曾任大臣要职，而他本人也担任过三任哈里发的大臣。他生活优裕，家中美女如云，这一切却使他饱尝了爱与恨、亲与疏的情感经历。伊本·哈兹姆与哈里发和埃米尔的关系时好时坏，好时如日中天，坏时如坠深渊。学者与愚人、公正和暴虐无道的埃米尔他都接触过，他既受过爱的煎熬和离别的痛苦，又享受过亲密交往和肌肤相亲的甜蜜。他攻击过学者文人，也受到过他们的攻击，他鼓吹直解学派的观点，受到马立克教法学派的强烈反对……所有这一切，使他积累了丰富的经验。

伊本·哈兹姆聪颖、敏感，见多识广，丰富的阅历和经验化为智慧和格言，他将这些写入了《伦理与传记》一书。是的，伊本·哈兹姆的伦理学受到希腊伦理学的影响，例如他信奉亚里士多德的中庸理论，即美德就是介于过分与不及之间。希腊伦理学的影响与他的个人经验和思考相比就微不足道了。让我们举几个例子加以说明，例如，伊本·哈兹姆想为所有的道德伦理——无论是美德还是恶行——找到其产生的根源。经过深思熟虑之后，他最终找到了这个根源，即“驱除烦恼”。他认为所有的人都会将“驱除烦恼”作为其一切行为的出发点和归宿（动机和目的），不管这个人是否虔诚，是否是在行善举；也不管他想默默无闻，还是想声名远扬。所有的行为都是为了“驱逐烦恼”。如：追求金钱的人是为了驱逐无钱的烦恼；追求名声的人也是如此；追求学问的人是为了摆脱无知；吃饭、饮水、穿衣是为了充饥、止渴、遮体。总之，伊本·哈兹姆把人类所做的一切行为都归结为是为了“驱除各种不同的烦恼”，这使我们想起宾塔姆和朱尼认为一切行为的动机都是为了追求愉悦、防止痛苦的理论。

伊本·哈兹姆还对“爱”作了颇有意思的研究。他认为“爱”因目的不同而千差万别，如：对父母之爱，对子女之爱，对亲朋之爱，对权势的爱，对善的爱，对希望之物的爱，以及对情人的爱，虽说都是爱，却因所要达到的目的各异而有所不同。哀伤是爱——有人因痛惜爱子而死，有人因痛悼情人而亡；妒忌也是爱——有人妒忌权势，有人妒忌朋友，有人妒忌妻子，当然也有情人之间的妒忌。上述种种都是“爱”，“爱”虽然是五花八门，却如出一辙，多有相似之处。同席而坐、促膝交谈、登门拜访，都可增进彼此之间的爱。……伊本·哈兹姆对“爱”作了详细的分析，书中的一些文字成为人们的警句名言。例如，《今日报》在每天的头版头条都要引用伊本·哈兹姆说的一段话，例如：

“凡是认真思考观察，并能让自己相信真理——哪怕是令人痛苦的真理——的人，当他听到人们对他的批评时，会比听到颂扬更加高兴。因为人们对他的颂扬即使是对的，他听到后会使他飘飘然，这将有损于他的品德；颂扬如果是虚伪的，他听到后也会高兴，谎言使他高兴，这可是一个大缺点。至于人们对他的批评，如果是对的，听到后有可能成为今后不再受到指责的起点，这对每个有缺点的人都是极大的幸运；批评如果是错的，听了之后若能处之泰然，会使他的宽厚忍耐之美德更加光鲜生辉。”

“人的一生历经磨难，有如在旷野中迁移跋涉的行者，每走完一段路程，新的路程又会展现在眼前，每解决了一个问题，新的问题又会层见叠出。”

“有人说，智者在尘世是痛苦的是对的；有人说，智者在尘世是安逸的也是对的。安逸来自对世人所重视的琐事不屑一顾;痛苦则源于看到了虚妄横行、国家专制、正义得不到伸张。”

“学善、行善是人们应尽的义务。凡既学善又行善者,具有两种美德;凡知善而不行善者,其善在于知善,其恶在于知善而不为。一个听说过我说此话的人反驳道:哈桑·巴士里[①]说过,‘禁止做什么事,自己就不要去做,让别人做什么事,自己就一定要做。’另一个人说道:艾布·艾斯沃德·杜艾里说过,‘禁止别人做的事,倘若自己去做,那就太可耻了。’我说:艾布·艾斯沃德的话意在谴责那种禁止别人做而自己又去做的行为。这种行为倍加丑恶,不是说谁做了可耻的事,谁就不应该禁止别人去做。而哈桑·巴士里之所以说那句话,是有其原因的,因为他听到一个人说:只有对没做坏事的人才应禁止他做坏事,哈桑·巴士里于是说:易卜劣斯[②]正想用这种办法控制我们,那也就没有人再提倡什么劝善戒恶了。我所说的关于学善、行善的那段话就是这个意思,哈桑·巴士里是对的。”

伊本·哈兹姆的《伦理与传记》一书中有很多是源于他个人经验的精辟见解和深刻哲理。他一定看过伊本·穆加法(公元724—759年)的《罕世珍宝》、《大礼》、《小礼》等著作,但是,伊本·穆加法书中总结的是他从书中了解到的波斯人的经验,而伊本·

① 哈桑·巴士里(公元642—728年):伊斯兰教早期圣训学家、教法学家、属早期的“意见派”。他主张人类有意志自由,可以选择自己的善恶行为,倡导穆斯林应虔诚、守贫,蔑视世俗荣华富贵。——译者

② 易卜劣斯(Iblis):阿拉伯语音译,《古兰经》中记载的恶魔中的首恶,是它教唆阿丹(亚当)夫妇偷尝禁果而被逐出天国的。——译者

哈兹姆阐述的则是他个人的经历、个人的体验。

哲学中的社会政治领域也有人涉足，如托尔托斯写了《国王灯鉴》一书。托尔托斯是安德鲁斯托尔托萨人，曾拜伊本·哈兹姆和巴哲为师。据说，他是一位工匠出身的学者，同时也是一位甘于清贫生活的虔诚的苦行人。

我们感兴趣的是他撰写的《国王灯鉴》一书，该书与其说是一部理论研究专著，倒不如说是一部政治箴言。政治在当时尚不是一门有自己的规范和理论的独立的学问，加之托尔托斯并没有担任过大臣之类的政府职务，他缺乏从政经历，他的经验与其说是对规律的总结，不如说是对教训与殷鉴的概括。托尔托斯得益于他阅读了大量的历史典籍与圣训集，因此书中涉及很多历史事件和格言典故，同时也受到律例类书籍，如马沃尔迪[①]的《素丹律例集》的影响。此外，书中还引述了一些有关安德鲁斯众国王和埃米尔的故事。全书编排考究：第一章，国王的教训与训诫。……第八章，素丹的功过得失；第九章，素丹在百姓中的地位；第十一章，素丹应具有的禀性。此外，还有亡国的教训、素丹所需的学识、大臣的品德、埃米尔及其官吏的习性、百姓讨厌的素丹、素丹与军人的关系、素丹与土地税的征收、素丹与国库的关系、政府机构的档案、被保护民的律例、战争等章节。书中涉及的都是十分重要的问题，尽管托尔托斯解决这些问题靠的是传统的经训，而不是有创见的意见。《国王灯鉴》一书说明托尔托斯学识渊博、见解温和。

① 马沃尔迪（公元974—1085年）：著名的伊斯兰教法理论家，沙斐仪派教法学家，曾任阿拔斯王朝大法官，倾向穆阿台及勒派的观点，著有《宗教与世俗礼法》、《素丹律例集》、《教法大全》等著作。——译者

托尔托斯在《国王灯鉴》一书的前言中写道:"当我考察昔日诸民族的历史与众国王的传记,研究他们制定的治国安邦之策,思考他们遵循的保持教派平衡的方法时,发现不外乎是运用律例和制定政策两种类型。"托尔托斯还提到,他的这部书是献给法蒂玛王朝的宰相麦蒙·拜塔伊希的。

因为托尔托斯是安德鲁斯人,所以书中有很多发生在安德鲁斯的事情,如在谈到有关战争及战争的策划、谋略的运用时,讲述了莱卡特谷地战役,在该战役中,西哥特王国的末代国王罗德里克战死,被砍掉头颅。书中还记述了曼苏尔军队的制度、指挥体系以及当时的司法情况。此外还记述了教法学家反对素丹、限制素丹权力的史实。有关战争的记述让人们了解到安德鲁斯军队的体制。

在笔者看来,《国王灯鉴》一书是伊本·赫勒敦撰写《历史绪论》的重要参考文献之一,伊本·赫勒敦将托尔托斯讲述的内容哲理化、理性化。

托尔托斯是一个认真古板的人,他对犹太人和天主教徒持有偏见,他甚至不食用罗马奶酪,因该奶酪是在罗马制作的。

托尔托斯卒于伊历520年/公元1126年。

*　　　　*　　　　*

下面将谈及安德鲁斯的科学活动。科学活动所指的是与文学活动相对应的数学、物理学、化学、植物学、动物学、天文学等所有在现代的理科院校所研究的学科,而这些学科在当时都属于哲学范畴。只是到了近代,这些学科才从哲学中分离出来,如心理学、社会学就是先后从哲学中独立出来的,哲学这棵大树,在枝干分离出去之后，也就只剩下树根了。

在阿拉伯东方世界，我们看到各类学术活动是按下列顺序出现的：首先是文学，始于蒙昧时期，一直延续到现在；其次是宗教，始于伊斯兰教问世；第三是教义学，始于倭马亚王朝后期和阿拔斯王朝前期；第四是哲学及科学。安德鲁斯的学术活动也是按照这一顺序发展的：伴随着阿拉伯人的征服产生了文学，不久之后便出现了宗教活动，哲学在哈克木一世在位期间（公元 796—822 年）已见雏形，科学活动也随之展开。

麦斯莱麦・麦吉里忒是最早关注科学活动的安德鲁斯人，他生于科尔多瓦。萨伊德（公元 1029—1070 年）在《各民族文明史》一书中写道："麦斯莱麦是他所处时代安德鲁斯的数学泰斗，是最精通天文学及星相活动的人，他注重星相观测，刻苦钻研托勒密的《天文集成》，并著有《方程式》及《星盘》等著作。《星盘》一书修订了白塔尼（公元 858—929 年）编写的《萨比天文表》，此外，他对花拉子密（公元 781—847 年）制定的天文表也颇有研究。"

麦斯莱麦的另一重要贡献是培养了众多学生，如伊本・赛姆哈、伊本・赛法尔、宰赫拉威、卡尔马尼和伊本・赫勒敦[①]等人都是当时安德鲁斯科学领域的中坚力量。

伊本・赛姆哈是著名的算术和几何学家、天文学家，他对欧几里得的《几何原理》作了诠释，并写了两部有关星盘的著作。伊本・赛姆哈卒于伊历 426 年/公元 1034 年。

① 这个伊本・赫勒敦与《历史绪论》的作者、著名的哲学家、历史学家伊本・赫勒敦不是同一个人。

伊本·赛法尔对算术、几何学和天文学有很高的造诣，他根据印度的历法原理编写了一部简明历法。

卡尔马尼精通几何学，曾赴阿拉伯东方求学，学成后又返回安德鲁斯，他对解答几何学中的疑难问题有着无人能及的本领。

迦斐基，即艾布·加法尔·艾哈迈德·本·穆罕默德是著名的药物、植物学家，他对各种药材、植物的名称、特点、用途了如指掌，并采有标本。伊本·艾比·乌索伊拜阿说："迦斐基的药物学一书，无论是内容还是质量都是举世无双的。该书既考察了迪奥科勒斯和盖伦有关植物学的论述，又补充了后人在药物学上的新观点，因此，迦斐基的《药物学》是一部集先贤之大成的著作，更是一部研究药物学的宪章。"

迦斐基的《药物学》一书成为伊本·比塔尔（公元1197—1248年）撰写《药物学大全》一书的依据，后者是对前者的修正与补充，而这两部著作又是对迪奥科勒斯《植物志》的增补与修订。

伊本·比塔尔是一位著名的植物学家和药物学家，马拉加人，生于伊历六世纪末。伊本·比塔尔热爱科学，曾游遍安德鲁斯各地考察药材，对各种药材的性状及用途一一作了描述。他写了两本书：一本是在迪奥科勒斯《植物志》基础上撰写的著名的《药物学集成》；另一本是根据他自己的临床经验撰写的《医方汇编》，该书汇集了矿物、植物和动物三类药物的医方。伊本·比塔尔曾赴埃及研究草药，后在阿尤布王朝卡米勒素丹（公元1218—1238年在位）的宫廷任总药剂师。

伊本·艾比·乌索伊拜阿是伊本·比塔尔的学生，他曾陪同他的老师在大马士革地区考察、收集植物标本。伊本·比塔尔于伊历 646 年/公元 1248 年卒于大马士革。

伊本·比塔尔是一个热爱事业、忘我工作的人。伊本·艾比·乌索伊拜阿写道："伊历 633 年/公元 1235 年，我与他（伊本·比塔尔）在大马士革首次相遇，他为人豪爽、慷慨大方；他出身名门、品德高尚，心灵之高贵难以描述，令人称羡。我与他一起考察了大马士革郊外的植物，并在他的指导下学习研究了他对迪奥科勒斯《植物志》中药物名称作的注释，从其渊博的学识中获益良多。我随身带了几本迪奥科勒斯、盖伦、迦斐基等人写的有关药物学的著作，并向他请教。他首先引用迪奥科勒斯在《植物志》中经过修订的希腊原文，接着逐一列举迪奥科勒斯对各种药材的性能、特点、效用等的论述，然后再举出后人的看法，以及他们与迪奥科勒斯的不同之处，并指出他们的错误及疑点。我与他一起通读了这几本书，他一直专心致志，从未提及书外之事。"

倭麦叶·本·艾比·索勒特（公元 1067—1134 年）是另外一种类型的学者，他具有多方面的才华。他精通机械学，伊本·艾比·乌索伊拜阿讲述的故事便是最好的例证：一艘装满铜的船在亚历山大港沉没，倭麦叶设计了打捞沉船的办法，绘制了打捞沉船的各种机械的图纸，国王艾夫杜勒·本·艾米里·久尤什为此支付了一大笔制作费用。但是，不幸的是，由于丝质的绳索断裂，使已被捞起的沉船再次沉入海底，致使打捞工作失败。国王艾夫杜勒大怒，拘禁了倭麦叶，后经诸名人求情，方得获释。倭麦叶·本·艾比·索勒特除精通机械学之外，还是当时唯一的一位对数学、音乐和弹奏六弦琴均有造诣的人。除此之外，他还是一位文学家和诗人，他的诗离不开他的学问，请看他描写观象仪的诗句：

此物真神奇，远景能近取。
举起金光闪，放下似沙粒。
若爱观天文，能晓天上谜。
镜头似眼球，万物变清晰。
手指轻轻拨，星空在镜里。
只知地球大，可知宇宙奇？
赞美发明家，成此观天器。

倭麦叶·本·艾比·索勒特的老家是安德鲁斯南部的达尼亚特。

阿拔斯·本·费尔纳斯（公元 888 年卒）从事的研究也很奇特，他想在人身上安装两个翅膀，使人能像鸟一样飞翔，这是一个十分超前的想法。因为飞翔只有在机械制造业取得巨大进步，且发现了石油或比石油更轻的燃料之后才能成功，单纯依靠翅膀飞翔，其结果必然是失败。《芳香集》的作者麦盖里对此写道："艾布·卡塞姆·阿拔斯·本·费尔纳斯是安德鲁斯最早从石块中制造出玻璃的人，也是第一个对音乐进行解析的人，他制作了一个计时器。他还想方设法使他的身体腾空，他全身披上羽毛，双臂延长成两个翅膀，他真的在空中飞行了很长一段距离，但因没考虑到鸟是用尾部落地，没有安装尾巴，故在落地时受伤。……他还在家中制作了一个天文仪，用来观察星相、云彩、闪电和雷鸣。"上述说法如果属实，艾布·卡赛姆·阿拔斯·本·费尔纳斯的确是一位奇人、一位有杰出才能的人。真主知道得最清楚。

第六章　历史与地理

历　　史

安德鲁斯人与阿拉伯东方世界的人一样，热爱他们自己国家的历史，并对国王、重大事件、学者和文学家的传记，以及那些赴外国游学或来本国求学的人都感兴趣。以研究圣训起家的人往往又研究起历史来了，因为圣训学家要收集各种类型的圣训，有的圣训与信仰、交际有关，有的圣训涉及穆圣（愿真主赐福给他，并使他平安）及直传弟子，于是在搜集了穆圣生平的史料之后，便开始著述历史。

伊本·哈比布（公元790—853年）是安德鲁斯早期的历史学家之一，我们在前面谈到宗教活动时提到过他，他也许是安德鲁斯最早的历史学家。伊本·哈比布最初生活在伊尔比莱和科尔多瓦，后赴东方游学，向当地长老学习圣训及马立克教法学派的教法，从而加深了对历史的理解。伊本·哈比布在很多学术领域都有著述。他撰写的《通史》有些像塔巴里的《先知与帝王史》：以开天辟地、造山填海、天堂、地狱、阿丹（亚当）、哈娃（夏娃）与魔鬼撒旦的故事为开篇，接着逐一讲述了众先知的生平。对先知生平的讲述被认为是对《古兰经》有关先知经文的诠释，其中有许多神话和以色列式的传说，其内容多为瓦哈布·本·穆奈比海和卡阿布·艾赫巴尔等历史学家讲述的材料。在谈到安德鲁斯的历史时，《通史》一书在阿拉伯人的征服章节中也有许多神话传说，诸如塔立格·本·齐亚德的梦兆、罗德里克国王的符咒，筵席的故事，以及堆满金、银、红宝石和绿宝石的宝藏，等等。①

伊本·哥特叶(公元 977 年卒)是继伊本·哈比布之后的另一位历史学家，他的情况在第三章语法和语言活动中已作过介绍，他撰写的《安德鲁斯征服史》具有独特的价值，即他介绍了一些阿拉伯人不知道的历史事件。人们说，伊本·哥特叶是一个虔诚、英俊的人，享有高寿，真主让他为人们造福。《安德鲁斯征服史》一书已被发现，并已出版发行，该书具有马立克教法学派的色彩和不同于其他历史学家的西哥特人的观点。

欧莱布·本·赛阿德是另一位历史学家，科尔多瓦人，出身于天主教家庭，自父辈起改奉伊斯兰教。欧莱布曾任哈克木二世(公元 961—976 年在位)的书记官。他将塔巴里的《先知与帝王史》改写成简本，但增加了马格里布和安德鲁斯的史料。此外，他还为塔巴里的《先知与帝王史》写了《补遗篇》。欧莱布·本·赛阿德卒于伊历 369 年/公元 979 年。

继欧莱布·本·赛阿德之后，安德鲁斯历史学家的泰斗伊本·哈扬(公元 987—1076 年)登上舞台。伊本·哈扬不仅是一位大历史学家，而且还是一位文笔娴熟的文学家，并曾担任过曼苏尔·本·阿米尔的书记官。伊本·哈扬的大部分著作均已散失，

① 伊本·哈比布的《通史》已被发现，现保存在英国牛津大学图书馆。据读过该书的人讲，该书的史料价值不大。

只有《安德鲁斯历史之光》和《历史鉴览》的部分章节传世。《安德鲁斯历史之光》共十卷，仅存三卷，该书记述了自塔里格征服安德鲁斯至作者所处时代的全部历史。《历史鉴览》全书共六十卷，现仅能从伊本·拜萨姆（公元1147年卒）的《宝藏》等人的著作中看到该书的只言片语。历史学家和传记学家对伊本·哈扬的著作的评价是：传述真实、文笔优美、表达洗练。他的著作若能全部保存下来，安德鲁斯历史上的很多疑点都可得到澄清。

很多穆斯林历史学家在撰写人物时，都遵循圣训关于要求人们“记住死者的善举美德”的教诲，对死者只有赞美颂扬之词，而尽量回避缺点。但是，伊本·哈扬却非常坦率，他在历数一个人的美德之时，也不避讳列举其恶行。他直言不讳，大胆陈词，以至得罪了一些历史学家。伊本·哈扬如果要引用某位历史学家的言论，会略去其名，代之以别名、诨号。就连那些身居高位的显贵们，也没能逃过他的一张利口，例如，他在列举了孟迪尔埃米尔的功绩之后，紧接着就提到他的缺点，说他贪财吝啬，疑心太重，动辄杀人，就连他的儿子、兄弟、朋友都不放过。伊本·哈扬虽然担任曼苏尔·本·艾比·阿米尔的书记官，但他不怕受到别人的攻击中伤，毫不掩饰他为安德鲁斯的倭马亚王朝的灭亡而遗憾，为倭马亚王朝昔日辉煌的逝去而哀伤，为取而代之的柏柏尔人的王朝——这个无法与倭马亚朝相匹敌的时代——而哭泣。

让我们举几个表明他言辞直率、批评尖锐的例子。比如，当看到人们面对饥荒，有人却囤积粮食和食物时，他直言道：“这些人真是愚昧、愚蠢之极，掌管食禄的是安拉。如此下去，灾情会更加严重，诗云：‘囤积堪比虎，灾上更加苦。’”

又如，他说："某人死，孤零零地被送到墓地，没有人为他流泪，只有他为自己哭泣。那是因为他活着的时候，没做过一件善事，终日愁眉苦脸，怨天怨地、性情暴躁、吝啬小气。"

再如，他对柏柏尔埃米尔伊本·帕夏评说道："此人毁坏宫殿、涂炭生灵、穷凶极恶、出身卑贱，好事不做，坏事干遍，真是一无是处。经其之手，倭马亚人密讳的宫殿毁于一旦，难得的古迹成了断壁残垣。伊本·赛高给他推荐了一位来自科尔多瓦的管家，收集变卖宫中尚未被毁的宝物，致使宫殿再遭劫难。凡是有品位、有价值和体现信仰的物品均被洗劫一空。大理石雕像、木制品、金银制品、铜铁铅制品等，无一幸免。他不用宫中宝物犒赏有功之臣，而是让各地君王的使者高价买去，所得钱财供其肆意挥霍。荒诞之事不胜枚举。"

伊本·哈扬谈到他自己，说他从小就酷爱历史，为此博览群书，广泛涉猎。他坦言：撰写《历史鉴览》，是为他自己，原要交给儿子收藏。但后来改变了主意，决定将该书公诸于世。

伊本·拜萨姆说："伊本·哈扬赶上了一片云，却错过了一场雨。因为他的大部分言论，正如伊本·鲁米的诗所形容的：

'口如强弓舌似箭，不言不语万事无，

怎奈双颌硬似剪，有言必出戳心腹。'"

知道他的话是出于职责所在的人，就会听从他的忠告。认为他是个言之有物、会对所言之事负责的人，就不会花气力指责他。有人劝他："用你的手写些让你在复活之日高兴的事吧！"

尽管如此，伊本·哈扬是一支盲目之箭，一片泛浪之海。但若刨根问底或遇上一个熟谙边远部落业绩，且会观天象的智者，他就会偃旗息鼓，像久逢知己那样与之攀谈。有人看不起他，有人理解他，也有人写书贬损他，说他家世卑微，甚至诋毁他，说他犹如一个干渴之人靠脏水止渴，一个赤身裸体的人用破衣烂衫遮身。

笔者是赞同伊本·哈扬的著史观点的。历史学家对于善恶功过都应秉公直书，该褒则褒，当贬则贬，如果只褒不贬，只言功、不提过；只有颂扬、没有指责，那他讲述的历史的真实性就要大打折扣，他的言论就只有一半是正确的。历史上的著名人物不是属于他自己的，而是属于人民的，明智的历史学家对历史人物进行剖析，应像医生对病人开刀治病一样。笔者最讨厌那些只会歌功颂德，甚至不惜编造功业，而对腐败恶行却视而不见的历史学家。如果说，靠乞讨度日的诗人可以这样做的话，而对考证史实的历史学家来说，则是不允许的。但是，另一方面，我们也不同意伊本·哈扬在批评历史人物时过于直白与粗暴，缺少温情、不讲品味、不用暗喻的做法。是的，一个人如果赤身露体、一丝不挂，那美也就无从谈起了。

如果说，伊本·哈扬是在政治史、社会事件和人物传记诸方面成就突出的话，伊本·法莱迪则是专门研究安德鲁斯学者传记的历史学家。伊本·法莱迪，即艾布·瓦立德·阿卜杜拉·穆罕默德，他是安德鲁斯著名圣训学家和历史学家之一，于伊历 351 年/公元 962 年生于科尔多瓦。伊本·法莱迪在科尔多瓦学习了教法、圣训、文学和历史，后利用朝觐的机会，游遍了凯鲁万、开罗、麦加、麦地那等地。返回安德鲁斯后，从事教学工作，曾出任巴伦西亚的法官。伊历 403 年/公元 1012 年，柏柏尔人暴动期间，伊本·法莱迪在其住所被人杀害。

伊本·法莱迪以擅长圣训学、传记学和文学著称。在游学期间，他阅读了大量书籍。他的代表作为《安德鲁斯学者传记》，该书被列为安德鲁斯图书馆系列丛书之一。

哈菲兹·哈米迪是继伊本·法莱迪之后的另一位著名历史学家。他的父亲生于科尔多瓦，而他本人则出生在捷齐莱，读过教法与圣训等宗教学著作，聆听过伊本·阿卜杜·拜里和伊本·哈兹姆的教诲，曾陪伴过伊本·哈兹姆，并将自己的著述读给伊本·哈兹姆听。哈菲兹·哈米迪先后去过埃及、大马士革、巴格达、瓦绥脱等地，后又返回巴格达，向当地学者学习科学和文学，传述过赫忒布·巴格达迪的著作。见过他的人是这样评价他的："我从未见过像哈菲兹·哈米迪这样高尚、聪慧、纯洁、博学，且热衷于传播学问的人。"他的《安德鲁斯学者的火炬》一书流传至今，该书被认为是伊本·哈扬《安德鲁斯历史之光》的缩写本。哈菲兹·哈米迪是远离尘世、专心致学的学者的典范。他于伊历488年/公元1095年卒于巴格达。

伊本·巴什克瓦勒是安德鲁斯另一位著名的历史学家，同时他也是一位著名的圣训学家，他于伊历494年/公元1101年生于科尔多瓦。他先学习圣训，后又研究安德鲁斯的历史，广学博览；他还从艾布·伯克尔·本·阿拉比等大师处受益匪浅。人们说，伊本·巴什克瓦勒是安德鲁斯最后一位圣训学大师，他著有约五十部著作，《安德鲁斯学者传续编》是他留给我们的唯一一部历史著作，该书充分展示了他的恢宏学识。

经过几个朝代之后，在一批历史学家中我们发现了伊本·阿巴尔，他也是一位既是历史学家，又是圣训学家的学者。伊本·阿巴尔于伊历 595 年/公元 1198 年生于巴伦西亚，师从当时安德鲁斯最伟大的圣训学家艾布·赖比阿·本·萨里姆二十余载。伊本·阿巴尔著有《安德鲁斯学术大师考补遗》一书，从此有了一套有关安德鲁斯学者传记的系列丛书：伊本·法莱迪的《安德鲁斯学者传》、伊本·巴什克瓦勒的《安德鲁斯学者传续编》和伊本·阿巴尔的《安德鲁斯学者传续编补遗》。

伊本·阿巴尔感到巴伦西亚的局势动荡不安，便迁居突尼斯从事教育，起初受到突尼斯埃米尔的热情接待，但后来埃米尔一反常态，不仅没收了他的著作，而且将他投入监狱。因为埃米尔在伊本·阿巴尔的著作中发现了诋毁、攻击王权的文字。伊本·阿巴尔在狱中死后，埃米尔还下令焚尸灭迹。伊本·阿巴尔有两部著作传世：《安德鲁斯学者传续编补遗》和《朝代更迭》（《马格里布史——伊历一一七世纪》）。

*　　　　*　　　　*

安德鲁斯的历史学家有的对圣训学家的传记感兴趣，有的则专门关注文学家的事迹。前者如伊本·阿卜杜·拜里著有《领悟》（《圣训学家传》）一书，后者如伊本·拜萨姆（公元 1147 年卒）则著有《珍藏》（《安德鲁斯阿拉伯文学史》）[①]这样伟大的著作。

《珍藏》一书完全仿效赛阿里比（公元 961—1038 年）在《时代的宝石》一书中的风格，无论是韵脚的使用，还是修辞上的借喻、隐喻的风格都有《时代的宝石》的痕迹。与赛阿里比一样，伊本·拜萨姆将《珍藏》一书分为四个部分：科尔多瓦及其周围地区的文学、

① 埃及已出版了该书的三卷。

塞维利亚及其周围地区的文学、巴伦西亚及其周围地区的文学和外来的文学，详细展示了安德鲁斯众国王、大臣和埃米尔的历史，正确评价了他们的文学成就。伊本·拜萨姆认为伊本·哈扬的历史知识比他丰富，见解比他正确，因此他在《珍藏》一书中引用了伊本·哈扬的大量文字，伊本·哈扬的原著早已散失。

伊本·拜萨姆生长在赛奈特林的一个门第显赫之家。不幸的是，该地落入了天主教人的控制之下，全部家产被洗劫一空，他两手空空地逃离了该地。对此，他有细致的描述。他说："《珍藏》一书出自一颗受伤的心，一个愚钝的大脑，一个变色龙般不断变化的年代。赛奈特林的奈特巴齐，一个遥远的西部小镇，不断遭到罗马人的洗劫，人们惊慌失措，充满怨恨。我家拥有当地最好的牧地，富有显赫，从不取不义之财。靠着积蓄，全家人逃过了四处漂泊之苦。直到罗马人颁布了新的政令，闹得全镇鸡犬不宁。局势越来越严峻，我只好与几个好友逃离奈特巴齐。逃亡之路，历经磨难，其艰辛难以想象，诗云：

荒郊野岭狼不见，乌鸦飞过翅难停。

最终我总算逃出来了，犹如赌徒赢了赌局。来到霍姆斯时已精疲力竭，但愿在这里能过上几天好日子。但我离开此地已有数年，现如今如同迷途的鸽子，坠入云雾之中。我只身一人，只能吃些残羹。

这里人的教养大不如前，知书达理者如冬日的月光，稀疏暗淡。人的境遇与财富相关。一个地方境遇最差的是那些没有受过教育的群体。

人只要有钱，没有本事也行，只要有金子、银子，没有信仰、没有门第也成。”

关于写书的原因，伊本·拜萨姆说：“我发现安德鲁斯有很多精通文字的语言大师、诗人和文学家，与东方的拜迪阿、库赛里比起来毫不逊色。但他们却对东方的学者顶礼膜拜，甚至东方乌鸦的一声鸣叫、苍蝇的嗡嗡之声，都要被视为神明、奉为经典。而他们自己的光辉历史、优美诗文，却没有记载、没有传颂、没有收藏。对此，我感到不平，故决意收集我见到的美文，发掘这片土地上的佳作，使之成为安德鲁斯的骄傲。既然这里有这么多的文人学者，就不该让满月变成月牙，让大海变成浅滩。过去，人们忽略了自己的学问和学问家，甚至有的学者还健在，其作品就已销声匿迹了。但愿我知道：为什么我们看不起自己的学问，而把赞美都给予了东部人。”

伊本·拜萨姆看不惯安德鲁斯人盲目崇拜东方的学术，哪怕是毫无价值的糟粕，但却看不起自己的作品，哪怕是优秀的佳作。这也同时说明当时的安德鲁斯人在东方面前有自卑感，正如今天有的东方人在西方人面前有自卑感一样。我们知道，伊本·哈兹姆在其《安德鲁斯人的业绩》一文中对此也有抱怨，认为很多安德鲁斯的学者和文学家之所以被安德鲁斯人看不起，就是因为他们是安德鲁斯人，如果他们来自东方，那就会被尊崇备至，恰如古人曰：“本地的吹笛手音不美”，“最瞧不起学者的是其家人”。

法塔赫·本·哈干尼与伊本·拜萨姆是同时代的人，他出生在格拉纳达附近的一个村子，生活穷困。贫穷本不是缺点，但他却为人卑贱，且嗜酒成性、广交酒友，到处乞求馈赠。最令人厌恶的是他对人的态度：谁给他钱就赞美谁，谁不给他钱就指责谁，褒贬皆取决于对他是否出手大方。有时对同一个人也会时而称颂、时而讥弹，全看与他个人关系的好坏。他对伊本·巴哲的态度最能说明他的为人：他与伊本·巴哲的关系好时，便对他大唱赞歌，将其捧上天；当他与伊本·巴哲关系恶化时，便对他横加责难，将其贬入深渊。

法塔赫·本·哈干尼写有两本名著：《安德鲁斯人物趣谈》和《纯金项链》，前者记述了安德鲁斯的名流显贵、慷慨好义之士、文雅风趣之流的趣事逸闻；后者则展现了达官贵人及其子女的美德、名言佳句，其中的人物与《安德鲁斯人物趣谈》一书的人物多有重叠。与伊本·拜萨姆的《珍藏》相比，无论是对史料的考证，还是对人物的评价，法塔赫·本·哈干尼的著作都要大为逊色。伊本·拜萨姆对人的褒贬完全根据该人固有的品质，而不是像法塔赫·本·哈干尼那样取决于与他的个人关系。从写作风格上看，伊本·拜萨姆的风格更令人心仪，他不像法塔赫·本·哈干尼那样拘泥于韵脚，而法塔赫·本·哈干尼好似杂技演员表演一般，虽玩弄辞藻、使用借喻，但显得苍白无力。

法塔赫·本·哈干尼于伊历 529 年/公元 1134 年惨死在马拉喀什某街巷的一个客栈中，他是被人勒死的。

伊本·赛义德（公元 1214—1286 年）写有一部巨著，介绍安德鲁斯所有著名的埃米尔、大臣、法官和诗人，取名《马格里布人眼中的马格里布》[①]。有意思的是，赛义德家族为写这部书历经了几代人的努力，不断地续写，耗时约一百一十五年，终成此书。关于撰写该书的缘由，伊本·赛义德是这样记述的：赛义德家族在格拉纳

① 绍基·达义夫博士已将该书的部分卷册在埃及发表。

达附近有一座城堡，艾布·阿卜杜拉·哈加里于伊历530年/公元1135年拜访了城堡的主人阿卜杜·麦立克·本·赛义德。哈加里对安德鲁斯的文学家以及他们写作中的轶事知之甚多，阿卜杜·麦立克·本·赛义德对此极感兴趣，故哈加里为他编写了《马格里布奇闻详录》一书。阿卜杜·麦立克·本·赛义德对该书大为欣赏，尔后他又把从其他书中读到的或从别人口中听到的故事补进该书。

写完《马格里布奇闻详录》的补遗之后，阿卜杜·麦立克·本·赛义德按照该书的结构又写了《阿拉伯东部人眼中的东部》一书。为写此书，赛义德家族的很多人都跑到东方去收集材料。他们著书的方法是这样的："编写内容按地区分类。对每个地区，作者根据自己的学识，介绍该地区及其城镇的情况，先从首都或省府写起，诸如所处的地理位置、建造者、周围的河流、名胜古迹、矿产、植物，以及那些曾在该地生活过的留有历史印记的王室成员，然后再对埃米尔、地方长官、学者、诗人和其他知名人士这五种人分别加以记述。被收录的埃米尔均有诗文问世……其他知名人士系指那些没有任何诗文，但却不应被忽略的人。书中有各种奇谈、笑话。"该书每卷讲述一个国家或地区，各卷名称仿效伊本·阿卜杜·莱比在《罕世璎珞》一书中的做法，如科尔多瓦卷取名《科尔多瓦王国——饰物中的镶金套装》，托莱多卷取名《托莱多王国——饰物中的沉香》，等等。

最后一位历史学家是里萨努·丁·本·赫忒布，他写了《格拉纳达志》一书，全书用文学的笔法，以带韵脚的文字记述了格拉纳达所有的学者和德高望重的人的生平与业绩。

*　　　*　　　*

我们从安德鲁斯的历史著作——无论是政治史，还是人物传记——中可以发现，其作者们所受圣训学及圣训学写作方式的影响，远远大于东方历史学家所受的圣训学影响，究其原因，有如下几点：

1. 安德鲁斯的教学大纲的规定十分精细严格，规定教授内容都是教法学派的教法，以及该派的圣训学和经注学。从事教法和圣训研究的人大都会从对圣训学家生平的研究转向对学者和文学家生平的研究。因此，安德鲁斯大多数历史学家都是教法学家，这与东方的历史学家塔巴里（公元 838—932 年）十分相似。塔巴里既是教法学家，又是历史学家。我们在安德鲁斯很难找到像东方的麦斯欧迪（公元 896—956 年）、叶耳古卜（约公元 905 年卒）和艾布·菲达（公元 1273—1332 年）那样的不是教法学家的历史学家。

2. 安德鲁斯的历史学家与文学家的关系远较东方历史学家密切，其原由是，安德鲁斯的大部分历史学家本来都是文学家、诗人或散文家。此外，安德鲁斯人对他们国家怀有强烈的情感：每当一个地方落入天主教徒手中之后，文学家便会唱挽歌来祭吊，历史学家还要对各次战役作出分析。例如：托莱多陷落后，这是第一座落入天主教徒手中的城市，文学家和诗人写了很多诗来讲述这一事件。历史学家还对陷落的原因作了全面分析；巴伦西亚陷落后，这些学者向北非的统治者艾布·扎克里亚·本·艾比·哈夫斯发出求救的呼喊："派你的骑兵——真主的骑兵火速赶到安德鲁斯吧！"有位诗人写道：

勒马回头看，北方起狼烟。

强敌分国土，道理勿需谈。
处处燃战火，遍地尸成山。
异教昂首笑，信士摇头叹。
……

这是一首如泣如诉、掷地有声的长诗。安德鲁斯全境陷落后，有许多诗人都以诗歌表达他们的哀痛，其中优秀的有：

月亮有盈亏，乐极定生悲。
万事如轮转，盛衰必轮回。

*　　　*　　　*

正教[①]悲壮歌一曲，故居难舍哭别离。
真主之家已荒芜，异教高耸新楼宇。
清真大寺改装束，十字高悬钟声稀。
雕花壁龛暗落泪，沉香讲坛低声泣。
岁月不识人间事，国破家亡恨自已。
曾经尊严富贵时，骄横无道主背离。
如今跌落宝座下，沦为奴仆遭人欺。
一眼难识谁尊贵，沦落之人衣褴褛。
哭喊声声连成片，诗人无奈空悲戚。

诗人最后写道：

心中若有信仰在，哭断肝肠泪如雨。

我们在阿拉伯世界的东部，也曾看到城市如落叶般相继陷落，令人哀痛，令人哭泣。巴格达落在了鞑靼人的手里，鞑靼人抹去了

① 正教：此处指伊斯兰教。——译者

文明的一切印记，他们在巴格达犯下的暴行绝不比西班牙人在安德鲁斯的所作所为更少、更轻；旭烈兀、帖木儿汗之流入侵沙姆地区，城镇一个个被攻陷，但我们没有看到像在安德鲁斯看到的那种强烈的反应，那种撕人心肺的悲悼，那样细致的文学描述，那样详细的历史记录。如果说，安德鲁斯人在撰写历史时，加入了强烈的感情色彩，这个结论可以说是基本正确的。

3. 在安德鲁斯我们也看到了一种在东方并不多见的历史，如从伊本·阿卜杜·莱比的传记中，我们知道他为阿卜杜·拉赫曼·纳绥尔写了一首史诗，以纪年的方式，记述了他的征伐和业绩。此外，艾布·塔利卜·阿卜杜·盖法里也写了一首东方不曾见过的史诗。的确，伊本·穆耳台兹[①]写有一首类似民歌式的自由体长诗，记述他所在年代发生的事件，但他的诗应属社会学的范畴，而伊本·阿卜杜·莱比和艾布·塔列卜的史诗被当作历史也许更恰当些。真主知道的最清楚。

地　理

安德鲁斯有些历史学家在其历史著作中，辑有一些地理资料，伊本·哈扬便是其中的佼佼者，在他的史书中就有如下的描述：

“阿卜杜·拉赫曼·纳绥尔于伊历 325 年 1 月 1 日开始兴建宰赫拉宫。宫殿东西长为两千七百腕尺，面积达九十九万平方腕

---

① 伊本·穆耳台兹(公元 861—908 年)：阿拔斯王朝的王孙、诗人、文学家，著有《诗集》、《诗人的品级》、《藻饰修辞》。——译者

尺。宫中的每块大理石不分大小，造价均十个第纳尔。白色大理石来自阿尔梅里亚，有条纹的大理石来自莱雅；玫瑰色和绿色的大理石来自北非；镀金的雕花脸盆来自沙姆或君士坦丁堡。宫中有各种彩绘、雕塑和人体肖像，均是无价之宝……纳绥尔命在东厅——穆厄尼斯厅竖立十二座雕像。宫中的哈里发厅的顶部及墙面用黄金和各色大理石装饰，厅的中央还放有拜占庭皇帝君士坦丁七世赠送的稀世珍珠，厅中还放置一个装满水银的大槽。大厅每侧开有八扇门，拱门由象牙和镶有黄金及各种宝石的黑檀木制成，配以各色大理石。阳光透过大门直射水银槽，在阳光照射下水银熠熠闪光，耀人眼目。纳绥尔如果想吓唬谁，他就使个眼色，斯拉夫侍从立即晃动槽中的水银，刹那间，整个大厅粼粼闪光，令人心悸不已。"

为了让各个城市表现自己的优势，安德鲁斯人创造了一种有趣的方法，即各个城市相互夸耀自己，各自充分展示其他城市没有的特点。据传，马拉加[①]起而颂道：我有涛声隆隆的大海，山路崎岖的幽谷，被选的乐园，众多的佳果；我让鸽子欢愉不复咕咕，让情感细腻美丽善良的心灵不复有所求……又有穆尔西亚[②]起而颂道："你们怎能在我面前竞相夸耀？这犹如在美玉面前推销石头。若这值得夸耀，那就非我莫属。你们的滴滴水珠如何能与我的大海相比，你们散落的珠子如何能与我胸前的珍珠媲美，你们的雕虫小技在我的无边魅力前根本不值一提。我有芳草鲜美的花园，无

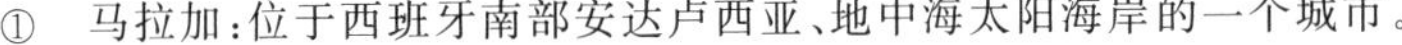

① 马拉加：位于西班牙南部安达卢西亚、地中海太阳海岸的一个城市。

② 穆尔西亚：西班牙东南部省名。包括佩尼韦蒂科山地的大部分，东滨地中海。

与伦比的景色。我的子民在这尘世的乐园中喜乐安宁地生活，他们称心如意，得偿所愿……”又有瓦伦西亚起而颂道：“如此争吵不休，标榜自我，互相攻讦，不知所为！奶泡底下才是纯正的牛奶……我有高耸入云的秀美山川，漫无边际的人间乐园。仅凭便道和桥梁，我就能比肩和平之城（巴格达）……我是你们望尘而莫及的。”如此等等。

伯克里（公元1040—1094年）是安德鲁斯最著名、也是最早的地理学家，他的全名是阿卜杜拉·本·阿卜杜·阿齐兹·本·穆罕默德·本·阿尤布，伯克里是他的号，因他是伯克尔部落的后裔，故名。他的地理著作《地理辞典》[①]流传至今。伯克里在伊历五世纪下半叶曾名噪一时。他来到科尔多瓦求学时，恰逢哲赫瓦尔人（公元1031—1091年）当政。伯克里受教于当时众多的著名学者，学成后曾为阿尔梅里亚的埃米尔效力。据史书记载，阿尔梅里亚的埃米尔曾派伯克里向穆瓦希德王朝的埃米尔求助，伯克里不辱使命，成功而返。

伯克里在阿尔梅里亚听过著名的历史学家、地理学家伊本·哈扬的讲学。伯克里著述颇丰，既有文学作品，也有文学性很强的地理著作，如《评高利的〈艾马里〉》、《艾布·欧贝德谚语诠释》。《地理辞典》是他的代表作之一，该辞典的每个词条，均列举当地最著名的人和物，并精选一些有关该地的诗文，所述文字都经过核校，确保无误。伯克里的另一部书《省道志》只有部分段落传世，该书汇集了先辈历史学家早已失传的著述。《省道志》融历史知识和

① 该书已在欧洲和埃及出版。

地理知识为一体，除讲述安德鲁斯省道情况外，还介绍了北非、埃及、伊拉克和河外地区的地理情况。

总而言之，伯克里是安德鲁斯的一位杰出的地理学家。

谢里夫·易德里斯，即艾布·阿卜杜拉·本·穆罕默德，也是一位著名的地理学家，也可以说是最伟大的穆斯林地理学家。他是阿里·本·艾比·塔利卜之子哈桑的后裔，故有谢里夫[①]之称，别号科尔多比。谢里夫·易德里斯在欧洲人中有很高的知名度，原因是他在经过漫长的各国旅行之后，投奔西西里国王罗吉尔二世，并受到宠信，罗吉尔二世鼓励他著书并绘制地图，故有西西里的谢里夫·易德里斯之称。易德里斯写出了名著《四海漫游》[②]，还附有四十余幅地图，该书是当时最伟大的一部地理学著作，被译成拉丁文出版。凡读过该书的人，无不被他对各国、各地区的广博学识，对各国各地的地理位置、特点、动物、植物等的深刻了解所折服。

旅行与地理的关系最为密切。阿拉伯东方有很多大旅行家，最著名的是麦格迪西（约公元945—990年）。安德鲁斯也有很多大旅行家，安德鲁斯人也许更适合旅行，因为苦修和神秘主义在安德鲁斯颇为盛行，旅途中的食宿都很方便，旅行者在旅店和客栈中都能受到很好的接待。

伊本·朱拜尔和伊本·白图泰也是安德鲁斯最著名的两位旅行家。

---

① 含"贵族和先知穆罕默德的后裔"之意。——译者

② 该书又译为《云游者的娱乐》、《罗吉尔之书》。——译者

伊本·朱拜尔·艾比·侯赛因·穆罕默德于伊历540年/公元1145年生于巴伦西亚，在沙推拜学习教法和圣训后赴麦加朝觐，其行走路线是：从格拉纳达出发，经泰里夫岛到达赛卜台，再从赛卜台渡海到抵亚历山大里亚，然后经开罗、高斯、伊扎布、吉达到达麦加；回程则取道伊拉克，访问了巴格达、库法、摩苏尔等地，又转赴沙姆，访问了哈勒颇和大马士革，而后从阿卡渡海到达西西里，从西西里再返回格拉纳达。此后，伊本·朱拜尔又两次东游：一次从伊历585年至587年/公元1189年至1191年，第二次在伊历614年/公元1217年。他本想做一次远游，但到达亚历山大里亚之后，便死在那里了。

伊本·朱拜尔旅行途中除了记述所经过的城市和国家的风土人情之外，还描述了他所见过的学者、讲道者及其讲道方法、税吏及收税办法，等等。总之，他的游记不仅有很高的地理价值，而且也是当时社会生活的真实写照。欧洲人很重视他所记述的有关威廉时代的西西里岛的情况，将该部分内容全文译成了拉丁文，还写了评论文章。伊本·朱拜尔是一位观察仔细、文笔生动的文化人，他对麦加的斋月和巴格达也都有详细的描述。例如，斋月开始时，他正好在麦加，他写道："星期日封斋时分，麦加人都等待新月的出现，但新月迟迟不露面。此时，埃米尔按照该派的教规敲响了封斋的斋鼓。埃米尔属于什叶派中的阿拉维派。该派认为斋月的第一天和最后一天，若因天气阴晦不见新月时，可推断决定封、开斋的时间。麦加禁寺的斋月庆祝活动也开始了，礼拜堂布置一新，灯火通明。教长们分别带领各自的信众在宵礼后作间歇拜（泰拉威哈），以示斋月的尊贵和信仰的虔诚。"描述极为细腻。

当他来到巴格达时写道:“这座古老的城市,尽管阿拔斯哈里发王朝尚在,但其昔日的辉煌已所剩无几,留下的只是显赫的名声,或是想象中的形象。这里已没有什么值得驻足凝视,没有什么让你激动遐想。至于巴格达人,则你依稀可以见到原本那虚伪的谦恭,真正的自高自大,以及对异乡人摆出的傲慢的表情,仿佛除他们之外,任何事件和消息都不屑一顾。”

伊本·白图泰是继伊本·朱拜尔之后的另一位大旅行家。伊本·赫勒敦在其著作中称他为伊本·布图泰,但更多的人叫他丹吉,因为他于伊历 703 年/公元 1303 年出生在丹吉尔,但是他的家人居住在安德鲁斯,其中有人还担任过一些城市的法官。

伊本·白图泰的旅行比伊本·朱拜尔更加艰苦,他首次旅行是赴麦加朝觐,取道北非,经埃及、渡红海,因没找到继续前行之路而返回摩洛哥;后取道叙利亚、巴勒斯坦到达麦加;从麦加赴伊拉克,游历了摩苏尔、波斯诸地。后来他又第二次赴麦加,并在麦加度过了两个春秋。第三次出游,去的地方是阿拉伯南部及东非诸国,他先到达波斯湾,经埃及、叙利亚到小亚细亚、克里米亚,访问了君士坦丁堡,穿过花拉子模 、布哈拉和阿富汗,到达印度,并在德里出任法官;之后,他随使团前往中国,先在马尔代夫群岛受阻,后取道锡兰、孟加拉到达中国;最后,他经由苏门答腊返回故里。由此可以看出,伊本·白图泰的确酷爱旅行。他每到一地,都要与当地平民及君王接触,并与当地人结婚,以便有助于他了解当地的风光与习俗。此外,他还非常注重与宗教人士交往。伊本·白图泰的游记不仅全面记述了当时各国的社会生活,同时也记录了他对各种问题的思考。

伊本·白图泰和伊本·朱拜尔的游记告诉我们许多从史书上得不到的东西，他们的游记中记述的历史是活生生的历史，关注的是活生生的生活，而不是战争、征服、军队，以及军队的人数、打了多少次胜仗，等等。

谢里夫·易德里斯在其游记中谈到了有关冒险远航的兄弟们的故事："他们从里斯本出发向西航行，在大海中航行了十二天，没有发现陆地，遂改道向西南航行，十二天后到达一个岛，在岛上只发现了一些羊，但是羊肉苦不能食。于是，他们又向西南航行了十二天，来到一个有人居住的岛，被岛上的人带去见酋长，受到很好的接待。"

这段文字显示了他们到达了位于北美洲和南美洲之间的一个岛，后来的哥伦布走的就是这条路线。毫无疑问，哥伦布是了解这批冒险家的事迹的，并获益良多。易德里斯说，航行十二天就到达有人的岛屿，这一说法是不准确的，这段距离乘帆船航行需要更长的时间。据说，哥伦布在远航之前读了大量的图书，其中就有阿拉伯人写的著作，《法国大百科全书》对此有记载，要不是当时条件太差，那批冒险远航的兄弟就会成为最早发现美洲大陆的人。

第七章　艺术活动

西班牙是众多著名的古老文明和古迹的中心，是艺术家学习和研究各种文明、艺术的学校。

由于安德鲁斯先后经历过罗马文明、西哥特文明和西班牙文明的统治，加之西班牙与著名的艺术之邦意大利和法国是近邻，故安德鲁斯的阿拉伯人不断学习、消化了意大利和法国艺术的特点，创造出一种新的艺术形式，作为对意大利和法国艺术的回报。

罗马人有伟大的艺术才能，他们留下的最伟大的遗产在梅里达。梅里达当时是伍兹塔尼亚的首府。罗马人在梅里达修建了一座有八十一个穹隆的大桥、两个暗渠、一座剧场、一个运动场、一座火星神庙——后被改为教堂，还有一座凯旋门。罗马人在图尔库修建了几座神庙、一个剧场、一个运动场，以及许多公共浴室，这些都是罗马式的雄伟建筑。在沙古比亚，罗马人留下的是一座长达八百一十米的暗渠。

西哥特人留下的遗产大多是教堂，如乌比特的萨尼米斯卡勒教堂、山台姆里耶教堂。在阿拉伯人进入安德鲁斯前，西哥特人在艺术风格上追求坚固、稳重，而不是豪华的装饰。西哥特人在巴尔克什修建了一座大教堂，该教堂代表了当时近三个时代的建筑风格，据说，它是约翰·库鲁尼在西班牙修建的最漂亮的教堂。为了使教堂不要过于华丽，西哥特人采用了两种方法：一是将神父、牧师讲经布道时所站立的位置改设在教堂的中间；二是减少教堂的采光。西哥特人的建筑讲究光线昏暗，而不是明亮，这与阿拉伯建筑恰恰相反，阿拉伯建筑喜欢明亮，讨厌昏暗。

阿拉伯人也留下了大量的建筑，科尔多瓦清真大寺不论从审美的角度，还是就其宽敞的程度来讲，也许是其中最伟大的建筑。这个清真寺的容量仅次于麦加的禁寺和耶路撒冷的阿格萨清真寺，与开罗的伊本·图伦清真寺大体相当。该寺始建于公元786年，随着城市的扩大、人口的增多，历代埃米尔和哈里发不断进行了扩建。据说，清真寺的大殿和楹廊可以容纳八万人同时做礼拜。清真寺的雕刻和镶嵌工艺装饰，表明了安德鲁斯人曾向拜占庭人学习了这种工艺，并加以改进，形成了镟、雕、镌、饰一体的独特的艺术风格。清真寺的部分柱子用的是罗马古代建筑的遗物。因门廊高大，要增加屋顶的高度，安德鲁斯人就采用在柱子上修建拱弧的办法，解决了这一难题。安德鲁斯人还用砖石砌建了各式各样的清真寺。

红宫是阿拉伯人在安德鲁斯修建的最为漂亮的建筑之一，为奈斯尔王朝(公元1232—1492年)的艾哈麦尔人所建。红宫建在格拉纳达，宫中的厅堂，如群狮厅、芳草厅、使臣厅、拜尼·赛拉吉厅和审判厅等都精美异常。这些厅中最惹人眼目的是洁净的大理石柱子、精美的石膏雕刻，还有随处可见的阿拉伯铭文——“除真主外，别无胜利者，荣誉归于我们的主人艾布·阿卜杜拉”。红宫直至今日仍是西班牙的一个标志，是旅游者和艺术家向往的地方。

西班牙人击败穆斯林之后，在穆斯林中出现了一个被称为“被归化的穆斯林”的群体。“被归化的穆斯林”指的是那些落入西班牙人手中之后，服从西班牙人统治，选择留在西班牙的穆斯林。这些人起初还被允许履行伊斯兰宗教礼仪，保留伊斯兰教的习俗，但是在天主教神父、牧师的压力之下，各地官员又禁止这些被归化的穆斯林举行他们的宗教仪式，并且还向他们征收更多的捐税，实行更多的限制与监督。

这些被归化的穆斯林集意大利的艺术、西哥特人的制造术，以及阿拉伯的风格于一身。他们与意大利人和荷兰人组成的建筑队伍在西班牙各地修建教堂和修道院，很多教堂和修道院被保存下来。西班牙有很多雕像，大部分是意大利人的作品，少数出自古代罗马人之手。

安德鲁斯的阿拉伯人不仅仅是模仿，他们借鉴了东方建筑的精华；另外安德鲁斯优美的自然风光，遍布的古迹，提高了他们的艺术品位，他们将东、西方的艺术文化有机地融合在一起，形成了具有自己特色的新的艺术风格。安德鲁斯的阿拉伯人以其敏锐的观察力和良好的鉴赏力，很快就消化了他们所看到的一切，并在此基础上，推出了新的东西。

阿拉伯人在艺术的各个领域都占有一席之地。首先是建筑，阿拉伯人在建筑上最突出的特点是拱形结构的运用。他们酷爱这种建筑结构，清真寺和宫殿便是典型的代表。早在阿拉伯人征服之前，西班牙人的建筑中就有了拱形结构，但阿拉伯人又对其做了很多改进，成为新的创造，他们加大了弓架的弧度，发明了以交叉的弓架和交叉的弯梁为基础的圆顶体系。这类建筑以不同的风格耸立在安德鲁斯的各个城市。此外，阿拉伯人还改进了木工、绘画、陶器和纺织的工艺。他们在用几何图案和奇异色彩装饰屋顶方面，以及在制造上釉的瓷砖，并用这种瓷砖装饰公共场所的椅凳等方面都表现出了精湛的技艺。

安德鲁斯的陶器金光闪闪，其工艺来自君士坦丁堡，后经改进，在陶器上写下库法体的阿拉伯铭文，增加了陶器的美观。

安德鲁斯的每位埃米尔都有自己的标志——“纹章”，并将其装饰在自己的器物、图书等物品上。

安德鲁斯的穆斯林对制作器具极富耐心，工匠为了制作一件精巧的艺术品，如一只镶嵌的木箱或一个镶满宝石的盒子，往往要耗费数年时间。他们喜欢将一句诗，或者一句祈求健康的话语，或是为谁制作之类的词句、工匠的名字等写在器物上。这种铭文装饰被广泛采用，连墓地也不例外。他们还擅长制造彩色玻璃，并在玻璃上雕刻或书写铭文。

由于伊斯兰教不允许建造雕像和给英雄人物画像，安德鲁斯的穆斯林便在撰写书法、绘画树叶或在饰物上绘制几何图案等方面苦心钻研。他们制作的纺织品也很精美，远销欧洲各地。有一种“阿塔比”布畅销法国，法国人称之为“塔比布”，驰名整个欧洲大陆。此外，还有一种名为“迪米提”的棉布也很有名，“迪米提”一词源于希腊语，“迪”意为“二”，“米提”意为“线”，因为这种布是由两根线开始编织的，但是，蒂·丰沙叶莱女士认为“迪米提”一词源于埃及的迪米亚特，迪米亚特布在埃及也十分有名。

欧洲的工匠模仿阿拉伯人的制造技术非常认真，有趣的是有些欧洲匠人在模仿阿拉伯书法时，只是把它当成一种绘画，并不知道文字的意思。穆尔西亚的国王乌法铸造了一批钱币，钱币上铸有国王的拉丁文名字，周围则是阿拉伯铭文："万物非主，唯有真主；穆罕默德是真主的使者。"铸上这条经文，只是为了装饰，铸造者没有注意到它违背了天主教的教义。这批钱币有的现被保存在大英博物馆。此外，在西班牙还发现了一枚镀有青铜的爱尔兰十字架，在十字架中间的玻璃上写有库法体的阿拉伯文"以真主的名义"的字样。这两个例子说明阿拉伯艺术已经融入欧洲艺术，欧洲的艺术家们把阿拉伯书法当成绘画艺术加以模仿。

尽管伊斯兰教禁止人像和雕像的出现，安德鲁斯的伊斯兰艺术还是达到了一个很高的水平。伊斯兰教认为人像和雕像会使人们想起偶像崇拜的时代，为了根绝偶像崇拜，故禁止雕绘一切人像，因此，很多虔诚的穆斯林就纷纷绘制动物、植物，这不会使人产生偶像崇拜的联想。安德鲁斯的艺术家热衷于装饰、雕刻和绘制几何图案，例如，他们在装饰宰赫拉宫时，将一头镀金的精美石狮子放置在湖水中央，狮子的双眼镶嵌着两颗璀璨夺目的宝石，涓涓清泉从狮子口中不断地喷出；湖中的甜水源自一条水渠，流经半圆形的拱门，缓缓进入湖中。[①]

据说，阿卜杜·拉赫曼·纳绥尔为了洗浴修建了一个大池子，池中放有用赤金制作的各种动物雕塑，每头动物身上都镶有科尔多瓦宝石作坊制作的珍贵的奇珍异宝。请看！狮子旁边是羚羊、鳄鱼；对面是蛇、雕和大象；两边是鸽子、鸢、孔雀、母鸡、公鸡、鹞和兀鹰，所有的雕塑动物不仅有宝石装饰，且口中皆可喷水。[②]

① 请看麦盖里：《芳香集》，第1卷。

② 同上。

读者可以看到，安德鲁斯的穆斯林制作的是动物，而不是人的塑像。但是我们也发现了一个与此相反的传说，就是那位阿卜杜·拉赫曼·纳绥尔，他下令为他的女奴宰赫拉制作塑像，放置在以她的名字命名的宫殿门前；宰赫拉宫的大厅里摆满了人物雕像和画像，形成了伊斯兰艺术的一道新的景观。直到今天，西班牙科尔多瓦博物馆里仍展放着许多表现伊斯兰审美情趣和高超技艺的精美艺术品。

有趣的是，我们看到，正如音乐艺术为诗歌艺术服务一样；安德鲁斯的诗歌艺术也在为雕刻、绘画艺术服务。二者性质相同，如出一辙。据说，麦盖里在塞维利亚的一个浴室里见到一座制作精细的雕像——一座用略带淡红色的大理石制作的母与子的雕像，便写了一首诗，发出了“有子依身旁，不见情人面”，“明知石头身，却陷相思恋”的感叹。这说明当时的安德鲁斯已向穆斯林不准给人物塑像的传统习俗发起了挑战，环境的压力胜过了宗教的信条。对此，人们的解释是：由于不用再担心穆斯林会去崇拜偶像和英雄，也就不必去禁止给人物塑像或画像了，有些教法学家就持有这种看法。

阿卜杜·拉赫曼·纳绥尔时代和格拉纳达的艾哈麦尔人时代是安德鲁斯艺术最辉煌的时代。穆拉比特人和穆瓦希德人来到安德鲁斯以后，艺术的地位一落千丈。他们是些不懂艺术的游牧人，即使他们没有新的建树，但只要他们能保存已有的艺术成就，就足以使他们感到自豪了：

> 不要惊叹被毁掉的东西如何成为粪土，
>
> 应为幸存的文物如何脱险而感到庆幸。

西班牙人征服安德鲁斯之后，抹去了很多写在清真寺和宫殿里的阿拉伯铭文。阿拉伯人酷爱书法艺术，他们曾把《古兰经》开端章的全部经文镌刻在一件艺术品上。西班牙人的这种做法是想除去阿拉伯人的痕迹，但是，后来当他们意识到旅游者和艺术家都想一睹阿拉伯的这一艺术形式的时候，他们便又开始清除涂在阿拉伯铭文上的灰泥，恢复其原貌。他们每找到一处阿拉伯铭文，就认为是发现了一处宝藏。

除此以外，我们不要忘记阿拉伯音乐对西班牙的影响。卡斯提尔王国的好几位统治者都任用了被归化的穆斯林音乐家，聆听他们的演唱。直至今日，阿拉伯东方世界的人仍然认为西班牙音乐比法国、英国或德国的音乐更悦耳、更动听，更让他们心旷神怡，其原因是显而易见的，即西班牙的音乐通过安德鲁斯的穆斯林与东方音乐进行了嫁接。

后来，在神父、牧师的压力之下，费尔迪南德和伊萨贝拉国王将大批穆斯林逐出西班牙，殊不知，这给西班牙人的商业、制造业和艺术造成了巨大损失。他们为了满足神父、牧师的要求而牺牲了西班牙的利益，以至有的西班牙人说："为了天主教，西班牙人民牺牲了自己的自由和伟大。"还有人说："伊斯兰教在安德鲁斯的死亡，是一剂给西班牙下的毒药。"这剂毒药在费尔迪南德和伊萨贝拉身上很快就发生了效力，他俩开始抛弃卡斯提尔王国和阿拉贡王国的众国王一直奉行的宽容政策，天主教的偏见占了上风，甚至达到了宗派主义和荒谬的地步。继任的国王们继续执行这一政策，这样一来，就扼杀了伊斯兰教留给西班牙的思想之花。

西西里岛也是伊斯兰艺术传入欧洲的一个重要渠道，穆斯林曾在该地统治过很长一段时间，穆斯林的学术和艺术在那里得到了很大的发展。当穆斯林结束了在西西里岛的统治，信奉天主教的诺曼人控制了西西里岛之后，诺曼人吸收了大量的阿拉伯文化和阿拉伯艺术，出现了西西里国王罗吉尔二世让谢里夫·易德里斯为他制作地球仪之类的事。

除了安德鲁斯和西西里岛这两个渠道之外，十字军东征也促进了东西方的接触，加强了彼此的了解和学习，这就是我们找到的东方文化西传的原因。

第八章　安德鲁斯受到的影响和她产生的影响

安德鲁斯就像是一座广播电台，她既有接收装置，又有广播设备。她可以接收一切来自阿拉伯东方世界的信息，其接收途径主要是：1. 书商；2. 想为自己国家增添光彩的埃米尔，他们派人将东方的典籍运到自己的图书馆，并向公众开放；3. 朝觐，朝觐是增加接触的好机会，文学、学术以及典籍等方面得以广泛的交流，信息传递快速而方便。

伊斯兰世界的领地就像是蚂蚁的谷地，人们每天都如同蚂蚁似的来来往往，川流不息，整个伊斯兰世界就像是一个国家、一个整体。

埃米尔和大臣的府第，甚至中等阶层的家宅中都拥有众多的奴隶，奴隶有的是西班牙人，有的是法国人，也有来自不同民族的战俘，他们被统称为斯拉夫人。伊斯兰教允许穆斯林拥有奴隶，并允许穆斯林与女奴结婚，哈里发和埃米尔中确有人娶女奴为妻妾的。这些男女奴隶在安德鲁斯的社会生活中发挥了极大的作用和影响。有些奴隶来自上层社会，因之他们将欧洲人的思想、各民族的风俗习惯带入了阿拉伯人的家庭之中。阿拉伯人家庭的子女依母亲的身份分成两派：一派是享有自由人身份的妻子所生子女，另一派是女奴出身的婢妾所生子女，即自由的妻子派和婢妾派。王国中发生的厮杀事件很多都与这种派系之争有关。

思想的流动和转移是非常容易却又是不易觉察的，如：在一次普通的聚会上，一个安德鲁斯人可能结交了一个欧洲人，两个人的思想相互流动和转移，即进行交流；又如：一个安德鲁斯人也许阅读了一本东方人编著的书，或者是拜了一位东方人为师，聆听了他的教诲，后来当这位安德鲁斯人返回故里时，便在安德鲁斯这片土地上播撒他在东方典籍或东方老师那里学到的知识的种子。而种子的发育需要适应当地的水土、适应当地的环境，只有这样才能茁壮成长。我们在文学、科学和哲学等各个学科都能见到此种情景。

倘若让我们说出安德鲁斯究竟受到了哪些外来的影响，这的确是一件极为困难的事情。犹如在一件安德鲁斯的纺织品中，很难区分出哪些线是东方的，哪些线是欧洲的，哪些线是安德鲁斯自己纺织的。如果真有人想将每根线都区分得一清二楚，这是办不到的，他所能做到的也只不过是怀疑和猜测而已。因此，笔者非常欣赏法官阿卜杜·阿齐兹·米尔加尼①在《在穆太奈比及其对手间调停》一书中所持的观点：判断一句诗的意思是否是剽窃是极其困难的，因为这需要了解所有诗句的意思，另外，由于很可能出现诗意被篡改的情况，因此，一般来说，判断是否剽窃是不可能的。

以上所讲是安德鲁斯接受外来影响的情况，至于安德鲁斯这部“电台”的对外广播则有两个“波段”：一是面向东方的“波段”，播

---

①　阿卜杜·阿齐兹·米尔加尼（公元？—1001年）：阿拉伯著名文学评论家，因当过法官，故有“法官米尔加尼”之称，其代表作《在穆太奈比及其对手间调停》奠定了他在阿拉伯文学史上的地位。——译者

出的内容也许原本就是来自东方，但却已染上了安德鲁斯的色彩；二是面向欧洲的“波段”，播出的是一些文学作品，更多的是哲学，尤其是伊本·鲁世德的哲学，同时也播出了数学、几何学等自然科学。有人说，欧洲复兴的起步是站在阿拉伯人肩膀上的，这话说得不错。那些因受伊本·鲁世德哲学影响的天主教人向教会发起挑战，形成了一个主张思想自由和近代复兴的群体。另一方面，欧洲人最初是通过翻译阿拉伯人的著作才认识希腊、罗马古典文明的，自此以后他们也才渴望了解希腊、罗马典籍的原貌，欧洲人的这种渴望心情是被阿拉伯人激发出来的。

是的，阿拉伯东方通过十字军战争向欧洲传播了一些东西，但这与安德鲁斯对欧洲的影响比起来，就显得微不足道了。

西班牙学者对西班牙人究竟从安德鲁斯的穆斯林那里获益多少看法不一，存在分歧。有的学者甚至根本否定穆斯林的贡献，他们说：要想知道任何一件西班牙事情的根由，就请从希腊人和罗马人，而不是阿拉伯人那里去寻找吧！更有学者这样讲：穆斯林对安德鲁斯的统治延缓了西班牙人的进步，倘若没有穆斯林的统治，西班牙会像法国、英国、德国等国一样早就发展起来了。但是有一点，西班牙学者的看法是一致的，即穆斯林统治西班牙人，并与之敌对、厮杀了整整八个世纪。然而，对于这段历史，西班牙的学者们始终心绪激动，耿耿于怀。

幸运的是，上述看法并不能代表全体西班牙人的观点。有的西班牙人认为，穆斯林对安德鲁斯的统治是西班牙历史链条中的一个环节，穆斯林在其统治期间提升了安德鲁斯的学术与文明水平，如果将西班牙与其他国家作一比较，西班牙当时的发展程度与其他国家相比是名列前茅的。可以这样说，如果没有安德鲁斯的穆斯林哲学及其在欧洲的传播，就没有欧洲的近代复兴，欧洲的复兴要推迟几百年。设想一下，如果没有穆斯林八个世纪的统治，西班牙会是什么样子呢？

我们不时听说有少数人在蛊惑，妄称安德鲁斯的穆斯林对西班牙人没有任何贡献，这是不符合实际的，是为宗教偏见效劳的宗派主义的表现。除了不断地研究、探讨之外，时间是揭示真理的最好保证。至于说西班牙落后于其他欧洲国家，如果真的是这样，其原因不在于阿拉伯人对西班牙的统治，倒很可能是由于阿拉伯人被赶出了西班牙。当时西班牙的农业、工业、商业都掌握在阿拉伯人手里，阿拉伯人离开西班牙之后，原来由阿拉伯人从事或主办的许多重要工作因此停顿下来，西班牙天主教人无法取代穆斯林的位置。

以上是概述，下面将详细地加以分析：

谁要是认为在安德鲁斯只有阿拉伯人和柏柏尔人那就错了。实际上除了阿拉伯人和柏柏尔人以外，还居住着大批的西班牙人和一些欧洲各民族的人，其中有的是在战争中被俘的俘虏，有的是被贩卖的女奴，他们中的一些人信奉了伊斯兰教。阿拉伯人和柏柏尔人与这些女奴繁衍出的后代——新一代的穆斯林——与日俱增，这同东方的情况完全一样。

同样，谁要是认为在巴格达和伊拉克居住的都是阿拉伯人谁也就错了。在巴格达和伊拉克除了阿拉伯人之外，还有来自不同民族的战俘、沦为女奴的被俘妇女、在市场上被贩卖的男女奴隶，等等。所有这些人好似被装进了一个大熔炉，经过加热完全融合为一体，你中有我，我中有你。这种民族的融合，其结果是出现了既有西班牙人或欧洲人的特点，又有阿拉伯人或柏柏尔人特点的混合的新生的一代，犹如将热水与冷水混放一起而成为一种不冷不热的温水一般。

每个民族都在向其他民族展示自己最好的和最差的一面，如阿拉伯人既表现出其宽容、喜爱文学、好过豪侠和高尚生活的优点；又暴露出其部族主义、爱出风头、虚荣心强、喜欢婢妾等缺点；西班牙人也是如此，最好的一面和最差的一面都尽显其外。阿拉伯人与西班牙人结合后生出的混血儿，具有独特的品质：聪颖、虔诚、偏激。

另外，我们也看到在思想、文学、哲学、自然科学等精神领域也出现了阿拉伯人与其他民族相互融合的情况。

语言上的融合也十分明显，当我们看到很多阿拉伯语词汇成为西班牙人和葡萄牙人的用语，或者看到西班牙语和葡萄牙语的词汇融入阿拉伯语时，就不足为奇了。这种现象在伊本·古兹马尼的诗集中表现得最为突出。阿拉伯语的词汇融入西班牙语和葡萄牙语之中，例如西班牙语中的橱柜、氅袍、商店、法官、无辜、仓库、焦油、能力等许多词汇均来自阿拉伯语。

安德鲁斯人一般使用两种语言：一种是上层贵族和文化人士使用的标准语言；一种是老百姓使用的土语方言，即在街道上或在家里使用的语言。方言很多，甚至每个城市都有自己的方言，因此，当二重韵诗和类似民歌式的自由体诗歌一出现，就受到人们的热烈欢迎，并取得了巨大成功。因为这种诗歌形式更能表达人们内心的情感，语言也比标准语言更为生动，节奏感也更为强劲，更适合那些靠卖唱为生的流浪艺人演唱。

正如西班牙语和葡萄牙语受到阿拉伯语影响一样，西班牙的风俗习惯和艺术也受到阿拉伯人的影响。

阿拉伯音乐在西班牙北部的居民中相当流行，就连六弦琴——演唱阿拉伯歌曲时用的主要乐器也传入了西班牙，甚至连“夜晚呀！”“宝贝呀！”这样的歌词也广为流传。

欧洲各个民族向阿拉伯文明和阿拉伯学术敞开了自己的胸怀，他们能将学术和政治区分开来，当他们在政治上与穆斯林开战的时候，在文化方面却向穆斯林学者敞开了心扉。历史表明卡斯提尔王国的好几位统治者都把穆斯林学者聚集在自己的周围，还聘用穆斯林技师，聆听穆斯林音乐家的演唱。神圣罗马帝国皇帝，即在前面介绍伊本·鲁世德哲学时提到的那位皇帝可能是将政治和学术区分开来的典范。如果不是神父、牧师一再要求没收穆斯林的财产，迫害穆斯林，强迫他们改信天主教，欧洲人应该会从穆斯林那里得到更多的教益。

阿拉贡国王费尔迪南德和卡斯提尔女王伊萨贝拉控制西班牙之后，曾继续遵循宽容的传统，善待穆斯林。但是在攻陷科尔多瓦七年之后，迫于神父、牧师的压力，费尔迪南德和伊萨贝拉放弃了原来的宽容政策，下令安德鲁斯的穆斯林必须在改奉天主教和离开西班牙二者中间作出抉择。为此，大约有五十万穆斯林离开了西班牙。随着穆斯林的离去，西班牙的农业和工业一落千丈，几乎陷于停顿状态。

过了几个世纪以后，西班牙人才承担起原来穆斯林所从事和承担的工作。在这种情况下，我们还能认为“穆斯林占领安德鲁斯对西班牙来说是一场灾难”这句话是正确的吗?

我们已经看到了穆斯林对欧洲的影响:《一千零一夜》已有了多种译本,该书既可供人消遣,又可让人鉴赏。伊本·图斐勒的《哈义·本·叶格赞》被译成了多种欧洲文字,对欧洲的文化人士产生了极大的影响,正如《一千零一夜》对普通百姓的影响一样。这些都是欧洲受益于穆斯林的物证。同时,我们也发现欧洲文学出现了一种新的倾向,一种因受安德鲁斯阿拉伯文学在欧洲人中传播的影响而出现的罗曼蒂克的倾向,很多人认为,这是借鉴阿拉伯文学中的情诗和哀悼诗风格的结果。

关于安德鲁斯哲学对欧洲的影响,我们在谈到伊本·鲁世德哲学时已有提及,伊本·鲁世德的哲学是照亮整个西班牙的火炬。是的,欧洲文明和文化从整体上讲是源于希腊和罗马的典籍,但是欧洲人确实在读了伊本·鲁世德的哲学及其对亚里士多德的著作的诠释之后,才引起他们阅读希腊罗马原著的兴趣的。对此持怀疑态度的人,应该把辉煌时代的科尔多瓦、塞维利亚、格拉纳达等安德鲁斯的城市与同时代的欧洲城市作一个公正的比较,看看哪里的城市学术更发达、文明更先进、发展进步更快?有人会怀疑前者要比后者高出一筹吗?有的历史学家把安德鲁斯的城市与其他欧洲王国的差距比喻为今日的维也纳与巴尔干半岛诸国的差距。

二重韵诗和类似民歌式的自由体诗在安德鲁斯的出现是一件引人注目的事,其后,在西班牙的北部地区和法国南部的贝鲁法尼斯省出现了一种类似二重韵诗和民歌式的自由体诗的诗歌形式,被当地人称为“台鲁巴都尔”。这种诗的特点是情意绵绵,适于在乐器的伴奏下吟唱,深受贵族和皇室的欢迎。东方学家和研究人员对这种诗歌的起源存有歧见：它是学自安德鲁斯穆斯林，还是出自他们自己原有的诗歌？大部分学者认为“台鲁巴都尔”源于安德鲁斯的穆斯林，原因有二：一是题材相同；二是这种法兰西诗歌的部分格律与阿拉伯的二重韵诗和类似民歌式的自由体的格律完全一样，而欧洲人以前对此格律毫无知晓。此外，学者们对“台鲁巴都尔”一词的词源也众说纷纭，有人认为来自于“行吟诗人”[①]一词，意为“创造，标新立异”。笔者猜测该词原为“刀鲁台里布”[②]，因法兰西人将形容词放在被形容词前面，将正偏组合中的偏次放在正次的前面，故称“台里布刀鲁”，为便于发音，又改称为“台鲁巴都尔”。

*　　　*　　　*

伊斯兰世界早就建有学校，其中有些是类似大学的大学校，如：艾资哈尔清真大寺[③]、尼采米亚学校[④]、穆斯坦绥里耶学校[⑤]等。这种学校的形式先传入安德鲁斯，后又出现在欧洲各地。这些学校的授课方式、证书的颁发、学科的分类等，有诸多相似之处，只是欧洲的一些大学非常重视阿拉伯语及相关课程，有的欧洲人甚至

---

① 原文为“Trouvére”，意为“创造，标新立异”，解释为行吟诗人。——译者

② 阿拉伯语，意为“快乐的曲子”。——译者

③ 艾资哈尔清真大寺：艾资哈尔大学的前身，公元 972 年建于埃及开罗。为伊斯兰世界规模最大、地位最高、享有盛名的宗教大学。详见《中国伊斯兰百科全书》，第 60 页。——译者

④ 尼采米亚学校：中世纪伊斯兰教著名高等学府和学术文化中心之一，为塞尔柱土朝首相尼扎姆·穆勒克主持建于巴格达，并以其名字命名。详见《中国伊斯兰百科全书》，第 422 页。——译者

⑤ 穆斯坦绥里耶学校：位于巴格达，中世纪伊斯兰教著名高等学府之一。为阿拔斯王朝哈里发穆斯坦绥尔·比拉（公元 1226—1242 年在位）主持建立，故名。详见《中国伊斯兰百科全书》，第 407 页。——译者

直言不讳道：没受过阿拉伯文化教育的人算不上是有文化的人。一般来说，新生的事物总是从旧的事物中脱胎出来的，因此新旧事物总有些相似之处。众所周知，近代欧洲对大学作了大量的调整和改进，而使今天的欧洲大学成为令东方人注目的地方。这种状况又给人以假象，好似大学是欧洲人创始的。这又好像棉花，欧洲人把棉花作为原料从东方拿走，还给东方的则是精美的纺织品，似乎棉花与纺织品之间没有任何联系。

双陆棋和国际象棋是阿拉伯人从波斯人那里学会的两种游戏，并加以改进。后来，这两种经由阿拉伯人完善的并带有部分阿拉伯名称的游戏传入欧洲，而在这之前欧洲人是不知道国际象棋这种游戏的。在阿丰索六世保存的手稿中有一幅表现穆斯林下国际象棋的绘画。

安德鲁斯人得益于东方的学术及其成果。安德鲁斯人不仅让欧洲人分享他们的学术成果，同时又对东方人给予了回报。安德鲁斯的许多优秀作品在东方广为流传，安德鲁斯也成为学术的源头。伊本·阿卜杜·莱比的《罕世璎珞》、伊本·西达的《分类词典》和《精编词典》、伊本·鲁世德的哲学、二重韵诗等，无以数计的成就令东方人获益匪浅。因此我们说，安德鲁斯在东方的帮助之下成熟之后，又向东方作出了报答。如果没有安德鲁斯文明

科学、艺术、文学——长达八个世纪的不懈努力，伊斯兰的学术史将要被改写。

结　束　语

阿拉伯人征服了安德鲁斯，并在安德鲁斯存在了八个世纪。阿拉伯人自他们踏上安德鲁斯的第一天起，强大和软弱的两种性格就暴露无遗。他们在安德鲁斯刚一安定下来，南方阿拉伯人和北方阿拉伯人之间的部族主义格格不入、剑拔弩张，争斗就此开始。

阿卜杜·拉赫曼·达希勒来到安德鲁斯，建立了后倭马亚王朝之后，部族主义又染上了另外一种色彩，它不再仅仅是南北阿拉伯人之间的冲突，而且还有人在巴格达阿拔斯王朝的支持下从事反对安德鲁斯的倭马亚人的活动。于是，动乱四起，暴动不断，严重削弱了后倭马亚王朝哈里发的权力，阿米尔家族的独裁统治更给后倭马亚王朝以重创。安德鲁斯的穆斯林分裂成亲倭马亚家族和亲阿米尔家族的两大派别。后来，安德鲁斯变得四分五裂，凡有能力的部族首领纷纷抢占地盘、自立为王，从内部给安德鲁斯以严重的打击，统一的安德鲁斯已不复存在。

安德鲁斯北部的西班牙人自被征服之日起，就没有忘记他们与穆斯林之间的仇恨，他们决心击败穆斯林。西班牙人和穆斯林双方都称自己是信士，称对方是异教徒，都认为与异教徒进行斗争是信士的最大幸福。双方之间的战争连绵不断，形成拉锯的态势，今天你成功，明天我获胜。

西班牙的天主教人外部依靠的是以教皇为首的欧洲所有的天主教徒；穆斯林依靠的则是马格里布的穆拉比特人和穆瓦希德人，甚至依靠萨拉丁和巴叶齐德。但是，天主教欧洲对西班牙人的援助更加强大、更为持久，西班牙人很快就占了上风。

安德鲁斯穆斯林的情况日趋恶化，各省的省督之间相互敌对、自相残杀，如科尔多瓦的省督与塞维利亚的省督相互敌对等。更有甚者，省督的家庭内部也会因母亲及身份的差别——自由人或婢妾——以及婢妾之间的民族差异而陷于瓦解。一旦家庭分裂，就有穆斯林向天主教人求助，来反对自己的亲人。于是，天主教人就在穆斯林之间的相互厮杀之中坐收渔人之利。安德鲁斯历史中的上述事例不胜枚举。

天主教人也有类似的情况，也有人向穆斯林埃米尔求助，反对他们的亲人，但为数不多，也不像穆斯林之间拼杀得那么惨烈。

前面说过，穆斯林是带着自己的优势与弱点一起进入安德鲁斯的，这些人优秀、聪颖、慷慨、勇敢，但是他们是些没有社会观念的人，他们是一个个独立的个体，他们高傲、狂妄、目空一切，不服从任何人；他们爱好虚荣、贪图享乐，不勤奋刻苦，不严肃认真。当这些优点与缺点融会在一起时，既创造出了一种伟大的文明，同时也铸就了一个可怕的结局。安德鲁斯的陷落是穆斯林遭遇到的最大失败，受到的莫大屈辱，他们为此而哀伤、痛苦，他们期盼着有朝一日能重建昔日的王国，但是，那是多么遥远、多么缥缈啊！

格拉纳达的末代国王艾布·阿卜杜拉为格拉纳达的陷落大恸不已，发出了“为亲人的流血而祈祷吧”的呼唤。

很多学者、教法学家和哲学家早就预料到这一不幸的结局，为此，他们时而力图调解穆斯林之间的冲突，时而想方设法向安德鲁斯境外的力量求助，时而将部分西班牙人迁往马格里布，以防止他们滋事。但是，这一切努力都付诸东流，因为造成安德鲁斯陷落的内外因素远远大于使其继续存在的理由。安德鲁斯最终还是陷落了，向她的缔造者敲响了丧钟。安德鲁斯创造的巨大财富今后将不复存在。恸哭哀号，于事无补，在剑与火的面前情感能价值几多?!

真主对万物的法规是：弱者——不管是什么样的弱者，在强者面前——无论是什么样的强者，都要灰飞烟灭。阿拉伯的诗人是睿智的，有诗云：

狼只会向没有狗保护的人狂嗥，
面对雄狮般的强者只有敬畏。

附　　录

一、安德鲁斯总督一览表①

姓　名	始任年代(伊历/公元)
1. 塔里格·本·齐亚德	93/711
2. 穆萨·本·努赛尔	94/712
3. 阿卜杜·阿齐姆·本·穆萨·本·努赛尔	95/713
4. 艾尤布·本·哈比布·莱赫米	97/715
5. 侯拉·本·阿卜杜·拉赫曼·塞盖菲	98/716
6. 赛姆赫·本·马立克·胡拉尼	100/718
7. 阿卜杜·拉赫曼·加菲吉	102/720
8. 安拜赛特·凯勒比	105/723
9. 乌兹拉特·费赫里	107/725
10. 叶海亚·本·赛迈勒·凯勒比	107/725
11. 侯宰法·本·艾赫沃斯	110/728
12. 奥斯曼·本·艾比·奈斯阿特·胡斯阿米	110/728
13. 海赛姆·欧拜德·基纳尼	111/729
14. 穆罕默德·本·阿卜杜·麦立克·艾什杰伊	112/730
15. 阿卜杜·拉赫曼·加菲吉二世	112/730
16. 阿卜杜·麦立克·本·古特奈	114/732
17. 阿格拜·本·哈加吉	116/734

① 本表摘自东方学家扎尼巴沃尔编著的《统治家族世系辞典》。

18. 阿卜杜·麦立克·本·古特奈二世　122/739
19. 拜勒吉·本·伯什尔·库谢里　123/740
20. 塞阿莱拜·本·赛拉麦·阿米利　124/741
21. 希萨姆·本·代拉尔·凯勒比　125/742
22. 优素福·本·阿卜杜·拉赫曼·本·哈比布　130/749

阿卜杜·拉赫曼·达希勒于伊历 138 年/公元 756 年抵达安德鲁斯，建立后倭马亚王朝。

二、后倭马亚王朝世系表

姓　名	始任年代(伊历/公元)
1. 阿卜杜·拉赫曼·达希勒	138/756
2. 希沙姆一世·本·阿卜杜·拉赫曼	172/788
3. 哈克姆·本·希沙姆	180/796
4. 阿卜杜·拉赫曼二世·本·哈克姆	206/821
5. 穆罕默德一世·本·阿卜杜·拉赫曼	238/842
6. 孟迪尔·本·穆罕默德	273/886
7. 阿卜杜拉·本·穆罕默德	275/888
8. 阿卜杜·拉赫曼·纳绥尔·本·穆罕默德	300/912
9. 哈克姆二世·本·阿卜杜·拉赫曼(别号穆斯坦绥尔)	350/961
10. 希沙姆二世·本·阿卜杜·哈克姆(别号穆艾伊德)	366/976
11. 穆罕默德二世·本·希沙姆	399/1008
12. 苏莱曼·本·哈克姆(别号穆斯台因)	400/1009
13. 穆罕默德二世	400/1009
14. 希沙姆二世	400/1009
15. 苏莱曼二世	407/1016
16. 阿里·纳绥尔·本·哈姆德	407/1016
17. 阿卜杜·拉赫曼四世·本·穆罕默德(别号穆耳台迪)	408/1018
18. 加西姆·麦蒙·本·哈姆德	408/1018

19. 叶海亚·穆阿台里·本·阿里·本·哈姆德　412/1021
20. 卡西姆二世　413/1022
21. 阿卜杜·拉赫曼五世·本·希沙姆(别号穆斯台兹海尔)　414/1023
22. 穆罕默德三世·本·阿卜杜·拉赫曼(别号穆斯泰克菲)　414/1023
23. 叶海亚·本·阿里·本·哈姆德二世　416/1025
24. 希沙姆·本·阿卜杜·拉赫曼四世(别号穆阿台德)　418—422/1027—1031

三、各小王国家族世系表

姓　名	始任年代(伊历/公元)

(一) 马拉加的哈穆德王朝

1. 阿里·本·哈穆德(别号纳绥尔·利丁尼拉)　407/1016
2. 卡西姆·麦蒙·本·哈穆德　408/1018
3. 叶海亚·本·阿里·本·哈穆德(别号穆阿台利·比拉)　412/1021
4. 卡西姆·麦蒙·本·哈穆德(二次执政)　413/1022
5. 叶海亚·本·?　416/1025
6. 易德里斯一世·本·阿里(别号穆泰艾伊德·比拉)
7. 哈桑·本·叶海亚·本·阿里(别号穆斯坦绥尔·比拉)
8. 易德里斯二世·本·叶海亚
9. 穆罕默德一世·本·易德里斯
10. 易德里斯三世·本·叶海亚
11. 易德里斯二世(二次执政)　445/1053
12. 穆罕默德·本·易德里斯(别号穆斯台阿利·比拉)

(该王朝于公元1057年被穆拉比特人征服)

哈齐莱的哈穆德王朝

1. 穆罕默德·本·卡西姆·本·哈穆德(别号迈赫迪)　431/1039

2. 卡西姆·本·穆罕默德·本·卡西姆　440/1048

（该王朝于伊历450年/公元1058年被阿巴德人征服）

（二）塞维利亚的阿巴德王朝

1. 穆罕默德一世·本·易司马仪·本·古莱氏·本·阿巴德　414/1023
2. 阿巴德·本·穆罕默德（别号穆阿台迪德）　434/1042
3. 穆罕默德二世·穆阿台米德·本·阿巴德（著名文学家，伊历461年/公元1069年执政，卒于伊历488年/公元1095年）

（该王朝于伊历484年/公元1091年被穆拉比特人征服）

（三）格拉纳达的齐里王朝

1. 扎维·本·齐里　403/1012
2. 哈布斯·穆宰费尔·桑哈吉　410/1019
3. 巴迪斯·本·哈布斯　430/1038
4. 阿卜杜拉·布鲁基·本·哈布斯　466/1073
5. 台来姆·本·布鲁基　483/1090

（该王朝后被穆拉比特人征服）

（四）麦尔姆奈特的比尔扎勒王朝

1. 易司哈格
2. 阿卜杜拉·本·易司哈格
3. 穆罕默德·本·阿卜杜拉
4. 阿齐兹·穆格台迪尔　434/1042
5. 伦代
6. 艾布·努尔·本·艾比·古拉
7. 艾布·奈斯尔·本·艾比·努尔　445/1053

（该王朝后被塞维利亚王国吞并）

（五）穆龙王朝

1. 努哈　404/1013

2. 艾布·穆纳德·穆罕默德·本·努哈 433/1041

（后被塞维利亚王国吞并）

（六）艾尔库什王朝

伊本·海兹鲁尼

（伊历445年/公元1053年被塞维利亚王国吞并）

（七）奥良和舍勒提什王朝

1. 穆罕默德·本·艾尤布·本·阿米尔
2. 艾尤布·麦斯阿布·阿卜杜·阿齐兹 402/1011

（伊历443年/公元1051年被塞维利亚王国吞并）

（八）莱卜莱特的叶海亚王朝

1. 艾哈迈德·本·叶海亚·叶赫西比 414/1023
2. 穆罕默德·本·叶海亚 433/1041
3. 法塔赫·本·海勒夫·本·叶海亚

（该王朝于伊历443年/公元1051年被塞维利亚王国吞并）

（九）桑塔梅里亚王朝

1. 艾布·奥斯曼·赛伊德·本·哈伦 407/1016
2. 穆罕默德·本·赛伊德 435/1043

（伊历444年/公元1052年被塞维利亚王国吞并）

（十）科尔多瓦的哲赫瓦尔王朝

1. 艾布·哈兹姆·哲赫瓦尔·本·穆罕默德·本·哲赫瓦尔 422/1030
2. 艾布·瓦立德·穆罕默德·本·哲赫瓦尔 435/1043
3. 阿卜杜·麦立克·本·穆罕默德 450/1058

（十一）拜泰勒尤斯的艾夫塔斯王朝

1. 艾布·穆罕默德·阿卜杜拉·曼苏尔 413/1022
2. 穆扎法尔·艾布·伯克尔·穆罕默德·本·阿卜杜拉 437/1045

3. 穆台瓦基勒·艾布·哈夫斯·欧麦尔·本·穆罕默德 460/1067
4. 曼苏尔·叶海亚·本·穆罕默德 473/1080

（该王朝于伊历 487 年/公元 1094 年被穆拉比特人征服）

（十二）托莱多的祖努王朝

1. 叶伊什·本·穆罕默德 400/1009
2. 易司马仪·扎菲尔·本·阿卜杜·拉赫曼 427/1035
3. 艾布·哈桑·叶海亚·麦蒙·本·易司马仪 429/1037
4. 加迪尔·叶海亚·本·易司马仪·本·麦蒙 467/1074

（十三）巴伦西亚的阿米尔王朝

1. 穆巴拉克·赛格莱比
2. 穆宰法尔
3. 阿卜杜·阿齐兹·曼苏尔·本·阿卜杜·拉赫曼·纳绥尔·本·艾比·阿米尔 412/1021
4. 阿卜杜·麦立克·穆宰法尔·本·阿卜杜·阿齐兹·曼苏尔 453/1061
5. 麦蒙·托莱多利
6. 加迪尔·托莱多利
7. 艾布·伯克尔·本·阿卜杜·阿齐兹·曼苏尔 468/1074
8. 法官奥斯曼·本·艾比·伯克尔 477/1084
9. 加迪尔·托莱多利二次执政 478/1085
10. 法官加法尔·本·阿卜杜拉·本·吉哈夫 483/1090

（该王朝于伊历 490 年/公元 1101 年被穆拉比特人征服）

（十四）阿尔梅里亚的塞马迪哈王朝

1. 海拉尼
2. 阿米德·道莱·艾布·加西姆·祖赫尔 449/1057

（该王朝后被巴伦西亚的阿米尔王朝吞并）

（十五）穆尔西亚王朝

1. 海拉尼·萨希布·穆尔西亚 407/1016
2. 祖赫尔·萨希布·穆尔西亚 419/1028

（十六）萨拉戈萨的胡德王朝

（十七）格拉纳达的奈斯尔王朝

19. 穆罕默德八世(第三次执政)　835/1431
20. 穆罕默德十世・艾赫奈夫・本・欧斯曼　848/1444
21. 赛阿德・本・阿里　849/1445
22. 穆罕默德十世(第二次执政)　850/1446
23. 赛阿德(第二次执政)　857/1453
24. 艾布・哈桑・阿里・本・赛阿德　866/1461
25. 穆罕默德十一世・本・阿里　887/1482
26. 阿里(第二次执政)　888/1483
27. 穆罕默德十二世・本・赛阿德・宰盖勒　890/1485
28. 穆罕默德十一世(第二次执政)①　892/1486

(公元1492年费尔迪南德和伊萨贝拉攻占格拉纳达)

① 这位国王迁居台勒姆萨尼,并死在该地。——译者

参 考 文 献

1. 麦盖里:《芳香集》
2.《伊斯兰百科全书》
3. 安德鲁斯图书馆
4. 哲拉鲁丁・苏郁退:《语言学家、语法学家评传》
5. 伊本・赫勒敦:《历史绪论》
6. 伊本・赛义德:《马格里布历史轶闻录》
7. 捷卜里勒・加布尔:《〈罕世璎珞〉及其有关评论》
8. 艾布・阿里・高利:《口授录》
9. 尼卡勒教授:《安德鲁斯诗歌》
10. 法塔赫・本・哈高尼:《安德鲁斯名人趣谈》
11. 法塔赫・本・哈高尼:《纯金项链》
12. 伊本・耳扎拉:《安德鲁斯・马格里布国王考》
13. 阿卜杜勒・瓦希德・马拉喀什:《马格里布奇闻录》
14. 吉夫推:《智者传》
15. 伊本・艾比・乌赛拜阿:《医学家传记》
16. 法莱哈・安东尼:《伊本・鲁世德及其哲学》
17. 艾布・法莱吉・艾斯法哈尼:《诗歌集成》
18. 伊本・阿卜杜・莱比:《罕世璎珞》
19. 莱杜齐:《西班牙历史研究》
20. 伊本・哈兹姆:《关于教派和异端的批判》
21. 舍赫拉斯塔尼:《宗教与教派》
22. 伊本・阿拉比:《麦加的启示》
23. 艾布・伯克尔・本・阿拉比:《艾勒阿瓦绥姆敏奈勒盖瓦绥姆》

24. 里比拉:《阿拉伯音乐史》
25. 伊本·鲁世德:《比达叶突穆智泰希德尼哈叶突穆格台绥德》
26. 哈吉威:《伊斯兰教法中的崇高思想》
27. 哈杜里:《伊斯兰教法史》
28. 安萨里:《哲学家的矛盾》
29. 伊本·鲁世德:《哲学家矛盾的矛盾》
30. 伊本·鲁世德:《哲学和宗教联系的论断》
31. 伊本·哈彦·陶希迪:《慰藉与温馨》
32. 柏拉图:《理想国》
33. 伊本·图菲勒:《哈义·本·叶格赞》
34. 伊本·朱拜尔　游记
35. 伊本·白图泰　游记
36. 谢里夫·易得里斯:《四海趣游》
37.《鲁宾逊漂流记》
38. 伊本·达乌德:《宰赫莱》
39. 伊本·哈兹姆:《斑鸠的项圈》
40. 遗产保护委员会译:《伊斯兰遗产》
41. 谢基布·艾尔萨拉尼:《艾勒侯莱勒孙德希耶突》
42. 谢里西:《哈里里的玛卡梅诠译》
43. 托尔图西:《帝王灯鉴》
44. 伊本·赫里康:《名人传记》
45. 伊本·沙基尔·库图比:《名人传记续编》
46. 艾哈迈德·载伊夫博士:《安德鲁斯阿拉伯人的修辞》
47. 扎基·穆巴拉克博士:《散文艺术》
48. 伊本·西达:《分类词典》
49. 艾布·里达教授译:《伊斯兰哲学史》
50. 伊本·宰敦:《诗集》
51. 伊本·哈尼:《诗集》
52. 里萨尼·丁·本·赫忒布:《格拉纳达志》
53. 扎尼巴维尔著,扎基·哈桑等译:《执政家族宗谱辞典》

54. 伊本·拜萨姆:《宝藏》
55. 麦斯莱麦·麦吉里推:《艾勒加米阿》
56. 伊本·舒海德:《精灵与魔鬼》
57. 布罗克尔曼:《阿拉伯历史》
58. 伊本·哈兹姆:《伦理与传记》
59. 赛义德·阿富汗尼教授:《伊本·哈兹姆》
60. 伊本·哈兹姆:《直传弟子的美德》
61. 伊本·宰敦:《谐书》、《庄书》
62. 伊本·阿卜杜尼:《伊本·拜德鲁诗歌诠释》
63.《红宫遗物》
64.《伊本·宰敦信函注》
65. 林·波勒:《安德鲁斯的故事》
66. 伊本·赛卜因:《书信手稿》
67. 伊本·盖尔西耶:《多民族主义信札》
68. 拉辛·巴拉尤斯著,侯赛因·穆厄尼斯译:《安德鲁斯文学史》
69. 萨基布·艾尔萨兰:《萨拉吉人末代传说》
70. 伊本·哈兹姆:《教律原理考》
71. 地理图书馆
72. 侯麦迪:《安德鲁斯历史》
73. 麦盖里:《牧场之花》
74. 穆罕默德·阿卜杜拉·阿纳尼:《安德鲁斯的终结》
75. 杜齐:《穆斯林安德鲁斯的历史》(英文)